PERSPECTIVAS TRANSVERSALES DEL DERECHO A LA PROTECCIÓN DE DATOS PERSONALES

Actividad financiada por la Unión Europea-NextGenerationEU, Ministerio de Universidades y Plan de Recuperación, Transformación y Resiliencia, mediante convocatoria de la Universidad de Oviedo (MU-21-UP2021-030 70087867 y MU-21-UP2021-03076582600Y). Igualmente, esta actividad se enmarca en el Proyecto PID2021-126784NB-I00 «Reorganización Administrativa y de los Servicios Públicos a los ciudadanos en la post-pandemia» financiado por MCIN/AEI/10.13039/501100011033/ y por FEDER Una manera de hacer Europa.

PERSPECTIVAS TRANSVERSALES DEL DERECHO A LA PROTECCIÓN DE DATOS PERSONALES

Dirección

Raquel Pérez Díaz
Diana Paola González Mendoza
Paula Vega García

Proyecto PID2021-126784NB-I00 financiado por:

MINISTERIO
DE CIENCIA, INNOVACIÓN
Y UNIVERSIDADES

Cofinanciado por
la Unión Europea

AGENCIA
ESTATAL DE
INVESTIGACIÓN

Cátedra de
Municipalismo

COLEX 2024

© Editorial Colex, S.L.
Calle Costa Rica, número 5, 3.º B (local comercial)
A Coruña, 15004, A Coruña (Galicia)
info@colex.es
www.colex.es

I.S.B.N.: 978-84-1194-764-0
Depósito legal: C 1887-2024

SUMARIO

LA PROTECCIÓN DE DATOS EN EL ÁMBITO SANITARIO

Carmen Cabal Fernández

PROTECCIÓN DE DATOS PERSONALES EN PLATAFORMAS DE RESOLUCIÓN DE CONFLICTOS

Paola Jackeline Ontiveros Vázquez

CREDIT SCORING EN LA NUEVA DIRECTIVA DE CONTRATOS DE CRÉDITO AL CONSUMO: RGPD, AI ACT, PRIVACIDAD DE GRUPO Y DERECHO AL OLVIDO ONCOLÓGICO

Gonzalo Campos Rivera y José Antonio Castillo Parrilla

EL DERECHO A LA PROTECCIÓN DE DATOS DE CARÁCTER PERSONAL COMO LÍMITE A LA ACTUACIÓN DEL DETECTIVE PRIVADO

Luis Pérez Fernández

LA PROTECCIÓN DE DATOS PERSONALES EN LOS JUICIOS PENALES EN MÉXICO

Mtro. Jorge Alberto Vázquez Segura

RETOS PARA LA PROTECCIÓN DE DATOS EN EL USO DE LAS TECNOLOGÍAS DE RECONOCIMIENTO FACIAL

Natalia Menéndez González

DEBERES DE CONFIDENCIALIDAD Y PROTECCIÓN DE DATOS PERSONALES DE CONSUMIDORES

Pablo Muruaga Herrero

MARCO JURÍDICO DE PROTECCIÓN DE DATOS EN LAS INSTITUCIONES DE LA UNIÓN EUROPEA

Emma Rodríguez Montes

CONFIDENCIALIDAD EN LA COMUNICACIÓN POR INTERNET

Carlos Enrique Vigil de Quiñones Fernández

PRESENTACIÓN

En los últimos años hemos presenciado una evolución exponencial de las tecnologías y el surgimiento de las adjetivadas como «disruptivas», caracterizadas por utilizar mayormente datos para su entreno. En consecuencia, los datos cada vez cobran mayor relevancia en el mundo digitalizado en el que vivimos, hasta el punto en el que hay quienes señalan que se han convertido en la moneda de cambio del siglo XXI. Un claro ejemplo se encuentra en el caso de la empresa *Tools for Humanity,* la cual opera en diversos países del mundo recopilando datos biométricos a cambio de algunas criptomonedas. En paralelo, la normativa ha tenido que enfrentarse a un escenario cambiante para tratar de salvaguardar los derechos de las personas. A ello se suma que las problemáticas no solo afectan a agentes privados o públicos. En este sentido es imprescindible la existencia de una adecuada gobernanza de datos, ya que es una cuestión que afecta a todos los sectores productivos. No obstante, su incidencia es mayor en entidades o profesiones que, de algún modo, requieran tratar datos de sus clientes o usuarios como despachos de abogados, entidades financieras, institutos de investigación, centros sanitarios, entre otros.

Ante este contexto, es necesario abordar el tema desde una perspectiva multidisciplinar, aunando tanto las visiones de profesionales que en su día a día se enfrentan a los retos de la protección de datos como los análisis concienzudos de investigadores en la materia. El objetivo de este diálogo es la búsqueda de soluciones que no solo sean satisfactorias para quienes usan los datos, sino también para quienes los aportan. Encontrar el equilibrio adecuado entre el establecimiento de garantías suficientes para que los ciudadanos consideren protegidos sus derechos en relación con sus datos personales y la utilización de estos.

En la búsqueda de ese diálogo y soluciones, el pasado 21 de abril de 2023 se celebró el Seminario Internacional «Perspectivas transversales del Derecho a la Protección de Datos Personales», organizado por la Universidad de Oviedo con la inestimable colaboración de la Universidad de Guadalajara (México), la Cátedra Rafael del Riego de Buen Gobierno y REDALC, en el marco del Proyecto Nacional MCIU-22-PID2021-126784NB-I00.

Dirigida por las Doctoras Raquel Pérez Díaz, Diana Paola González Mendoza y Paula Vega García, el evento se convirtió en un foro donde poner sobre la mesa algunas de las cuestiones más apremiantes en materia de protección de datos como son el tratamiento en los ficheros de morosos o las plataformas de resolución de conflictos, el secreto fiscal, los datos médicos o la privacidad de grupos. Para ello se invitó a participar a ponentes de España y México, a los que se les unió una docena de comunicantes. En esta obra se recogen algunos de los resultados de las investigaciones presentadas en las intervenciones de aquel Seminario, con la esperanza de que puedan traer luz sobre problemas acuciantes en la materia.

Raquel Pérez Díaz
Diana Paola González Mendoza
Paula Vega García

Directoras del Seminario

PROTECCIÓN DE DATOS Y FICHEROS DE SOLVENCIA PATRIMONIAL Y CRÉDITO: ESTADO DE LA CUESTIÓN A LA LUZ DE LAS ÚLTIMAS RESOLUCIONES JUDICIALES

Natalia Muñiz Casanova
Profesora Asociada Departamento de Derecho Privado y de la Empresa
Doctora en Derecho

I. Introducción

La indebida inclusión de los datos de una persona en un registro de solvencia patrimonial y crédito, popularmente conocido como derecho de morosos, constituye un menoscabo de su derecho al honor que indudablemente debe ser reparado.

En España hemos estado inmersos en los últimos años en una oleada de reclamaciones masivas frente a entidades financieras motivadas por inclusiones de datos de sus clientes en este tipo de ficheros. Sin duda, las cifras de estos procedimientos resultan preocupantes y aconsejan un análisis certero de las circunstancias que nos han llevado a estar en esta situación. Se han vertido opiniones de todo tipo sobre esta cuestión. Hay quien considera que la vulneración de la normativa protección de datos por parte de las entidades financieras es consciente y está dirigida a utilizar este tipo de ficheros como herramienta para forzar la recuperación de sus deudas. No comparto esta visión. Creo, más bien, que en estas reclamaciones subyace un problema de indefinición del procedimiento a seguir en la tramitación del alta en estos ficheros y de prueba por parte de las entidades financieras.

No puede obviarse la existencia de errores de operativa bancaria[1] y algún problema de suplantación de personalidad[2] pero, en la mayor parte de los supuestos que he analizado con motivo de este trabajo, los datos que se comunicaron a estos ficheros correspondían a personas que mantenían deuda vencida, líquida y exigible, con la entidad comunicante. En un porcentaje muy alto, la cuestión que hizo que el juez se inclinara a considerar vulnerado el derecho al honor del solicitante radica en la incapacidad de las entidades financieras de acreditar (i) la existencia de una reclamación previa a la incorporación de los datos al fichero y (ii) la advertencia de inclusión de los datos en el referido fichero de morosos en caso de no atender la reclamación de pago. Tras ambas cuestiones existe un problema que tiene su origen, a mi modo de ver, en las dudas sobre del procedimiento a seguir para la tramitación del alta que, en buena medida, vienen dadas por las incertidumbres en torno a la normativa aplicable.

El objeto del presente trabajo no es otro que el de exponer el estado de la jurisprudencia sobre las cuestiones controvertidas que abrieron la brecha de estas reclamaciones masivas y que hoy, gracias a la labor judicial, se encuentran en una situación más contenida.

II. Existencia de una deuda vencida, liquida, exigible y cierta

Para que proceda el alta de un cliente bancario en un fichero de solvencia patrimonial y crédito ha de partirse de la existencia de una deuda vencida, líquida y exigible[3]. Esto no suele ser motivo de controversia. La mayoría de entidades financieras pueden acreditar con solvencia estos tres requisitos. Los problemas en este ámbito suelen pivotar sobre la certeza de la deuda.

---

1 Muy frecuentes, por ejemplo, cuando las sucursales cancelan una tarjeta o una cuenta corriente y, con posterioridad al cierre, el sistema liquida unas comisiones que no fueron tenidas en cuenta. Se genera de este modo una deuda que puede no ser notificada al cliente al estar ya de baja su cuenta pero que, al no resultar atendida, finalmente se comunica al fichero.

2 Estos supuestos de suplantación, en mi experiencia, se producen más en casos de operadoras de telefonía que en el sector financiero.

3 Así lo contempla, entre otras muchas, la STS 174/2018, de 23 de marzo, en la que se indica lo siguiente: «La calidad de datos de los Registros de morosos. Es determinante para enjuiciar la solvencia económica de los interesados la existencia previa de una deuda cierta, vencida, exigible, que haya resultado impagada, y que se haya requerido de pago al deudor, informándole que en caso de no producirse el pago en el término previsto para ello y cumplirse los demás requisitos, los datos relativos al impago podrán ser comunicados a ficheros relativos al cumplimiento (...) El principio de calidad de datos no se limita a exigir la veracidad de la deuda. Es pertinente la inclusión en estos ficheros de aquellos deudores que no pueden o no quieren, de modo no justificado, pagar sus deudas, pero no aquellos que legítimamente discrepan del acreedor respecto de la existencia y cuantía de la deuda».

Para que el alta en el fichero se repute correcta la deuda, además de vencida, líquida y exigible, debe ser cierta. La certeza de la deuda implica que es inequívoca, indudable y no controvertida. Si el titular de los datos considera legítimamente que no debe lo que se reclama, y así se lo ha hecho saber al acreedor, la falta de pago no es indicativa de la insolvencia y, por tanto, la inclusión de los datos del cliente en uno de estos ficheros no es pertinente.

Es importante tener presentes las aclaraciones que la jurisprudencia ha ido haciendo sobre esta cuestión. La primera de ellas es que la controversia sobre la deuda tiene que ser anterior a la inclusión del dato en el fichero y no posterior al mismo. Se pronuncia sobre esta cuestión la STS 832/2021, de 1 de diciembre, en la que se establece lo siguiente: «Si la controversia a la que alude se expresó en su oposición a la ejecución y esta se inició con posterioridad a la inclusión de sus datos en el fichero, sostener que dicha inclusión resultaría ilegítima por falta de certeza y exactitud de la deuda por cuanto que la misma estaba siendo objeto de controversia, no tiene ninguna lógica, dado que la inclusión se produjo antes de que la deuda se controvirtiera. Cosa distinta es que, una vez controvertida esta, los datos que ya habían sido incluidos en el fichero, en vez de cancelarse o rectificarse se mantuvieran».

Otra importante puntualización realizada por los tribunales es que, la existencia de esas discrepancias sobre la deuda, deben de ser comunicadas al acreedor y ha de formularse una oposición fundada ya que, de otro modo, bastaría alegar cualquier excusa incierta para evitar el trámite de inscripción. En este sentido, la STS 245/2019, de 15 de abril, indica, de forma expresa, que: «no cabe cualquier oposición al pago de una deuda para calificarla de incierta o dudosa, pues de ser así la certeza y exigibilidad de la deuda quedaría al exclusivo arbitrio del deudor».

Pero, el aspecto que ha dado lugar a mayores divergencias jurisprudenciales es si, el hecho de comunicar una deuda por un importe distinto del real afecta al requisito de certeza y da lugar a que la inscripción vulnere el derecho al honor de la persona cuyos datos se comunican. Las distintas Audiencias mantuvieron posiciones encontradas al respecto que fueron resueltas por el TS en sus STS 671/2021, de 5 octubre y STS /2022 de 14 de septiembre[4]. Consideran estas resoluciones que no vulnera el derecho al honor del cliente el hecho de que la cantidad comunicada al fichero no sea la correcta. Lo que vulnera el derecho al honor del afectado es que se le de tratamiento de moroso sin serlo realmente.

4 En concreto, recoge esta sentencia que: «La discordancia entre la cantidad por la que se practicó el requerimiento de pago en 2017 y la que en el año 2020 figura en el fichero de solvencia patrimonial no determina por sí sola que haya existido una vulneración del derecho al honor de la demandante. Como afirmamos en la sentencia 671/2021, de 5 de octubre, "lo verdaderamente relevante para que pudiera considerarse infringido el derecho al honor de los demandantes [...] no es tanto la corrección de la concreta cantidad en que el banco cifró la deuda, sino que se hubiera comunicado a la CIRBE sus datos personales asociados a datos económicos de los que resultara su condición de morosos, sin serlo realmente"».

III. El requerimiento previo de pago

El gran problema que debían afrontar los bancos cuando recibían una demanda por vulneración del derecho al honor como consecuencia del alta indebida de los datos de un cliente en un fichero de solvencia patrimonial y crédito era acreditar que le habían requerido previamente el pago y facilitado información sobre la posible inclusión de sus datos en el mencionado registro. Este requerimiento de pago, tal y como el TS se ha cuidado de recordar, no es simplemente un requisito formal cuyo incumplimiento únicamente pueda dar lugar a una sanción administrativa. Se trata de un verdadero requisito esencial que responde a la finalidad del fichero y que trata de evitar la inclusión de personas que, por un simple descuido, por un error bancario al que son ajenas, o por cualquier otra circunstancia de similar naturaleza, han dejado de hacer frente a una obligación, sin que ese dato sea pertinente para enjuiciar su solvencia.

Pese a la relevancia del requerimiento y, a buen seguro por una cuestión de costes, estas comunicaciones a los clientes no se enviaron por correo certificado con acuse de recibo y certificación de texto. La mayoría de las entidades lo que hicieron fue contratar una empresa externa de mensajería a la que encomendaron el envío de estas notificaciones. La remisión del requerimiento de pago por esta vía no planteaba ninguna duda a las entidades sobre su valor como medio de prueba ya que había sido expresamente admitida por la Agencia Española de Protección de Datos, siempre y cuando se cumplieran unos requisitos mínimos de trazabilidad.

Pero los juzgados no consideraron suficientemente probado el requerimiento remitido de este modo. Estimaron muchas demandas pese a que las entidades financieras sostenían firmemente que habían requerido de pago a los deudores. Acreditaban esta manifestación con los certificados que aportaban las empresas de mensajería en los que se ponía de manifiesto que la carta dirigida al deudor había sido entregada por la entidad para su remisión y se había enviado al domicilio facilitado, sin que existiera constancia de su devolución. Como he indicado, los juzgados no consideraban suficiente esta prueba ya que, aun admitiendo que el envío se hubiera efectuado, no existía constancia ni del contenido de la carta ni de su recepción.

De nuevo el TS ha ido paulatinamente poniendo orden sobre esta cuestión. Las primeras resoluciones que abordaron esta controversia, aunque, desde mi punto de vista, no la cerraron del todo, son las SSTS 81/2022, de 2 de febrero y de 13 de octubre de 2022. En la primera de ellas, el alto Tribunal aclara que los certificados aportados por las empresas encargadas de los envíos masivos tienen validez como medio de prueba ya que no son ellas las que envían las cartas, sino que las entregan a Correos y lo que hacen es unir los certificados que aporta el servicio de Correos, que es un organismo público o semipúblico que cuenta con total fiabilidad[5].

5 En concreto en la referida STS, de 2 de febrero de 2022, establece lo siguiente: «La misiva de requerimiento de pago y de apercibimiento, redactada por la demandada Primrose

Aclara también la STS de 13 de octubre que, aunque el requerimiento tiene naturaleza recepticia no es necesario que el sujeto a quien va dirigida llegue a conocer la reclamación ya que no puede dejarse a la voluntad del deudor requerido la recepción y el conocimiento del contenido de las notificaciones[6].

Por su parte, la STS 78/2023, de 27 de septiembre, viene a establecer la posibilidad de deducir la recepción de la notificación de una suerte de prueba de presunciones. En concreto, indica la mencionada resolución que «la dirección a la que se envió la carta que lo contenía es idónea. Fue la que la propia recurrente señaló en el contrato, y no consta que, tal y como se había pactado, esta comunicara a la recurrida su cambio. (...) De otra parte, la sentencia recurrida no conculca nuestra doctrina sobre el carácter recepticio del requerimiento previo de pago, que, como hemos dicho reiteradamente, no exige la fehaciencia de su recepción, puesto que esta se puede considerar fijada a través de las presunciones siempre que exista garantía o constancia razonable de ella (por todas, sentencias 863/2023, de 5 de junio, 960 y 959/2022, de 21 de diciembre), que en el presente supuesto existe, al ser idónea la dirección a la que se envió la carta conteniendo el requerimiento, acreditarse su admisión para envío por el servicio postal de correos y no

---

Partners Ltd, aparece en los autos y su lectura no deja lugar a duda alguna; Servinform, S. A., como prestadora, en favor de la demandada, de un servicio de envío de esta clase de notificaciones de modo masivo, etc. (en virtud de una previa relación contractual), certifica que en fecha 8-5-2018, vamos a decirlo así, "prepara" y gestiona el envío de la citada misiva de requerimiento dirigida al demandante, junto con otras muchas más (supera las cien), y las deposita todas ellas en el Servicio de Correos correspondiente.(...) Podrá argüirse lo que se quiera al respecto de si es o no una empresa ajena a la demandada, pero, el que prepare o gestione en favor la demandada el envío de la carta conteniendo los cuestionados requerimiento y apercibimiento al demandante, es algo que no puede negarse, siendo así que el enfoque esencial ha de ponerse más bien en la circunstancia o extremo fáctico de que quien garantiza que se verificó el envío de la carta al domicilio del demandante no lo es tanto ninguna de las citadas empresas, como el mismo Servicio estatal de Correos. (...) Quiere decirse que, en nuestro caso, fuera quien fuera quien se encargara de gestionar la carta de requerimiento y apercibimiento, a la postre, no puede dejarse de ponderar que su remisión al Sr. Roberto se instrumenta a través del citado servicio de Correos, o sea, a través de un organismo público o semipúblico, que es el que da verificación de que esa carta se ha dirigido y enviado al domicilio del demandante, precisamente a aquel que este demandante facilitó a la hora de suscribir el contrato de préstamo litigioso. (...) "Y, el albarán de entrega de Correos, que aparece unido a este procedimiento, da fe de la recepción en sus oficinas de aquellas misivas, entre ellas la enviada al apelante. Quien materializa la entrega de la carta-notificación es el Servicio de Correos, no aquellas empresas, con independencia de que una de ellas como empresa del servicio de gestión de cartas devueltas de notificación de requerimientos de pago, pueda ostentar a su vez la condición de ser una empresa de gestión del registro de morosos de ASNEF, etc."»

6 Contempla esta sentencia que el requerimiento de pago es un acto de comunicación de carácter recepticio que exige una constancia razonable de la recepción de la comunicación por parte del destinatario, pero no se exige fehaciencia de dicha recepción que puede ser probada por diversos medios, incluso a través de presunciones, si bien se exige una cierta constancia de la comunicación al destinatario.

constar su devolución, no existiendo de otra parte dato alguno con reflejo en los autos del que se pueda inferir que la carta no llegara a su destino o que su recepción se hubiera malogrado por razones achacables al prestador del servicio postal encargado responsable de entregarla al destinatario».

No obstante, el problema, para un buen número de juzgados, no es tanto que se pueda acreditar el envío y, en su caso, recepción de una comunicación al cliente, sino cuál es su contenido concreto cuando no hay otros medios, más allá del propio requerimiento, para acreditar que, quien considera su honor vulnerado por el alta del dato en el fichero de morosos, conocía la deuda. De ahí que sea importante para las entidades financieras llevar al pleito cualquier tipo de prueba que permita acreditar que la existencia deuda no es desconocida para el cliente[7].

Un problema añadido era que algunas entidades no informaban expresamente en este requerimiento de la posible inclusión de los datos en el fichero de solvencia patrimonial y crédito porque lo consideraban innecesario ya que esta advertencia se había hecho constar ya en el contrato del que dimanaba el alta. Este fue también un motivo que llevó a la estimación de muchas demandas frente a las entidades y que dio lugar a una controvertida jurisprudencia menor. La STS, 945/2022, de 20 de diciembre aclaró definitivamente esta cuestión al señalar que, con la nueva regulación de la Ley 3/2018, no es necesario que en el requerimiento de pago se advierta de la posibilidad de incluir los datos en un fichero de morosos en caso de impago, siempre que esa advertencia haya sido efectuada en el momento de contratar.

IV. Controversia respecto a la normativa aplicable

Otra importante controversia se planteó respecto de los asuntos en los que el alta en el fichero de solvencia patrimonial y crédito se había producido con posterioridad a la entrada en vigor de la Ley Orgánica 3/2018, de 5 de diciembre, de Protección de Datos Personales y Garantía de los Derechos

7 En este sentido resulta muy esclarecedora la sentencia de la Sección Séptima de la Audiencia Provincial de Asturias, de 20 de abril de 2023, en la que se establece lo siguiente: «Pero es que, en el caso de autos, todos los antecedentes llevan a concluir que tales requerimientos fueron recibidos por el demandante, y así, al igual que las ya mencionados, la apelante acompañó a su contestación varias cartas reclamando el pago de las deudas que se iban generando como consecuencia de la citada operación, en todas ellas figura el mismo domicilio del actor, que es el que figura en el contrato, y si bien es cierto que no hay constancia fehaciente de su envío y recepción, parece razonable estimar que así aconteció, pues responde la operativa general de los bancos en este tipo de situaciones. Además, el propio hecho que, en algunos casos la deuda aparentemente se regularizase permite concluir la realidad de tal envío, no existiendo la más mínima explicación del motivo por el que las misivas no fueron recibidas, cuando hay constancia de que sí lo fue la que se le comunicaba la inclusión de los datos en el fichero...».

Digitales[8]. Esta norma expresamente contempla que la información sobre el alta en el fichero en caso de persistir en el impago se puede facilitar tanto en el contrato como en el momento de requerir de pago. No es necesario, por tanto, que se realice por las dos vías.

Para los bancos la aplicación de este precepto era de suma importancia dado que, como he indicado, tenían serias dificultades para acreditar que esta información se había proporcionado en el requerimiento de pago, pero les resultaba relativamente sencillo probar que estaba incorporada a los contratos de los que derivaba la deuda comunicada.

Las argumentaciones de todos los bancos, en sus contestaciones a la demanda, se centraron en defender la aplicación de esta norma. No obstante, existía un problema añadido ya que no sólo era preciso conseguir la aplicación de la Ley de 2018, algo que no era difícil de argumentar, también había que salvar, de algún modo, la inaplicación del Real Decreto 1720/2007, de 21 de diciembre, por el que se aprueba el Reglamento de Desarrollo de la LOPD. Ha de tenerse en cuenta que, el hecho de que la Ley 3/2018 derogue expresamente la Ley 15/1999[9], no implica necesariamente que haya quedado derogado también su Reglamento de desarrollo.

El razonamiento de base a aplicar sobre esta cuestión es que, a falta de un Reglamento adaptado a la nueva Ley, el Real Decreto 1720/1999 le servirá de desarrollo, salvo en aquellos aspectos que contradigan, se opongan o resulten incompatibles con la nueva norma. Las entidades financieras debían defender, por tanto, que el Real Decreto resultaba incompatible ya que establecía requisitos que no estaban previstos en la Ley de 2018. Para fundamentar esta afirmación, llamaban la atención en el hecho de que imponía una doble información, tanto en el contrato, como en el requerimiento previo. Por su parte, la Ley de 2018 permite que la información conste en el contrato o en el requerimiento previo, es decir, no impone la información por las dos vías, sino que ofrece una alternativa entre ambas.

Una vez más, el TS ha tenido que pronunciarse sobre esta cuestión. Lo hace en su STS 945/2022, de 20 de diciembre, en la que recuerda que la Ley del 1999 no establecía la necesidad del requerimiento de pago y esto no hizo que la regulación contenida en el artículo 38.1 de su Reglamento se considerara un exceso reglamentario. Considera, por tanto, que este mismo criterio deberá seguirse con la Ley de 2018. De este modo, el hecho de que no establezca expresamente el requisito del requerimiento previo no supone que la regulación del artículo 38.1, que sí lo prevé, sea incompatible con la nueva norma legal y deba considerarse, por lo tanto, derogada. En definitiva, sigue siendo exigible el requerimiento previo de pago ya que impide que

8 Un porcentaje muy significativo de los asuntos judicializados.

9 Con excepción de determinadas materias que no son relevantes a los efectos de este trabajo.

sean incluidos en este fichero los datos de personas que, por un descuido, por un error bancario o cualquier otra circunstancia de similar naturaleza hayan dejado de hacer frente a una obligación dineraria vencida y exigible.

Matiza, no obstante, el Alto Tribunal que, con esta nueva regulación no es necesario que, en ese requerimiento de pago, se advierta de la posibilidad de incluir los datos en un fichero de morosos en caso de impago siempre que esa advertencia haya sido efectuada en el momento de contratar. En consecuencia, con el nuevo régimen legal existen tres obligaciones diferenciables: (i) el acreedor debe informar al afectado en el contrato o en el momento de requerir el pago acerca de la posibilidad de incluir los datos en estos ficheros con indicación expresa de aquellos ficheros en los que participe; (ii) el acreedor, o quien actúe por su cuenta o interés, deber requerir de pago al deudor con carácter previo a la comunicación de sus datos en el fichero de morosos y estará obligado a conservar documentación suficiente que acredite el cumplimiento de este requisito; (iii) La entidad que mantenga el sistema de información crediticia con datos relativos al incumplimiento de obligaciones dinerarias, financieras o de crédito, deberá notificar al afectado la inclusión de tales datos y le informará sobre la posibilidad de ejercitar los derechos establecidos en los artículos 15 a 22 del Reglamento UE 2016/679 dentro de los 30 días siguientes a la notificación de la deuda en el sistema. Durante este plazo los datos permanecerán bloqueados. También en este caso la notificación deberá realizarse por un medio fiable, auditable e independiente de la entidad notificante que permita acreditar la realización de estos envíos.

V. La indemnización de los daños producidos por el alta indebida

La labor de la jurisprudencia también ha resultado definitiva para ayudar a delimitar el alcance de la indemnización por los daños producidos por un alta indebida en los ficheros de solvencia patrimonial y crédito. La primera premisa de la que parten nuestros tribunales es que la simple inclusión indebida del dato en un registro de estas características supone, en sí misma, la existencia de un perjuicio indemnizable bajo presunción *iuris et de iure.*

En íntima relación con este argumento, los tribunales consideran, de forma unánime, que no cabe una indemnización meramente simbólica y, en consecuencia, carente de efecto disuasorio cara a la protección de un derecho fundamental de la persona como es su honor. El Tribunal Supremo ha declarado que «una indemnización simbólica tiene un efecto disuasorio inverso, puesto que no disuade de persistir en sus prácticas ilícitas a las empresas que incluyen indebidamente datos personales de sus clientes en ficheros de morosos, pero sí disuade de entablar una demanda a los afectados que ven vulnerado su derecho al honor puesto que, con toda probabilidad, la indemnización no solo no les compensará el daño moral sufrido sino que es posible que no alcance siquiera a cubrir los gastos procesales si la estimación de su demanda no es completa»[10].

Corresponderá al demandante la carga de la prueba. En consecuencia, será él quien deba acreditar con precisión el alcance extensión y cuantía de los daños. Así, tiene declarado el Tribunal Supremo que «...la cuestión de la existencia de daños y perjuicios es una cuestión que exige la prueba de su entidad y cuantía para que su indemnización sea procedente» STSS Sala Primera de 23 de enero y 24 de octubre de 1986 (RJ 1986 112 y RJ 1986, 5953), entre otras.

Entre los daños patrimoniales susceptibles de ser indemnizados podrán incluirse cuestiones concretas tales como que el afectado hubiera tenido que pagar un mayor interés por conseguir financiación y otras más difusas como las derivadas de la imposibilidad o dificultad para obtener crédito o contratar servicios (sentencias del Tribunal Supremo 81/2015, de 18 de febrero; 613/2018, o 699/2021, de 14 de octubre, entre otras).

La valoración del daño moral no puede obtenerse de una prueba objetiva, pero esto no excusa ni imposibilita a los tribunales para fijar su cuantificación, a cuyo efecto deberán tener en cuenta y ponderar las circunstancias que concurran en cada caso. Habrá que atender, por tanto, a la gravedad de la lesión efectivamente producida, para lo que se tendrá en cuenta la difusión o audiencia del medio a través del que se haya producido y el beneficio que haya obtenido el causante de la lesión, tal y como establece el art. 9.3 de la Ley Orgánica 1/1982, de 5 de mayo sobre la Protección Civil al Derecho al Honor, a la Intimidad Personal y Familiar y a la Propia Imagen.

Por su parte, el Tribunal Supremo, en su sentencia 696/2014, de 4 de diciembre, ha señalado que: «son elementos a tomar en consideración para fijar la indemnización el tiempo que los demandantes han permanecido incluidos como morosos en el fichero, la difusión que han tenido estos datos mediante su comunicación a quienes lo han consultado, y lo "kafkiano" de la situación (incidencias de las gestiones realizadas ante los responsables de los ficheros sin que las mismas hayan obtenido resultado, mayor o menor diligencia de los responsables del tratamiento en dar respuesta a los requerimientos del afectado, grado de inteligibilidad de las comunicaciones remitidas al afectado, etc.) por el quebranto y la angustia que conlleva».

10 Sentencias 386/2011, de 12 de diciembre; 696/2014, de 4 de diciembre; 512/2017, de 21 de septiembre; 388/2018, de 21 de junio; 604/2018, de 6 de noviembre; 237/2019, de 23 de abril; 130/2020, de 27 de febrero; 592/2021, de 9 de septiembre y 699/2021, de 14 de octubre, entre otras

VI. Conclusiones

El alta indebida de los datos de un particular en un fichero de solvencia patrimonial y crédito supone una intromisión ilegítima en su derecho al honor que debe dar lugar a la correspondiente indemnización por los daños producidos. En España hemos sido testigos en los últimos años de un aluvión de demandas en esta materia que podrían llevar a conclusiones no del todo certeras si no se realiza una correcta lectura de la cuestión. El estudio jurisprudencial llevado a cabo con motivo de este trabajo lleva a concluir que, en un porcentaje muy elevado, los datos que se comunicaron a estos ficheros correspondían a personas que mantenían con las diferentes entidades deudas líquidas, vencidas, exigibles y ciertas. La masividad de las reclamaciones no responde, en consecuencia, a un uso indiscriminado del instrumento por parte de las entidades que realizaron el alta sino, más bien, a las discrepancias en cuanto al procedimiento seguido en la comunicación de los datos, unida a las dificultades de prueba del contenido del requerimiento remitido por las entidades financieras. Buena prueba de ello es que, a medida que la jurisprudencia ha ido aclarando los puntos ciegos en el procedimiento de comunicación de datos a estos ficheros, se ha observado un descenso significativo de la litigiosidad.

Una de las primeras cuestiones abordadas por los tribunales fue la certeza de la deuda. El TS dejó claro que, para que la deuda no se considerase cierta, las discrepancias tenían que ser anteriores al alta en el registro y resultar conocidas por la entidad que la tramitó. Determinó además que no constituye vulneración del derecho al honor del cliente el hecho de que la cantidad comunicada al fichero no sea la correcta. Lo que vulnera el derecho al honor del afectado es que se le de tratamiento de moroso sin serlo realmente.

El centro de la controversia en esta materia pivotó en torno a la validez que habría de darse a los requerimientos realizados por las entidades financieras, normalmente a través de servicios de mensajería externos contratados. Estos requerimientos no contaban con acuse de recibo ni certificación de texto. El TS consideró que este sistema de notificación era válido y lo admitió, en consecuencia, como medio de prueba. Matizó que el requerimiento, si bien tiene naturaleza recepticia, no exige acreditar que el sujeto a quien va dirigido ha llegado a conocerlo ya que no puede dejarse a la voluntad del deudor requerido la recepción de las notificaciones. En cuanto a la prueba del contenido de ese requerimiento resulta fundamental para la defensa de las entidades financieras poder llevar al procedimiento cualquier evidencia que permita concluir que el cliente cuyos datos se notificaron era conocedor de la existencia de la deuda y de la posibilidad de tramitar el alta en el fichero en caso de persistir en la situación de impago.

Otro aspecto para el que la labor de los tribunales resultó fundamental fue el de determinar el régimen normativo aplicable a los asuntos en los que en los que el alta en el fichero de solvencia patrimonial y crédito se produjo con posterioridad a la entrada en vigor de la Ley Orgánica 3/2018, de 5 de diciembre, de Protección de Datos Personales y Garantía de los Derechos Digitales. El Tribunal Supremo, tras despejar las dudas sobre la vigencia del Real Decreto 1720/1999, considera que, tras la entrada en vigor de la Ley de 2018, existen tres pasos que deberán exigirse para que el alta no vulnere el honor de la persona cuyos datos se facilitan. El primero de ellos es que el acreedor informe al afectado, bien al formalizar el contrato o bien en el requerimiento de pago, acerca de la posibilidad de incluir los datos en estos ficheros con indicación expresa de aquellos ficheros en los que participe. El hecho de que la información se articule a través del contrato no excluye que el acreedor, o quien actúe por su cuenta o interés, deba requerir de pago al deudor con carácter previo a la comunicación de sus datos en el fichero de morosos. Corresponderá al acreedor acreditar de forma suficiente el cumplimiento de este requisito lo que impone una especial diligencia en la conservación de la documentación relativa a este proceso.

Por último, La entidad que mantenga el sistema de información crediticia con datos relativos al incumplimiento de obligaciones dinerarias, financieras o de crédito, deberá notificar al afectado la inclusión de tales datos y le informará sobre la posibilidad de ejercitar los derechos establecidos en los artículos 15 a 22 del Reglamento UE 2016/679 dentro de los 30 días siguientes a la notificación de la deuda en el sistema. Durante este plazo los datos permanecerán bloqueados. También en este caso la notificación deberá realizarse por un medio fiable, auditable e independiente de la entidad notificante que permita acreditar la realización de estos envíos.

LA PROTECCIÓN DE DATOS POR LAS ADMINISTRACIONES TRIBUTARIAS: HACIA UN EQUILIBRIO ENTRE EL SECRETO FISCAL Y EL PRINCIPIO DE MÁXIMA PUBLICIDAD

Israel Santos Flores

I. Introducción

El presente trabajo tiene como objetivo conducir un análisis sobre el secreto fiscal como herramienta que permite la protección de datos en materia tributaria, así como la relación que guarda con el principio de máxima publicidad de la información. Para ello, debemos empezar por reconocer que, en términos generales, la legislación fiscal de los Estados establece diversas disposiciones con el propósito de salvaguardar los derechos de los contribuyentes. Ejemplos notables de estas medidas son el principio del secreto fiscal y la reserva tributaria.

El principio del secreto fiscal tiene como objetivo primordial proteger el derecho a la privacidad financiera de los contribuyentes. Esto se traduce en la obligación de confidencialidad por parte de la Administración tributaria en relación con la información obtenida. Dicha información no puede ser divulgada a terceros ni utilizada con propósitos distintos a los estrictamente tributarios.

Además de resguardar la privacidad financiera, el secreto fiscal implica el deber de la Administración tributaria de salvaguardar los datos personales proporcionados por los contribuyentes. Los contribuyentes tienen derecho a controlar el uso de sus datos personales, lo cual se ejerce a través de los derechos de acceso, rectificación, cancelación y oposición (también llamados derechos ARCO).

El secreto fiscal, como se puede observar, constituye una herramienta fundamental para garantizar la confidencialidad y protección de datos. Sin embargo, su aplicación puede entrar en conflicto con el derecho de acceso a la información, lo que subraya la necesidad de establecer estándares que permitan conciliar ambos aspectos.

Inicialmente, es posible afirmar que existen criterios claros en cuanto a la regulación del secreto fiscal y sus limitaciones o excepciones. En otro trabajo, ya hemos abordado de qué manera las regulaciones de países como Argentina, Brasil, Colombia y México parecen ser consistentes: establecen una regla general que protege la información económica y financiera suministrada por los contribuyentes, reservándola exclusivamente a las autoridades fiscales debido a su relevancia tributaria.

Por otra parte, las legislaciones también contemplan normativas que exceptúan del secreto fiscal en ciertas circunstancias específicas, como cuando el contribuyente posee créditos fiscales firmes, ha sido condenado por delitos fiscales o ha llevado a cabo operaciones financieras ilícitas, entre otros supuestos. Se evidencia, por consiguiente, una protección hacia los datos proporcionados por los contribuyentes a las autoridades tributarias, junto con una obligación por parte de los funcionarios públicos de actuar con discreción y reserva respecto a dicha información, so pena de incurrir en responsabilidad.

No obstante, aún persiste la incertidumbre, al menos en el ámbito normativo, sobre la primacía que debería otorgarse a la transparencia y el acceso a la información (no solo fiscal, sino también presupuestaria y financiera en general) frente al principio del secreto fiscal. A pesar de la proliferación de normativas en este sentido, la práctica jurídica sugiere la ausencia de estándares que garanticen una máxima transparencia y acceso a toda la información fiscal. En muchos casos, han sido los tribunales judiciales quienes han delimitado los alcances y límites del secreto fiscal en relación con el derecho de acceso a la información.

En este contexto, el propósito de este documento es realizar un análisis de la regulación del secreto fiscal, con el fin de identificar límites respetuosos del derecho humano de acceso a la información.

II. El principio de transparencia y máxima divulgación de la información

El principio de transparencia persigue el propósito de fomentar la confianza pública en todas las actividades del aparato estatal, permitiendo así que los ciudadanos estén informados acerca de las normativas, regulaciones, procedimientos e información general del poder público. De este modo, el principio de transparencia guarda una relación especial con el principio democrático, donde la participación ciudadana y la supervisión pública constante son fundamentales para la consolidación de la democracia y el correcto funcionamiento de las instituciones estatales.

Este principio se enlaza con otros principios y estándares específicos que están vinculados con el derecho de acceso a la información. Como ha reconocido la Corte Interamericana de Derechos Humanos (Corte IDH), los principios de transparencia y publicidad contribuyen al control democrático de la gestión estatal.

La libertad de acceso a la información se fundamenta, en primer lugar, en el principio de máxima divulgación, publicidad y transparencia en la gestión pública, comúnmente conocido como principio de máxima publicidad. Este principio implica, en términos generales, una presunción iuris tantum de publicidad, lo que significa que toda información en poder del Estado se presume pública, salvo las excepciones establecidas por ley. Sin embargo, esta presunción iuris tantum reconoce la posibilidad de excepciones o limitaciones al carácter público de la información, siempre y cuando estén previstas por disposiciones constitucionales o legales y sean proporcionales al interés que justifican dichas restricciones. Ante cualquier duda razonable en cuanto a la restricción de la información, el principio de máxima publicidad exige optar por la publicidad de la misma.

En segundo lugar, el principio de máxima publicidad implica que la información debe ser accesible para todas las personas y estar sujeta a un estándar de transparencia y divulgación. Además, este principio también requiere que la información sea publicada de manera completa, con el mayor nivel de desagregación posible y a través de diversos medios disponibles.

En tercer lugar, el principio de publicidad funciona como un criterio interpretativo tanto en el ámbito constitucional como en el convencional. La doctrina establecida en el ámbito convencional, especialmente por la Corte IDH, tiene un valor significativo para los países de la región, ya que enriquece y orienta la interpretación de los tribunales nacionales.

Por ejemplo, la jurisprudencia de la Corte IDH ha subrayado que «el actuar del Estado debe regirse por los principios de publicidad y transparencia en la gestión pública, lo que permite que las personas sujetas a su jurisdicción ejerzan un control democrático sobre las acciones estatales, de manera que puedan cuestionar, investigar y evaluar si se está cumpliendo adecuadamente con las funciones públicas».

Por otro lado, desde una perspectiva de derechos humanos, es relevante destacar el principio pro homine en relación con el principio de máxima publicidad, de modo que en su aplicación se favorezca la protección más amplia de los individuos. Por consiguiente, el principio *pro persona* actúa como una garantía para la protección del principio de máxima publicidad de la información, asegurando que, en caso de duda en su aplicación, se privilegie la norma más amplia o la interpretación más extensiva cuando se trate de reconocer derechos protegidos, como el derecho de acceso a la información, o la norma más restringida cuando se busque establecer restricciones, como en el caso del secreto fiscal.

Como se puede apreciar, el principio pro homine constituye un criterio interpretativo que facilita la aplicación efectiva del principio de máxima publicidad y, por ende, garantiza una protección más amplia del derecho de acceso a la información.

III. La importancia de la transparencia en la divulgación de información fiscal

La transparencia tributaria constituye un pilar fundamental en la estrategia fiscal de los países orientada a garantizar la recaudación y a combatir la evasión y elusión fiscal. Desde esta perspectiva, la transparencia fiscal habilita a los Estados para asegurar los recursos necesarios destinados a sufragar el gasto público y, por consiguiente, alcanzar los objetivos de política fiscal para satisfacer las necesidades colectivas.

En términos más concretos, la transparencia de la información tributaria representa un elemento crucial para alcanzar la justicia financiera y tributaria. Esta transparencia posibilita la identificación de posibles regímenes de excepción que otorgan beneficios fiscales a determinados contribuyentes, la detección de contribuyentes morosos en el cumplimiento de sus obligaciones fiscales, y el conocimiento de los motivos que impulsan a la Administración tributaria a iniciar acciones de inspección contra determinados contribuyentes. En consecuencia, la transparencia en la política fiscal contribuye a mejorar la relación entre los contribuyentes y la Administración tributaria, incentivando el cumplimiento voluntario y espontáneo de las obligaciones fiscales.

Además, la transparencia fiscal también tiene un impacto significativo en la política tributaria a nivel internacional. La globalización de la economía ha propiciado un crecimiento en el movimiento de personas, bienes, servicios y capitales, lo que ha llevado a que los contribuyentes establezcan sus operaciones comerciales donde consideren más conveniente, incluso con presencia en múltiples jurisdicciones. En este contexto, la transparencia tributaria brinda a las administraciones fiscales nuevas herramientas de control y asistencia en relación con los contribuyentes que realizan actividades transfronterizas, lo que requiere una estrecha colaboración entre las administraciones para optimizar el cumplimiento de las obligaciones fiscales.

En resumen, la divulgación transparente de información fiscal permite: a) incrementar la recaudación de impuestos; b) evitar posibles abusos por parte de la Administración pública en la recaudación, gestión, aplicación y control de los tributos; c) reducir el margen de discrecionalidad en las acciones administrativas; d) fomentar la confianza entre los contribuyentes y la Administración tributaria; e) mejorar la cultura de cumplimiento tributario; f) combatir el fraude y la evasión fiscal.

Ahora bien, debemos recordar que las administraciones públicas gestionan una variedad y volumen significativos de información. Desde una perspectiva fiscal, las bases de datos de las administraciones contienen un conjunto integral de información que abarca todos los impuestos, incluidos los derechos aduaneros y contribuciones especiales. De este modo, la información bajo custodia de las administraciones tributarias proviene de diversas fuentes. En primer lugar, de la información proporcionada por los propios obligados tributarios (contribuyentes, sustitutos, sucesores, etc.), así como de aquella suministrada por terceros, retenedores e instituciones financieras. En segundo lugar, se encuentra la información proporcionada por otras administraciones tributarias de diferentes niveles de gobierno (estatales, provinciales, distritales, departamentales; municipales, según corresponda), entidades administrativas locales, sistemas de seguridad y previsión social, asociaciones profesionales, corredores, notarios y demás fedatarios públicos, así como los registros públicos de la propiedad y registros mercantiles.

En un primer análisis, toda esta amplia gama de información en manos de las administraciones tributarias está sujeta al régimen de transparencia y acceso a la información. El acceso a la información pública debe garantizarse en todas las fases de la gestión financiera del Estado, incluidas la recaudación, gestión, aplicación, control e inspección de los recursos necesarios para el gasto público. En otras palabras, existe una obligación de transparencia en la actividad pública estatal, tanto en lo referente a la obtención de ingresos, la ejecución del gasto, como en la emisión de deuda pública.

IV. El secreto fiscal: ¿qué es y para qué sirve?

El secreto fiscal es una excepción al principio general de máxima publicidad, por medio del cual la información proporcionada por el contribuyente a la Administración tributaria se considera reservada y confidencial.

Desde un enfoque teórico, la doctrina coincide en identificar el derecho a la intimidad económica como el fundamento del secreto fiscal, entendido como el derecho de cada individuo a preservar su vida privada en el ámbito económico y patrimonial. La reserva fiscal implica mantener la confidencialidad de la información económico-patrimonial proporcionada por el contribuyente a la Administración pública. En los casos analizados, esta reserva impone a los funcionarios públicos la obligación de guardar total confidencialidad respecto de las declaraciones y datos obtenidos de los obligados tributarios. Como hemos apuntado con anterioridad, esta obligación se ha consolidado con el tiempo, pasando de ser una responsabilidad formal de las autoridades fiscales a convertirse en un derecho del contribuyente, como se evidencia en el caso de México, donde la Ley Federal de Derechos del Contribuyente refleja esta evolución.

Así, el secreto fiscal se erige como una restricción al derecho de acceso a la información, en muchas ocasiones por razones de interés público, de seguridad nacional, de estabilidad financiera, de salud pública, entre otras razones. Estas restricciones, aunque no siempre se alinean con una perspectiva de derechos humanos, son avaladas por los ordenamientos legales de los países de tradición jurídica continental. El secreto fiscal no solo tiene un respaldo legal, sino que representa un principio rector en la actuación de la Administración tributaria, con potencial para influir positivamente en el cumplimiento voluntario y espontáneo de las obligaciones fiscales por parte de los contribuyentes y responsables.

No obstante lo anterior, los ordenamientos tributarios contemplan excepciones al secreto fiscal, permitiendo el levantamiento de la reserva tributaria. Estas excepciones incluyen situaciones como la falta de presentación de declaraciones, la falta de pago de créditos fiscales, sanciones firmes por infracciones tributarias, o la cancelación de certificados de sello digital, entre otras.

En todos estos casos, el levantamiento del secreto fiscal se considera una medida sancionatoria frente al incumplimiento de obligaciones tributarias o la comisión de conductas ilícitas que afectan la recaudación. Además, ciertos órganos y autoridades quedan eximidos de mantener la reserva tributaria debido a las funciones específicas que desempeñan, como la recaudación de tributos, fiscalización, entre otras.

V. La falta de armonización del secreto fiscal con el principio de máxima publicidad

El Ordenamiento tributario, además de su connatural vocación recaudatoria, debe orientarse hacia la promoción y protección de los derechos humanos. Desde su génesis en la tradición jurídica continental, las normas del Derecho tributario han sido consideradas como normas especiales, destinadas a proteger las arcas públicas y a establecer obligaciones financieras que inciden en las finanzas del Estado, y, por ende, han sido objeto de una disciplina jurídica diferenciada. A pesar de que esta concepción de normas fiscales especiales ha sido superada, es evidente que la regulación del secreto fiscal no armoniza plenamente con el derecho de acceso a la información. La falta de armonización de las leyes fiscales ha obstaculizado el reconocimiento de la información tributaria como pública y el acceso a la misma como un derecho plenamente garantizado, incluso en el contexto de la evolución y prominencia de los derechos humanos.

Desde la perspectiva de los derechos humanos, el principio de máxima publicidad ha sido consagrado en el sistema interamericano de protección de los derechos humanos como un principio fundamental del derecho a buscar, recibir y difundir información. Tanto la Corte Interamericana como la Comisión han establecido que el derecho de acceso a la información debe regirse por el «principio de máxima divulgación». Además, la resolución CJI/RES.147 (LXXIII-O/08) del Comité Jurídico Interamericano ha afirmado que, en principio, toda información es accesible.

Del principio de máxima publicidad de la información emanan varias implicaciones que han sido identificadas con oportunidad por la Comisión Interamericana de Derechos Humanos: a) el derecho de acceso a la información debe estar sujeto a un régimen limitado de excepciones, interpretadas de manera restrictiva para favorecer el acceso a la información; b) toda negativa a proporcionar información debe estar debidamente motivada, siendo responsabilidad del Estado demostrar que la información solicitada no puede ser revelada; c) en caso de duda o vacío legal, debe primar el derecho de acceso a la información.

Es importante destacar que el derecho de acceso a la información no es absoluto, sino que puede ser objeto de limitaciones. Sin embargo, estas limitaciones deben cumplir estrictamente con los requisitos establecidos en el artículo 13.2 de la Convención Americana, incluyendo su carácter excepcional, su consagración legal, objetivos legítimos, necesidad y estricta proporcionalidad.

Sin embargo, en materia tributaria, el secreto fiscal se arguye muchas veces como el argumento principal para que las autoridades fiscales se rehúsen a entregar la información solicitada, lo cual hace necesario reflexionar sobre las mejores prácticas administrativas que pueden adoptar las Administraciones tributarias para efectivizar la máxima publicidad y divulgación de la información.

VI. Apuntes para un equilibrio entre el secreto fiscal y el principio de máxima publicidad

Como ya hemos dicho líneas arriba, el principio de máxima publicidad de datos debería constituir el estándar aplicable por parte de las Administraciones tributarias para garantizar el efectivo ejercicio del derecho de acceso a la información fiscal y, de esta forma, asegurar el principio democrático de Derecho. Sin embargo, a pesar de que este principio ha sido ampliamente adoptado —en el caso mexicano, en la Ley General de Transparencia y Acceso a la Información Pública—, en la práctica los resultados difieren. Se observa una tendencia generalizada por parte de las autoridades fiscales a no priorizar la interpretación más amplia cuando se trata de garantizar el derecho de acceso a la información, justificando excepciones basadas en el secreto fiscal y la protección de la intimidad y datos del contribuyente.

En este sentido, en otra investigación hemos documentado la ardua batalla legal que desde la sociedad civil se tuvo que emprender para lograr que el Servicio de Administración Tributaria lograra hacer pública la lista de contribuyentes que se vieron beneficiados al amparo de programas generalizados de amnistías fiscales —los cuales consistían en la condonación y cancelación de créditos fiscales— durante los años 2000 a 2018 en México, y que terminaron por beneficiar a un grupo pequeño e identificable de grandes contribuyentes, lo que derivó en un Decreto presidencial y una posterior reforma constitucional por la cual se prohíbe la condonación de impuestos.

Al menos para el caso mexicano, parecen no existir prácticas óptimas que permitan a las autoridades fiscales cumplir de manera efectiva con el principio de máxima publicidad. Por ello, es necesario que las Administraciones tributarias: a) establezcan la máxima publicidad como principio fundamental y el secreto fiscal como excepción, aplicando plenamente la presunción de publicidad de la información; b) publiquen de manera regular y en lenguaje comprensible informes de gestión tributaria; c) divulguen periódicamente los tratamientos fiscales diferenciados, incluyendo exenciones fiscales y condonaciones; d) publiquen microdatos anonimizados, en los que se incluya el nivel socioeconómico, sector de empleo, sexo y edad, para proporcionar una visión más completa y precisa de la información; e) utilicen tecnologías disruptivas para mejorar la transparencia fiscal; f) sistematicen las respuestas a consultas tributarias que formulan los contribuyentes; g) difundan directrices y criterios administrativos en las actuaciones de inspección; h) implementen mayor control social de la gestión tributaria a través de campañas de comunicación para informar a la población sobre los resultados de la gestión administrativa y establecer sistemas de recepción de reclamaciones contra los funcionarios públicos.

La adopción de mejores prácticas administrativas en materia de transparencia y publicidad fiscal contribuiría a mejorar las actividades de asistencia, gestión, cobro e inspección de tributos. Acompasar el secreto fiscal con el principio de máxima publicidad debe ser una tarea prioritaria de las autoridades fiscales.

VII. A modo de conclusión

El secreto fiscal encuentra su fundamento en el derecho a la intimidad económica, entendida como el derecho individual a mantener reservada la esfera de su vida privada en el ámbito económico y patrimonial. Implica para la Administración tributaria la obligación de respetar el derecho a la protección de los datos proporcionados por el contribuyente, manteniendo una absoluta reserva respecto de las declaraciones y datos.

El secreto fiscal puede legitimarse en función de razones de interés público y seguridad nacional, como la defensa nacional, seguridad estatal, estabilidad financiera, salud pública, entre otras. Sin embargo, el secreto fiscal no es absoluto, sino que admite excepciones, ya sea por las funciones de ciertos órganos y entidades o como sanción frente al incumplimiento de obligaciones tributarias o la comisión de conductas ilícitas.

La regulación del secreto fiscal no está plenamente armonizada con el principio de transparencia y de máxima publicidad de la información, el cual implica que toda la información en poder del Estado se presume pública, sometiéndose a un estándar de transparencia y divulgación.

La transparencia de la información tributaria tiene diversos beneficios, como el aumento de la recaudación, la prevención de abusos por parte de la Administración, la reducción de la discrecionalidad en las actuaciones administrativas, entre otros. Por ello, es aconsejable que las Administraciones tributarias adopten mejores prácticas administrativas para garantizar el acceso efectivo a la información fiscal.

VIII. Bibliografía

Prada Bautista, Stella, *La reserva de la información tributaria como derecho del contribuyente en Colombia*. Tesis de la Universidad Militar Nueva Granada, Facultad de Estudios de Contaduría Pública, Bogotá, noviembre 2012.

Ríos Granados, Gabriela y **Luna Plá**, Issa, *Transparencia, acceso a la información tributaria y el secreto fiscal. Desafíos en México*, México, UNAM-IFAI, 2010

Santos Flores, Israel, «Comentario legislativo al Decreto por el que se dejan sin efectos los programas de condonación de deudas fiscales», *Boletín Mexicano de Derecho Comparado*, México, IIJ-UNAM, Nueva Serie, año LI, no. 155, mayo-agosto de 2019.

Santos Flores, Israel, «Targeting Fiscal Privileges: Fundar's campaign against tax amnesties in Mexico», en **Renzio**, Paolo de (editor), *A taxing journey. How civic actors influence tax policy*, Reino Unido, Bloomsbury Academic, 2024, pp. 107 y ss.

Santos Flores, Israel, «Secreto fiscal, producción y acceso a la información pública en materia tributaria», México, Fundar, ACIJ, DeJusticia, CELS, INESC, Center for Economic and Social Rights, Red de Justicia Fiscal de América Latina y El Caribe. *Serie Documentos Complementarios a los Principios de Derechos Humanos en la Política Fiscal*, no 8, mayo de 2021.

Santos Flores, Israel, «Evolución y síntesis del Derecho tributario: Una revisión a los desafíos actuales que plantea la nueva revolución tecnológica», en **Santos Flores**, Israel (coord.), *Fiscalidad y Economía Digitalizada*, México, IIJ-UNAM, Thomson Reuters, 2023.

LA PROTECCIÓN DE DATOS EN EL ÁMBITO SANITARIO

Carmen Cabal Fernández
Departamento Legal & Compliance en Legal Protect, S.L.
Delegado de Protección de Datos

I. Introducción: retos del sector sanitario

En nuestro país, el reconocimiento del derecho a la protección de datos de carácter personal se ha plasmado desde sus orígenes, en la ley orgánica de 1992, en la necesidad de que las organizaciones, como sujetos obligados, acometan ciertas medidas de índole legal, técnico y organizativo para garantizar la seguridad de los datos personales que manejan en el día a día de su actividad.

Actualmente, especialmente, los riegos derivados de los avances tecnológicos y los tratamientos de datos personales transfronterizos se han traducido en un endurecimiento de las obligaciones y en la necesidad de armonizar las legislaciones de los Estados miembros, todo ello a través de un marco legal comunitario, plasmado en el Reglamento (UE) 2016/679 del Parlamento Europeo y del Consejo, de 27 de abril de 2016, relativo a la protección de las personas físicas en lo que respecta al tratamiento de datos personales y a la libre circulación de estos datos y por el que se deroga la Directiva 95/46/CE.

La implantación de un sistema de protección de datos siguiendo los requerimientos de la normativa, en ningún caso, debe plantearse de forma aislada, al tratarse de una materia absolutamente transversal a todas las áreas, departamentos, servicios, relaciones, gestiones, y, en general, cuestiones que pueden suscitarse en el seno de una organización, con independencia de que nos encontremos en el sector público y en el privado, del tamaño de la organización y de su sector de actividad, no obstante, existen ciertos condicionantes que pueden dificultar la adecuación y plantear problemáticas propias.

En la aplicación del actual marco normativo, integrado por el citado Reglamento (UE) 2016/679, y, a nivel nacional, por la Ley Orgánica 3/2018, de 5 de diciembre, de Protección de Datos Personales y garantía de los derechos digitales, resulta fundamental para los sujetos obligados alcanzar un equilibrio que posibilite cumplir con sus obligaciones legales, lograr la efectividad del derecho a la protección de datos personales y dar cumplimiento al objetivo del legislador europeo de devolver a los interesados, titulares de los datos, el control sobre sus datos, sin que ello conlleve perturbar su actividad diaria; reto que cobra especial relevancia en el sector sanitario, en el que la aplicación de la normativa podría suponer un obstáculo para el desarrollo de la prestación de la asistencia sanitaria con garantías, así como para posibilitar la evolución y mejora de los servicios asistenciales y del conocimiento médico-científico.

A continuación, se expondrán y analizarán brevemente las principales problemáticas a las que se enfrenta en el sector sanitario en la búsqueda de ese equilibrio entre los intereses y derechos en juego.

II. El control y la penalización sobre los accesos indebidos a las historias clínicas

Dentro de las obligaciones que para los sujetos obligados establece el Reglamento (UE) 2016/679, nos interesan en este momento:

- De un lado, el seguimiento de los llamados principios rectores del tratamiento de datos personales (lealtad, licitud y transparencia, limitación de la finalidad, limitación del plazo de conservación, exactitud, minimización y responsabilidad proactiva), y, en particular, del principio de minimización de los datos, en virtud del cual, conforme a lo establecido en el artículo 5 apartado 1 letra c) del Reglamento (UE) 2016/679, los datos objeto de tratamiento deberán ser «adecuados, pertinentes y limitados a lo necesario en relación con los fines para los que son tratados»; y,
- De otro lado, la aplicación de la protección de datos por defecto, que, conforme a lo establecido en el artículo 25 apartado 2 del mismo texto legal, «El responsable del tratamiento aplicará las medidas técnicas y organizativas apropiadas con miras a garantizar que, por defecto, solo sean objeto de tratamiento los datos personales que sean necesarios para cada uno de los fines específicos del tratamiento. Esta obligación se aplicará a la cantidad de datos personales recogidos, a la extensión de su tratamiento, a su plazo de conservación y a su accesibilidad. Tales medidas garantizarán en particular que, por defecto, los datos personales no sean accesibles, sin la intervención de la persona, a un número indeterminado de personas físicas». Añadiendo, así, el criterio de minimización a otras dimensiones del tratamiento, como la accesibilidad de los datos, lo que nos lleva a los principios de necesidad de conocer y de mínimo privilegio, es decir, a la necesidad

de acotar el acceso a los datos personales, estrictamente, a aquellas personas que lo precisen para el correcto desarrollo de sus funciones en la organización, concediéndoles acceso, exclusivamente, a aquella información imprescindible para la ejecución de su trabajo.

En el ámbito sanitario, lo anterior, se ve reflejado en el derecho a la intimidad del paciente, recogido en el artículo 7 apartado 1 de la Ley 41/2002, de 14 de noviembre, básica reguladora de la autonomía del paciente y de derechos y obligaciones en materia de información y documentación clínica, que, prevé que *«toda persona tiene derecho a que se respete el carácter confidencial de los datos referentes a su salud y que nadie pueda acceder a ellos sin previa autorización amparada por la ley»*; y, es que hay que tener presente que la historia clínica es un instrumento destinado, fundamentalmente, a garantizar la asistencia al paciente, y, como tal, su principal uso es el diagnóstico y tratamiento del paciente por los profesionales sanitarios que intervienen en el proceso asistencial. Además de los anteriores, la normativa sanitaria, también contempla la posibilidad de acceso y uso de la documentación clínica con otros fines, como, por ejemplo, administración y gestión interna, judicial, investigación o docencia, al margen del derecho de acceso del propio paciente y de las personas vinculadas a él por razones familiares o, de hecho; todo ello, dentro de los límites que se establecen por la propia normativa sanitaria y con pleno respeto a la legislación en materia de protección de datos personales; y, a priori, requiriendo de una base de legitimación propia, al exceder del ámbito de la prestación de la asistencia sanitaria requerida por el paciente.

El derecho a la intimidad del paciente sería un derecho vacío sin su otra cara, es decir, sin la obligación para los centros sanitarios de salvaguardar los derechos de los pacientes y dar cumplimiento a sus citadas obligaciones en materia de protección de datos, que, en este caso, se plasman en el control y la supervisión de los accesos a las historias clínicas, tal y como se establece por la Agencia Española de Protección de Datos en la Guía para profesionales del sector sanitario publicada en junio de 2022[1] y en el artículo 14 del Decreto del Principado de Asturias 51/2019, de 21 de junio, por el que se regulan la historia clínica y otra documentación clínica al señalar *«Los sistemas de información de la HCE identificarán de forma inequívoca a toda persona que intente acceder a la información contenida en la HCE de un paciente o usuario y verificarán su autorización»*, y, reitera para la documentación clínica en formato no automatizado.

---

1 Agencia Española de Protección de Datos, *Guía para profesionales del sector sanitario. Junio 2022, p. 9.* https://www.aepd.es/documento/guia-profesionales-sector-sanitario.pdf *«(...) Por otro lado, el responsable tiene la obligación de adoptar las políticas de control de acceso, de registro y trazabilidad de dichos accesos y de auditoría (automatizada y manual) de los registros para prevenir, detectar y corregir con diligencia cualquier abuso que se pueda producir».*

Como garantía reforzada, en el Principado de Asturias, el legislador autonómico ha extendido el derecho de acceso de los pacientes, incluso más allá del límite establecido, con carácter general, por la normativa de protección de datos, respecto a la no afectación a terceros, concediendo a los pacientes la facultad de conocer quien, y porqué accedió a su historia clínica, tal y como se prevé en el artículo 22 apartado 2 del citado Decreto del Principado de Asturias 51/2019.

III. Trascendencia penal: delito de descubrimiento y revelación de secretos

El acceso indebido a la documentación clínica se contempla como infracción en el régimen disciplinario de cualquier centro sanitario, estableciéndose como falta muy grave en los convenios colectivos de aplicación al sector, así como, con carácter general, en las normas internas que desarrollan las funciones y obligaciones del personal sanitario.

Además, más allá de su repercusión en el ámbito laboral, debe tenerse en cuenta que el acceso indebido a las historias clínicas es susceptible de encuadrarse en el tipo delictivo del artículo 197 apartado 2 del Código Penal relativo al delito de descubrimiento y revelación de secretos, en el que se prevé que *«Las mismas penas se impondrán al que, sin estar autorizado, se apodere, utilice o modifique, en perjuicio de tercero, datos reservados de carácter personal o familiar de otro que se hallen registrados en ficheros o soportes informáticos, electrónicos o telemáticos, o en cualquier otro tipo de archivo o registro público o privado. Iguales penas se impondrán a quien, sin estar autorizado, acceda por cualquier medio a los mismos y a quien los altere o utilice en perjuicio del titular de los datos o de un tercero»*.

En particular, se impondrá la pena del tipo básico en su mitad superior al referirse a datos personales sanitarios, tal y como se considera por el Tribunal Supremo en sentencia de 17 de marzo de 2021 *(núm. 250/2021, rec. 2463/2019)*, al confirmar la pena de prisión de 2 años y 9 meses, una pena de inhabilitación absoluta durante 6 años, así como, entre otras, la obligación de indemnizar a la víctima en la cantidad de 4000 euros en concepto de daño moral impuesta por la Sección Tercera de la Audiencia Provincial de León a una enfermera por acceder a la historia clínica de un paciente, sin su consentimiento ni conocimiento y sin que dicho acceso pudiera justificarse en la prestación asistencial.

La misma línea argumental se sigue en otras sentencias para calificar los accesos indebidos a la documentación clínica e imponer penas a los profesionales sanitarios responsables; pues, si bien, en ocasiones, y en atención a una escasa afectación al bien jurídico protegido y a una supuesta inocente mera satisfacción de la curiosidad, se ha absuelto a los infractores, cada vez son más numerosas las sentencias condenatorias.

Por último, debe tenerse en cuenta que este tipo delictivo puede generar responsabilidad penal para la organización, en virtud de lo establecido en el artículo 197 quinquies del Código Penal, cobrando especial relevancia esa labor de supervisión, vigilancia y control a las que se hacía referencia anteriormente y que vienen a convertir los sistemas de gestión de cumplimiento de la normativa de protección de datos en un arma muy eficaz para exonerar o mitigar la responsabilidad penal del centro sanitario y de sus gestores.

IV. El uso de datos sanitarios asistenciales con fines de investigación

Tal y como se ha visto con anterioridad, el acceso y uso de la documentación clínica viene tasado por la normativa sanitaria, en particular, a nivel nacional, por el artículo 16 de la Ley 41/2002, y, a nivel autonómico, por los artículos 14 a 20 del Decreto del Principado de Asturias 51/2019, entre los que se hace mención expresa a los fines relacionados con la investigación.

El uso de documentación clínica, y, por consiguiente, de los datos personales de los pacientes con fines de investigación no queda autorizado sin condiciones, remitiéndose la normativa sanitaria, en cuanto a los límites a tener en cuenta, a lo establecido en la normativa de protección de datos de carácter personal; no sin antes establecer la obligación de preservar los datos identificativos separados de los datos clínicos, con lo que se pretende asegurar el anonimato del paciente, salvo en aquellos casos en los que el propio paciente haya otorgado su consentimiento para no separar los datos.

En primer lugar, debe tenerse en cuenta que el cumplimiento de la obligación relativa a la separación funcional de los datos clínicos de los datos identificativos, en la práctica, no siempre se está cumpliendo, al encontrarse con las limitaciones técnicas existentes en los diferentes programas o herramientas informáticas de gestión de documentación clínica empleados en los centros sanitarios. Lo anterior conlleva un problema en el día a día de los profesionales sanitarios que deciden dedicar su tiempo a la investigación, pues con ello cae la primera premisa establecida por la normativa de aplicación para la reutilización generalizada de los datos asistenciales con fines de investigación.

Ante la imposibilidad de manejar datos anonimizados, se debe de abordar la cuestión desde el prisma de la normativa de protección de datos, en particular, la cuestión fundamental radica en la legitimación del tratamiento, y, aquí, debe tenerse en cuenta que nos estamos refiriendo a categorías especiales de datos, por lo que, además de obtener una base de legitimación conforme a lo establecido en el artículo 6 del Reglamento (UE) 2016/679, es necesario tener en cuenta que el reglamento europeo establece, en su artículo 9 apartado 1, una prohibición general del tratamiento de esta tipología de datos personales, entre los que se encuentran los datos relativos a la salud; prohibición que solo quedará levantada en el caso de que se presente alguna de las excepciones a las que hace referencia el artículo 9 apartado 2 de dicho texto legal, entre las que se encuentra, en su letra j) *«el tratamiento es necesario con fines de archivo en interés público, fines de investigación científica o histórica o fines estadísticos»*.

Solventada la prohibición general de tratamiento, retornamos a la cuestión relativa a la licitud del tratamiento, y, siendo conscientes de las trabas que se derivan del uso del consentimiento del paciente como base de legitimación de los tratamientos con fines de investigación, se plantea que conforme al actual marco normativo quizás no sea necesario recabar dicho consentimiento, pues el principio de limitación de la finalidad del tratamiento, según lo establecido en el artículo 5 apartado 1 letra b) del Reglamento (UE) 2016/679, señala que *«el tratamiento ulterior de los datos personales con fines de archivo en interés público, fines de investigación científica e histórica o fines estadísticos no se considerará incompatible con los fines iniciales»*, lo que puesto en común con lo establecido en el Considerando 50 del Reglamento Europeo de Protección de Datos[2], podría interpretarse como una vía de licitud para la reutilización de los datos con fines de investigación, al señalar que la presunción de compatibilidad del citado artículo 5, más allá de ser una mera excepción a la regla general que impediría un uso ulterior de los datos personales, supone una base de legitimación en sí misma.

No obstante a lo anterior, y pese a la claridad del pronunciamiento del legislador europeo, existen pronunciamientos contradictorios entre los diferentes organismos o autoridades públicas de referencia en materia de protección de datos, que llegan, incluso, a vaciar de contenido y aplicabilidad la presunción de compatibilidad, tanto respecto a la reutilización de los datos recabados en el seno de un proyecto de investigación previo como respecto de los datos recabados en el ámbito de la prestación de la asistencia sanitaria.

Respecto de la reutilización de datos recabados en proyectos de investigación previos, conforme a la postura mantenida por la Agencia Española de Protección de Datos en su Informe Jurídico 073667/2018, podrá exceptuarse la necesidad de recabar un nuevo consentimiento *«cuando se trate de una investigación relacionada con la inicial, al considerarse el fin de dicha investigación compatible con aquella en que se prestó el consentimiento»*.

---

2 Considerando 50 del Reglamento (UE) 2016/679 del Parlamento Europeo y del Consejo, de 27 de abril de 2016, relativo a la protección de las personas físicas en lo que respecta al tratamiento de datos personales y a la libre circulación de estos datos y por el que se deroga la Directiva 95/46/CE: *«El tratamiento de datos personales con fines distintos de aquellos para los que hayan sido recogidos inicialmente solo debe permitirse cuando sea compatible con los fines de su recogida inicial. En tal caso, no se requiere una base jurídica aparte, distinta de la que permitió la obtención de los datos personales. (...) Las operaciones de tratamiento ulterior con fines de archivo en interés público, fines de investigación científica e histórica o fines estadísticos deben considerarse operaciones de tratamiento lícitas compatibles. (...)»*.

Con ello se ofrece una interpretación flexible de las propiedades del consentimiento en el ámbito de la investigación cuando pueda apreciarse cierta identidad entre la investigación inicial y la secundaria, al entender que *«será suficientemente inequívoco y específico el consentimiento prestado en relación con una rama amplia de investigación, como por ejemplo, la investigación oncológica, o incluso para ámbitos más extensos»*, tal y como, se establece en la Disposición transitoria sexta de la Ley Orgánica 3/2018 al prever que *«se considerará lícita y compatible la reutilización con fines de investigación en salud y biomédica de datos personales recogidos lícitamente con anterioridad a la entrada en vigor de esta ley orgánica cuando concurra alguna de las circunstancias siguientes: a) Que dichos datos personales se utilicen para la finalidad concreta para la que se hubiera prestado consentimiento. b) Que, habiéndose obtenido el consentimiento para una finalidad concreta, se utilicen tales datos para finalidades o áreas de investigación relacionadas con la especialidad médica o investigadora en la que se integrase científicamente el estudio inicial»*.

Respecto de la opción más atractiva para los investigadores, al posibilitar una base de datos de gran volumen y en constante crecimiento, evolución y actualización, esto es, respecto de reutilización de datos recabados en el ámbito de la prestación de la asistencia sanitaria, únicamente, se localiza una mención a esta posibilidad realizada por el Comité Europeo de Protección de Datos en las Directrices 03/2020 sobre el tratamiento de datos relativos a la salud con fines de investigación científica en el contexto del brote de COVID-19 al señalar la necesidad e intención de abordar el tema, sin marcarse una línea a seguir entre tanto, y, a día de hoy, sin haberse logrado pronunciamiento ampliado sobre esta cuestión.

En base a lo anterior, a la espera de un muy deseado pronunciamiento a favor de la reutilización de los datos que dote de efectividad práctica el contenido de la presunción de compatibilidad prevista en el artículo 5 apartado 1 letra b) del Reglamento (UE) 2016/679, en línea con el Considerando 50 del mismo texto legal, y en aquellos casos en los que la separación funcional de los datos no es técnicamente posible, se recurre a un consentimiento, quizás innecesario, del paciente/ sujeto de estudio, a pesar de las trabas que ello conlleva para la labor del personal investigador y el desarrollo del conocimiento médico-científico.

V. Los intercambios de información con terceros

De conformidad con la definición proporcionada por el propio Reglamento (UE) 2016/679, en su artículo 4 apartado 10, se entenderá por tercero *«persona física o jurídica, autoridad pública, servicio u organismo distinto del interesado, del responsable del tratamiento, del encargado del tratamiento y de las personas autorizadas para tratar los datos personales bajo la autoridad directa del responsable o del encargado»*, y, trasladando dicho concepto a la actividad diaria de los centros sanitarios, merecen especial atención dos supuestos, considerados especialmente conflictivos: familiares y compañías aseguradoras.

En todo caso, debe de partirse que el suministro de información relativa al paciente a terceros, constituye una actividad de procesamiento de datos personales, y, como tal, debe someterse al cumplimiento de los principios rectores del tratamiento de datos personales, siendo particularmente relevantes en este caso, el principio de confidencialidad, plasmado en la Ley Orgánica 3/2018 en el deber de secreto del artículo 5, y, en el ya citado derecho a la intimidad del paciente del artículo 7 apartado 1 de la Ley 41/2002, así como el principio de licitud.

En concreto, nos encontramos ante una comunicación de datos, y, respecto al principio de licitud, en virtud de lo establecido en el artículo 6 del Reglamento (UE) 2016/679 «*El tratamiento solo será lícito si se cumple al menos una de las siguientes condiciones: a) el interesado dio su consentimiento (...); b) el tratamiento es necesario para la ejecución de un contrato (...); c) el tratamiento es necesario para el cumplimiento de una obligación legal (...); d) el tratamiento es necesario para proteger intereses vitales del interesado o de otra persona física; e) el tratamiento es necesario para el cumplimiento de una misión realizada en interés público o en el ejercicio de poderes públicos (...); y, f) el tratamiento es necesario para la satisfacción de intereses legítimos perseguidos por el responsable del tratamiento o por un tercero (...)*».

Respecto del intercambio de información con familiares y allegados del paciente, la regla general que debe de imperar es el consentimiento del paciente, o, en términos más abstractos, la voluntad del propio paciente, pues, incluso en aquellos casos en los que la normativa extiende los derechos del paciente más allá de su fallecimiento u otorga derechos particulares a los familiares o allegados, por ejemplo, el derecho a la información asistencial o el derecho de acceso a la historia clínica, lo hace en la medida en la que el paciente así lo permita, al señalar: «*También serán informadas las personas vinculadas a él, por razones familiares o de hecho, en la medida que el paciente lo permita de manera expresa o tácita*» (artículo 5 apartado 1 de la Ley 41/2002), o, «*Los centros sanitarios y los facultativos de ejercicio individual sólo facilitarán el acceso a la historia clínica de los pacientes fallecidos a las personas vinculadas a él, por razones familiares o de hecho, salvo que el fallecido lo hubiese prohibido expresamente y así se acredite*» (artículo 18 apartado 4 de la Ley 41/2002), o, «*Las personas vinculadas al fallecido por razones familiares o de hecho así como sus herederos podrán dirigirse al responsable o encargado del tratamiento al objeto de solicitar el acceso a los datos personales de aquella y, en su caso, su rectificación o supresión. Como excepción, las personas a las que se refiere el párrafo anterior no podrán acceder a los datos del causante, ni solicitar su rectificación o supresión, cuando la persona fallecida lo hubiese prohibido expresamente o así lo establezca una ley*» (artículo 3 apartado 1 de la Ley Orgánica 3/2018).

Aunque puede parecer una regla sencilla, la aplicación de lo anterior no es ni de lejos pacífica, al plantarse numerosos escenarios en los que la voluntad del paciente no se ha manifestado en modo alguno o de hacerlo su capacidad puede verse distorsionada y/o sometida a debate, tales son los casos de personas con discapacidad, pacientes inconscientes, y, en particular, cuando a lo anterior se unen crisis matrimoniales u otros conflictos familiares.

En ausencia de consentimiento del paciente, y, en todo caso, sin mediar su oposición al respecto, las comunicaciones hacia familiares y allegados podrán ampararse en el interés legítimo de estos en conocer el estado de salud del paciente o el curso y/o resultados de los procesos asistenciales a los que éste se haya sometido, así como en el cumplimiento de las obligaciones de información que para el centro sanitario se establecen en la normativa sanitaria.

En el día a día de los centros sanitarios, existen múltiples flujos de información con destino a terceros, desde los ya citados suministros de información hacia familiares y allegados del paciente, pasando por aquellos derivados de la atención de requerimientos policiales, judiciales o de otros organismos con competencias, por ejemplo, en materia epidemiológica, hasta llegar a otro de los supuestos más conflictivos en lo que se refiere a sus implicaciones en materia de protección de datos de carácter personal, y, este supuesto es el relativo al suministro de información hacia las compañías aseguradoras a los efectos de facturación y cobro de la prestación asistencial proporcionada al paciente «asegurado».

En este punto a nivel de legitimación, y, pese al olvido del legislador autonómico respecto de los centros sanitarios no vinculados a la red pública cuando establece la innecesaridad de contar con el consentimiento del paciente para efectuar dicha comunicación[3], parece existir consenso en que la ejecución del contrato de seguro y la gestión (en particular, el pago) de la asistencia sanitaria sustentan dicha comunicación, conforme a lo establecido en el artículo 9 apartado 2 de la Ley Orgánica 3/2018[4], puesto en relación con

3 Artículo 30 apartado 3 del Decreto Principado de Asturias 51/2019, de 21 de junio, por el que se regulan la historia clínica y otra documentación clínica: *«A los efectos previstos en el artículo 83 de la Ley 14/1986, de 25 de abril, General de Sanidad, los centros pertenecientes al SESPA no precisarán el consentimiento previo de las personas afectadas por la comunicación de datos de su historia clínica a las compañías aseguradoras y otros terceros obligados al pago de las atenciones y prestaciones sanitarias facilitadas directamente a las mismas, siempre que la información solicitada resulte necesaria para determinar el importe de la asistencia prestada»*.

4 Artículo 9 apartado 2 de la Ley Orgánica 3/2018, de 5 de diciembre, de Protección de Datos Personales y garantía de los derechos digitales: *«Los tratamientos de datos contemplados en las letras g), h) e i) del artículo 9.2 del Reglamento (UE) 2016/679 fundados en el Derecho español deberán estar amparados en una norma con rango de ley, que podrá establecer requisitos adicionales relativos a su seguridad y confidencialidad. En particular, dicha norma podrá amparar el tratamiento de datos en el ámbito de la salud cuando así lo*

lo establecido en el artículo 99 apartado 2 de la Ley 20/2015, de 14 de julio, de ordenación, supervisión y solvencia de las entidades aseguradoras y reaseguradoras, en virtud de la cual *«Las entidades aseguradoras podrán tratar sin consentimiento del interesado los datos relacionados con su salud en los siguientes supuestos: (...) b) Para el adecuado abono a los prestadores sanitarios o el reintegro al asegurado o sus beneficiarios de los gastos de asistencia sanitaria que se hubieran llevado a cabo en el ámbito de un contrato de seguro de asistencia sanitaria».*

Clarificado lo anterior, el problema se refiere más que a la licitud del tratamiento a su extensión, pues la legitimación otorgada por el contrato de seguro queda acotada por el principio de minimización de los datos, tal y como recoge el propio artículo 99 apartado 2 de la Ley 20/2015 cuando señala que *«El tratamiento de los datos se limitará en estos casos a aquellos que resulten imprescindibles para el abono de la indemnización o la prestación derivada del contrato de seguro»*, por lo que resulta necesario ajustar la información a lo imprescindible para facturar y abonar la prestación asistencial proporcionada al paciente «asegurado», pues de lo contrario el tratamiento podría adolecer de falta de legitimación y conllevar un incumplimiento grave de la normativa de protección de datos de carácter personal.

Establecer los límites a tener en cuenta en el suministro de información desde los centros sanitarios hacia las compañías aseguradores es un trabajo pendiente en el que deberá alcanzarse un consenso entre las partes implicadas y para el que se ha pretendido contar con la valoración de la Agencia Española de Protección de Datos a través de la formulación de consultas en el Canal del Delegado de Protección de Datos, no habiéndose obtenido una respuesta concreta, más allá del límite abstracto que supone remitirnos a aplicar el principio de minimización de los datos.

Por el momento, únicamente, se puede establecer como límite cierto, la innecesaridad de proporcionar antecedentes clínicos que, por otra parte, con carácter general, suelen incluirse en los informes clínicos y que, obviando lo anterior, es relativamente habitual que no se eliminen de los informes proporcionados a las compañías aseguradoras para requerir el abono de los servicios prestados por el centro sanitario a sus pacientes «asegurados»; irregularidad que ya ha sido objeto de sanción por parte de la Agencia Española de Protección de Datos, por ejemplo, véase el procedimiento sancionador núm. PS/00187/2019, por el que se impone multa de cuarenta y ocho mil euros a un centro sanitario privado por la infracción del Artículo 5 apartado 1 del Reglamento (UE) 2016/679, tipificada en el artículo 83 apartado 5 del mismo texto legal.

---

exija la gestión de los sistemas y servicios de asistencia sanitaria y social, pública y privada, o la ejecución de un contrato de seguro del que el afectado sea parte».

VI. La interoperabilidad de la historia clínica

Conforme a lo establecido en el Esquema Nacional de Interoperabilidad[5], la interoperabilidad debe ser entendida como la capacidad de los sistemas de información y de los procedimientos a los que éstos dan soporte, de compartir datos y posibilitar el intercambio de información y conocimiento entre ellos; contemplándose en diferentes normativas[6] del ámbito sanitario como un objetivo a lograr para mejorar la asistencia y seguridad de los pacientes.

No obstante a lo anterior, ni los sistemas informáticos de gestión de documentación clínica, ni la voluntad política ni la legislación parecer remar en pro del logro de este objetivo; aun cuando la problemática trasciende de complejas integraciones como podría ser la compatibilidad de diferentes las diferentes herramientas informáticas de gestión de documentación clínica disponibles en el mercado y empleadas por los diferentes centros sanitarios, o, alcanzar una interoperabilidad de la historia clínica a nivel internacional, o, de integraciones controvertidas como podría ser la integración de la historia clínica pública con la historia clínica privada, y se plasma en un problema que se da a diario en todos los centros sanitarios, como es el caso de los pacientes con terceros obligados al pago, escenario constante, con independencia del tipo de gestión del centro, esto es, ya sea público, concertado o privado, y es que, en todos ellos se atienden a paciente con diferentes financiadores: seguridad social, mutua laboral, aseguradora, federación deportiva, o, incluso, puede darse el caso de financiación particular del propio paciente.

Para abordar la citada problemática a nivel de interoperabilidad es preciso tener en consideración dos pilares fundamentales sobre la documentación clínica y su gestión:

En primer lugar, debe tenerse presente, tal y como se ha mencionado con anterioridad, que, al margen del debate sobre la titularidad la historia clínica, en el que, personalmente, me decanto por la posición integradora que sostiene su triple titularidad, centro sanitario, profesional sanitario y paciente, posición a la que es favorable la Agencia Española de Protección de Datos[7],

---

5 Real Decreto 4/2010, de 8 de enero, por el que se regula el Esquema Nacional de Interoperabilidad en el ámbito de la Administración Electrónica.

6 Artículo 56 de la Ley 16/2003, de 28 de mayo, de cohesión y calidad del Sistema Nacional de Salud, Disposición Adicional tercera de la Ley 41/2002 o artículo 115 de la Ley del Principado de Asturias 7/2019, de 29 de marzo, de Salud, entre otros preceptos.

7 Agencia Española de Protección de Datos. *Guía para pacientes y usuarios de la Sanidad noviembre 2019. «Desde la perspectiva de la normativa de protección de datos no se maneja este concepto de propiedad. Se establece que el responsable del tratamiento de los datos que forman parte de la historia clínica es el médico o el centro sanitario, público o privado; éstos tienen la obligación de elaborarla, custodiarla e implantar las medidas de seguridad necesarias para que no se extravíe o sea accedida por terceros. El paciente/usuario tiene el*

la historia clínica es un instrumento al servicio de la asistencia sanitaria y de los profesionales que la prestan, tal y como se recoge en el artículo 15 de la Ley 41/2002 al señalar como su finalidad principal *«facilitar la asistencia sanitaria, dejando constancia de todos aquellos datos que, bajo criterio médico, permitan el conocimiento veraz y actualizado del estado de salud»*.

Y, en segundo lugar, a nivel nacional, la normativa sanitaria se refiere a una historia clínica por paciente, así como a la necesidad de coordinación de las historias clínicas, y, así la Ley 14/1986, de 25 de abril, General de Sanidad, en su artículo 61, recoge el principio de historia clínico-sanitaria única, señalando *«En cada Área de Salud debe procurarse la máxima integración de la información relativa a cada paciente, por lo que el principio de historia clínico-sanitaria única por cada uno deberá mantenerse, al menos, dentro de los límites de cada institución asistencial»*, y, por su parte, la Ley 41/2022 en su artículo 14 apartado 1 habla de *«obtener la máxima integración posible de la documentación clínica de cada paciente, al menos, en el ámbito de cada centro»*, y, en la misma línea, señala en su artículo 15 apartado 4 *«La historia clínica se llevará con criterios de unidad y de integración, en cada institución asistencial como mínimo»*; unidad en la que insiste la normativa autonómica, cuando en el Decreto 51/2019 del Principado de Asturias, al definir el concepto de historia clínica, en su artículo 4, prevé *«La historia clínica será única por paciente y se deberá procurar la máxima integración posible de la documentación que la constituye»*.

Teniendo en cuenta los dos puntos anteriores, parecería lógico pretender un amparo legal para que los procesos asistenciales de un mismo paciente cuando es asistido en un mismo centro convivan con independencia de cuál sea el financiador de dichos procesos. Incluso, se podría pretender que, en aquellos casos, en los que el centro sanitario trabaje con sistemas informáticos que nutran la historia clínica resumida[8], no se aíslen los procesos asistenciales con un tercero obligado al pago, sometiendo a un poco operativo consentimiento del paciente la integración en una única historia clínica de todos los procesos asistenciales, tal y como decreta el legislador.

---

derecho a solicitar una copia de su historia clínica, con la que puede acudir a otro centro o a otro especialista; al revisarla, puede pedir rectificación o supresión de algunos datos, etc.».

8 Artículo 8 del Decreto del Principado de Asturias 51/2019. *«En el ámbito de los centros y servicios sanitarios dependientes del Servicio de Salud del Principado de Asturias (en adelante, SESPA) y de los vinculados a la Red Hospitalaria Pública del Principado de Asturias, la Historia Clínica Resumida, que constituye el conjunto de contenidos relevantes de salud de un individuo, es un documento electrónico alimentado y generado de forma automática y actualizado en todo momento, a partir de los datos que los profesionales vayan incluyendo en la HCE del paciente, de acuerdo con lo previsto en el artículo 3.4 del Real Decreto 1093/2010, de 3 de septiembre, por el que se aprueba el conjunto mínimo de datos de los informes clínicos en el Sistema Nacional de Salud, sea cual sea el ámbito o dispositivo sanitario en el que se recojan. Será única por paciente, se identificará de forma unívoca con el Código de Identificación Personal Autonómico y se vinculará a todos los dominios donde consta información del paciente a través de un número específico para cada centro»*.

Así, en el Principado de Asturias, podría entenderse que se cuenta con base legal suficiente para evitar recurrir al consentimiento del paciente para la integración de todos los procesos en la historia clínica resumida, pues conforme a lo establecido en el artículo 30 del Decreto del Principado de Asturias, *«los centros sanitarios del SESPA no necesitarán recabar el consentimiento previo de los pacientes o usuarios para la comunicación de datos de su historia clínica cuando sean derivados a centros sanitarios vinculados mediante convenio o concierto a la Red Hospitalaria Pública del Principado de Asturias o a la Red Sanitaria de Utilización Pública del Principado de Asturias»*, habida cuenta que los centros de la cita red hospitalaria serán los únicos habilitados para el acceso a la historia clínica resumida, y, no previéndose distinción en su aplicación respecto del tipo de gestión de centro sanitario.

Pese a que lo anterior podría considerarse un avance hacia la consecución del objetivo de la interoperabilidad de la historia clínica, existen opiniones institucionales contrarias a la argumentación expuesta. Si bien la pretendida interoperabilidad aún quedaría lejos de materializarse, en los últimos años, se han realizado algunos avances de relevancia como el proyecto de interoperabilidad del sector sanitario privado, agrupado en el Instituto para el Desarrollo e Integración de la Sanidad (Fundación IDIS), la aprobación en 2022 de la historia clínica interoperable entre la sanidad pública y la sanidad privada en el Servicio Madrileño de Salud por la Comunidad de Madrid, o, el proyecto europeo de interoperabilidad de receta electrónica.

VII. Los planes de contingencia para asegurar la continuidad de los servicios en caso de ataque

Aun no tratándose de un asunto que afecte en exclusividad al sector sanitario, no es posible abordar las problemáticas y retos de actualidad en materia de protección de datos de carácter personal, y, en particular, la seguridad de éstos, sin hacer mención al temido *ransomware*.

El *ransomware* supone un secuestro de la información mediante un software malicioso que encripta el contenido de una unidad de almacenamiento o de un disco duro, teniendo como última la finalidad extorsionar a la entidad atacada, pidiendo un rescate para poder recuperar la información «secuestrada», empleando, incluso, la amenaza de la filtración de los datos obtenidos por los ciberdelincuentes durante el ataque; y, llegando a emplearse, en muchas ocasiones, como medio de coacción, las sanciones a las que podría enfrentarse la entidad atacada por incumplimiento de la normativa de protección de datos.

Desde el primer ataque conocido de *ransomware* en 1989 hasta la actualidad, este tipo de malware no solo ha sufrido una evolución a nivel técnico, sino a nivel de planteamiento, convirtiéndose en un modelo negocio, más allá de la monetización de la extorsión, llegándose en la actualidad al *Ransomware* como servicio o RaaS *(Ransomware as a service)*, ofreciéndose por los ciberdelincuentes como paquetes preparados y listos para actuar.

En los últimos años, hemos conocido a través de las noticas a los más famosos tipos de *ramsonware* como Reventon, Cryptolocker y Wannacry, así como los ataques a grandes compañías u organizaciones, sirviendo como ejemplo a nivel nacional los ataques a Mapfre, Estrella Dam, The Phone House, Servicio Público de Empleo (SEPE), Instituto Nacional de Estadística (INE) o algunos Ministerios, y, el sector sanitario no ha sido una excepción, teniendo especial relevancia los ataques que paralizaron la actividad del sistema sanitario irlandés o más recientemente al Hospital Clínic de Barcelona, así como el ciberataque al Hospital de Düsseldorf al que algunos medios atribuyeron la primera muerte a causa de un *ransomware*.

Este tipo de incidentes de seguridad nos orientan y ponen en valor el seguimiento de los requerimientos de la normativa de protección de datos en tanto reclama de las organizaciones un enfoque preventivo basado en el riesgo y no reactivo; tal y como prevé el artículo 32 del Reglamento (UE) 2016/679 al señalar «*Teniendo en cuenta el estado de la técnica, los costes de aplicación, y la naturaleza, el alcance, el contexto y los fines del tratamiento, así como riesgos de probabilidad y gravedad variables para los derechos y libertades de las personas físicas, el responsable y el encargado del tratamiento aplicarán medidas técnicas y organizativas apropiadas para garantizar un nivel de seguridad adecuado al riesgo, que en su caso incluya, entre otros: a) la seudonimización y el cifrado de datos personales; b) la capacidad de garantizar la confidencialidad, integridad, disponibilidad y resiliencia permanentes de los sistemas y servicios de tratamiento; c) la capacidad de restaurar la disponibilidad y el acceso a los datos personales de forma rápida en caso de incidente físico o técnico; d) un proceso de verificación, evaluación y valoración regulares de la eficacia de las medidas técnicas y organizativas para garantizar la seguridad del tratamiento*».

¿Por qué cobra importancia ese enfoque preventivo? Porque cuando un equipo de trabajo inicia su jornada con todos sus archivos cifrados, sin posibilidad de acceder a la información y con un mensaje de rescate en el escritorio de los equipos informáticos, lo único que nos permitirá seguir prestando los servicios es haber actuado antes; es disponer de un equipo de trabajo concienciado y capacitado para advertir el problema lo antes posible y con ello detener o contener el ataque, impidiendo que se extienda por nuestro sistema de información; es disponer de un plan de contingencia para continuar trabajando, de forma offline o incluso de forma analógica, hasta recuperar la normalidad, y, que, además de permitirnos el acceso a una versión estática de la documentación clínica nos indique hacia qué centro debemos derivar a aquellos pacientes que no podamos atender; es disponer de una copia de seguridad inmutable que nos permita recuperar la información sin ceder a los chantajes de los ciberdelincuentes; y, entre otras muchas acciones preventivas a acometer antes de que se materialice el incidente, es disponer de una redundancia de los sistemas que nos permita restaurar la disponibilidad de nuestra infraestructura tecnológica a la mayor brevedad.

El sector sanitario es considerado como un sector crítico, categoría hacia la que cada día se dirigen más normativas que deben tenerse en cuenta por los centros sanitarios, pues concretan y elevan las exigencias establecidas en la normativa de protección de datos de carácter personal en materia de seguridad informática, a fin de dar respuesta a los problemas crecientes en materia de seguridad de las redes y sistemas de información[9].

Aun así, es posible que, estando «preparados» tengamos complicaciones, pero, indudablemente, nos encontraremos en una mejor posición para continuar con la actividad asistencial.

No podemos ser ajenos a la realidad y debemos ser conscientes que ninguna organización ni particular está libre de sufrir un ataque de *ransomware*, los datos de las empresas de ciberseguridad colocan en un porcentaje superior al 80 % las empresas españolas que han sufrido durante el 2022 un ataque de tipo *ransomware*, por lo que la cuestión es si cuando se materialice, que muy probablemente lo hará, seremos capaces de evitar o, cuanto menos, minimizar su impacto.

VIII. Otras problemáticas del sector

Las anteriores son solo algunos ejemplos de las situaciones a las que debe de hacer frente el sector sanitario en la implementación y seguimiento de sus obligaciones como sujetos obligados por la normativa de protección de datos de carácter personal, a las que cabrían añadir otras, no menos conflictivas ni menos relevantes que las analizadas anteriormente, como, por ejemplo:

- Los problemas de confidencialidad que conlleva el envío/ acceso telemático a la información clínica, derivado de los riesgos de una inadecuada protección de la información en tránsito, de errores en el envío, o, de su interceptación por terceros no autorizados.
- Los problemas de capacidad a los que se enfrentarán los centros sanitarios habida cuenta de la exigencia legal, cada vez más común en las legislaciones autonómicas sobre gestión de documentación clínica, de conservación indefinida de las historias clínicas, presen-

9 Véase Directiva (UE) 2016/1148 del Parlamento Europeo y del Consejo, de 6 de julio de 2016, relativa a las medidas destinadas a garantizar un elevado nivel común de seguridad de las redes y sistemas de información en la Unión, conocida como la Directiva NIS (Security of Network and Information Systems), y, Real Decreto 43/2021, de 26 de enero, por el que se desarrolla el Real Decreto-ley 12/2018, de 7 de septiembre, de seguridad de las redes y sistemas de información.

tándose, tanto para la documentación en formato papel como para la documentación en formato automatizado o digital.

- Los problemas de autenticidad que podrían derivarse de conservar la documentación clínica en un soporte diferente al original, que, pese a estar autorizado por la normativa sanitaria, está llevando a las organizaciones a duplicar sus archivos por miedo al repudio sobre la autenticidad e inmutabilidad de la copia de la documentación clínica.
- Los problemas que vienen de la mano de los avances tecnológicos, y, en particular, del uso y desarrollo de herramientas de inteligencia artificial con aplicación en el campo de la medicina, siendo de vital importancia que las organizaciones pauten los límites al uso de este tipo de herramientas y establezcan mecanismos que permitan detectar y solventar los sesgos que pudiera manifestar la inteligencia artificial, y, en su caso, la potencial incidencia de estos sesgos sobre la adquisición de conocimiento y el proceso de toma de decisiones.

IX. Conclusiones

Sin conocer en profundidad las exigencias que comporta la normativa de protección de datos de carácter personal es complicado dimensionar su perpendicularidad, tanto en el seno de la propia organización, es decir, su aplicabilidad a todas sus áreas y a todas las cuestiones del desarrollo diario de su actividad, como a nivel externo, en cuanto a su necesaria coordinación con el marco normativo sectorial, el cual particulariza, modula y ayuda a interpretar la normativa de protección de datos.

Algunas de las problemáticas abordadas serían irresolubles sin el contexto que nos proporciona la legislación sectorial, otras nos llevarían a una visión parcial, y, a cuanto menos, duplicar esfuerzos dirigidos a un mismo fin.

Aunque puede generalizarse a la práctica totalidad de los sectores de actividad, dada la criticidad del sector sanitario, no solo como término legal, sino en base a la sensibilidad de la información manejada, a las repercusiones que puede ocasionar la falta de disponibilidad de la documentación clínica por su afectación a la seguridad del paciente, y, en último término, a la derecho a la vida e integridad física, así como a su relevancia e incidencia en el esfera personal de los ciudadanos, resulta fundamental hacer un esfuerzo para solventar las cuestiones planteadas, ponderando los derechos e intereses en juego a fin de que el derecho a la protección de datos no se erija en un obstáculo para la seguridad del pacientes y los objetivos marcados en materia sanitaria, sin que esto suponga convertirlo en una materia vacía.

En mi opinión, respecto de las problemáticas analizadas, lo anterior se traduce, en el respeto a la privacidad del paciente y un justo reproche de su vulneración por aquellos que no participando del proceso asistencial acceden indebidamente a la historia clínica con independencia de la finalidad del acceso; en posibilitar el progreso y desarrollo del conocimiento científico a través de los datos recabados con fines asistenciales partiendo, no sólo de los beneficio que de ello se derivarán para la sociedad en general, sino de que la propia normativa de protección de datos lo ampara y legitima; en ser conscientes que las problemáticas familiares cada vez son más diversas, por lo que toda comunicación hacia las familias debe sostenerse, como regla general, en la voluntad del paciente; en que no debería sobrecargarse la actividad de los centros sanitarios ni frenarse por cuestiones jurídicas, cuando a quienes corresponde legislar o se constituyen como máximos órganos de interpretación de una normativa pueden y deben conocer las problemáticas que se derivarán de su aplicación y tienen en su mano clarificar su mandato, antes de obstaculizar, e, incluso, sancionar a los centros; y, por último, pero no menos importante, en que es imprescindible que el legislador asuma el reto de adelantarse a la realidad y fije un marco de seguridad que permita a las organizaciones hacer frente a las ciberamenazas.

X. Bibliografía

Agencia Española de Protección de Datos, *Guía para profesionales del sector sanitario. Junio 2022.* https://www.aepd.es/documento/guia-profesionales-sector-sanitario.pdf

Comité Europeo de Protección de Datos. *Directrices 03/2020 sobre el tratamiento de datos relativos a la salud con fines de investigación científica en el contexto del brote de COVID-19. Abril 2020.* https://edpb.europa.eu/sites/default/files/files/file1/edpb_guidelines_202003_healthdatascientificresearchcovid19_es.pdf

Agencia Española de Protección de Datos. *Informe del Gabinete Jurídico 073667/2018. Marzo 2018.* https://www.aepd.es/documento/2018-0046.pdf

Agencia Española de Protección de Datos. *Guía para pacientes y usuarios de la Sanidad Noviembre 2019*. https://www.aepd.es/documento/guia-pacientes-usuarios-sanidad.pdf

PROTECCIÓN DE DATOS PERSONALES EN PLATAFORMAS DE RESOLUCIÓN DE CONFLICTOS

Paola Jackeline Ontiveros Vázquez

Mediadora Privada número 525 certificada con fe pública por el Centro de Justicia Alternativa del Tribunal Superior de Justicia de Ciudad de México y del estado de Baja California Sur

Doctora en Derecho, UNAM

I. Introducción

En un sistema judicial, social y comercial enfocado a la digitalización, la protección de los datos personales de los usuarios y la seguridad de los servicios es una prioridad que debe ser considerada en el desarrollo de *softwares*. El hecho de tener acceso a una red donde se pueden intercambiar comunicaciones, comprar y vender productos, publicitar la prestación de un servicio, llevar a cabo un proceso judicial o la implementación de un mecanismo de resolución de controversias por medios electrónicos ha provocado el cambio en la forma en que una sociedad gestiona y resuelve los conflictos a través de sistemas digitales.

Por consiguiente, la regulación en materia de protección de datos personales tendrá que ir a la par del desarrollo de estos sistemas digitales de gestión y resolución de conflictos, conocidas como *Online Dispute Resolution* (ODR).

Estas nuevas formas de resolución de conflictos han sido desarrolladas en los últimos años por proveedores de ODR como la Comisión Europea, servicios de resolución de disputas en línea internacionales como son: *Smartsettle, FairClaims, Mediate, Kleros, Sama, Mediación OnLine*[1] y en México por

---

1 European Commission, *Online dispute resolution services*: (https://ec.europa.eu/consumers/odr/main/?event=main.trader.register#inline-nav-3); Modria (https://www.tylertech.com/products/Modria); Smartsettle (https://www.smartsettle.com); FairClaims (https://mediation.fairclaims.com); Mediate (https://www.mediate.com); Kleros (https://kleros.io); Sama (https://www.sama.live/how_sama_works.php); Concilianet (https://concilianet.profeco.gob.mx/Concilianet/); Condusef (https://www.condusef.gob.mx/?p=contenido&i-

mencionar algunas, estan las plataformas de Concilianet para atención de quejas de usuarios contra proveedores de bienes y servicios por medio de la conciliación, siempre y cuando tengan celebrado un convenio de colaboración con la Procuraduría Federal del Consumidor; y Condusef en Línea, para los usuarios de servicios de una Institución Financiera que quieran presentar una queja.

Las tecnologías ODR dan acceso a negociaciones en diversos ámbitos jurídicos, pueden ser entre partes que no se encuentran en la misma jurisdicción, esto representa desafíos en la forma de ejercer la justicia, así como cambios en la protección de los usuarios, en específico de sus datos personales generados en las plataformas de resolución de conflictos.

Las plataformas mencionadas ayudan a las personas a resolver conflictos en línea y fuera de línea. Son útiles para realizar reclamaciones y tener una respuesta inmediata con decisiones automatizadas. Además, puede contar con servicios de mecanismos de solución de conflictos (MRC/ADR) en línea donde la intervención de un asistente virtual *(chatbot)* o un agente facilitador puede mejorar el entendimiento de las políticas y las comunicaciones con relación a un conflicto; además de ayudar a entender procesos, a la toma de decisiones, a la formalización de acuerdos y a realizar futuras negociaciones autoejecutables.

Los ODR se utilizan para pensar como un software que mejora la automatización en la resolución de conflictos, con servicios de negociación doble ciego[2] o negociación visual[3], a veces tomando opciones de un árbol de decisión, con la ayuda de un asistente virtual, o seleccionando diferentes opciones de servicios para resolver las disputas (voucher electrónico, reembolso, cambio de mercancía); permite en las mismas plataformas redactar propuestas, tomar decisiones colectivas, utilizar videoconferencias, enviar mensajes internos, uso de calendario, gestión y resolución de conflictos por medio de especialistas, todo en las mismas plataformas. Los mecanismos de resolución de conflictos (MRC/ADR)[4] a veces funcionan con la facilitación de un

---

dc=354&idcat=1), Prodecon (https://www.prodecon.gob.mx/index.php/aviso-chat).

2 En la negociación doble ciego, las partes desconocen las opciones que ofrece la otra parte, la computadora analiza la opción y, a través de un método algorítmico, ofrece un trato para resolver el conflicto. *Cfr.* Ernest Thiessen, «ODR and eNegotiation», https://www.mediate.com/pdf/thiessen.pdf, (last visited April 15th, 2022), p. 343.

3 Uno de los servicios de negociación visual es la licitación visual ciega, en la que cada uno de los licitadores realiza propuestas y sugerencias a la vista de todas las demás partes. La computadora opera como un agente inteligente manteniendo en secreto las aceptaciones hechas por cada parte. El ordenador es quien anuncia que las partes han llegado a un acuerdo cuando hay coincidencia entre las aceptaciones secretas. *Cfr. Idem.*

4 La negociación, la mediación, la conciliación y el arbitraje se conocen como mecanismos alternativos de solución de controversias. ONU, Carta de las Naciones Unidas (firmada el 26 de junio de 1945), Capítulo VI: Solución pacífica de controversias (artículo 33, primer

tercero neutral, mediador, conciliador o árbitro[5] que puede aplicar tecnologías a sus servicios para mejorar la especialización en la gestión del conflicto, lo cual permitirá ahorro de costos, tiempo y la eliminación de barreras de acceso a la justicia o procesos complejos.

Los MRC/ADR pueden ser parte de los sistemas ODR como una herramienta colaborativa, se puede implementar como un sistema de escalonado o una «combinación de los tres»[6], incluidas herramientas para la lluvia de ideas, la priorización de opciones, la redacción, la comprensión de las emociones, la predicción del cumplimiento o la eficacia estratégica[7].

El uso e implementación de los servicios ODR implica habilidades y capacitación especializadas para manejar este tipo de software. Esto probablemente generará cambios en la legislación nacional y la armonización internacional de principios y requisitos mínimos; en políticas comerciales; en la prestación de servicios mediante avisos de privacidad, seguridad de datos personales y tratamiento de datos sensibles.

Las anteriores son algunas cuestiones observadas desde un campo especializado sobre el uso de las modernas tecnologías que incidirán en el campo normativo enfocado a los derechos de privacidad. Hoy en día, las políticas de privacidad para proteger la información personal de los usuarios en los servicios digitales como los ODR son necesarios en el diseño y desarrollo de las plataformas digitales.

---

párrafo).

5 La negociación, la mediación y la conciliación son mecanismos autocompositivos, en virtud de que son las partes quienes deciden la mejor solución a su conflicto. Sólo las personas en conflicto participan directamente en la negociación; mientras que, en la mediación, en el arbitraje y en la conciliación un tercero participa y ayuda a las partes a encontrar soluciones. El papel del mediador y del conciliador conlleva una diferencia, en relación con el desempeño que tienen. Primero, el mediador tiene la responsabilidad de ayudar a las personas a compartir información y escucharse para identificar los aspectos que les permitan encontrar opciones de solución a su problema; en el caso del conciliador, tiene la facultad de proponer soluciones. En cuanto al último mecanismo alternativo mencionado, el arbitraje, existe un árbitro que impone a las partes la solución conocida como laudo, mediante un proceso flexible de acuerdo con las reglas o cláusulas compromisorias previamente establecidas por las partes. Véase Paola Ontiveros, Visión holística del conflicto y aplicación de mecanismos alternativos de solución de controversias, Universidad Nacional Autónoma de México, Investigación de doctorado, (2020), https://ru.dgb.unam.mx/handle/DGB_UNAM/TES01000802537.

6 Jain, Sankalp, «Online Dispute Resolution: Mechanism, Modus Operandi and Role of Government» (11 de octubre de 2015). Fuente *SSRN*: https://ssrn.com/abstract=2779901 or http://dx.doi.org/10.2139/ssrn.2779901, (16 de abril de 2022).

7 STORM, «el software desarrollado en la Universidad de Massachusetts facilita la lluvia de ideas a distancia, reduce la necesidad de algunas reuniones cara a cara y tiene el beneficio adicional de permitir, si el mediador lo desea, que la lluvia de ideas se lleve a cabo de forma anónima». E. Katsh y L. Wing, «Diez años de resolución de disputas en línea (ODR): mirando el pasado y construyendo el futuro», (2006) 38, Universidad de Toledo, *Revista de Derecho* 1.

Dentro de este artículo en primer lugar, se comenta el desarrollo de diversos sistemas ODR en México y UE. En segundo lugar, se analiza el panorama general de la regulación de la privacidad en México y el contexto internacional, donde existe una distinción entre las responsabilidades de los individuos y las autoridades que recopilan datos personales y los derechos de los usuarios para proteger su información.

Por último, se analizarán los objetivos de los derechos de privacidad en las plataformas ODR, la gestión de datos y la privacidad, requisitos para las políticas privadas que regularán los servicios ODR tanto para resolver conflictos de comercio electrónico, como para resolver e-conflictos de justicia a través del proceso de negociación, mediación, conciliación y arbitraje.

II. Desarrollo

Actualmente, el uso de ODR es más frecuente, así como el desarrollo de plataformas virtuales que facilitan la resolución de conflictos en línea con tecnología más sofisticada, como los contratos inteligentes o la inteligencia artificial. Por ejemplo, los sistemas ODR pueden funcionar con contratos inteligentes ya sea a) para resolver el conflicto que surge de las obligaciones y los derechos considerados dentro del contrato inteligente, o b) una forma de ejecución automatizada de una transacción entre las partes derivada del proceso ODR[8]. En el caso de la inteligencia artificial, esta puede ayudar a identificar patrones en los que se clasifica la información y, mediante el uso de redes neuronales, seleccionar las soluciones válidas a aplicar; para automatizar la traducción[9] en caso de que las partes hablen o tengan documentos en un idioma diferente; resúmenes automáticos para destacar los puntos principales del conflicto o precedentes; y argumentación legal mediada[10] por computadora en donde intervienen abogados que analizan la correcta aplicación de la ley para un acuerdo de mediación o un laudo arbitral[11]; y aplicado a la biometría, puede generar emociones de reconocimiento facial para aten-

8 Paola ONTIVEROS VÁZQUEZ *et. al.*, «Smart Contracts: The New Method of Interaction Between the Law and Technology», book *Artificial Intelligence in The New Millennium* in Mediterranea International Centre for Human Rights Research, Italia.

9 Arno R. LODDER *et al.* (March. 2, 12:30 PM), https://www.mediate.com/Integrating/docs/lodder_thiessen.pdf

10 GORDON, T. F. & O. MÄRKER (2003), «Sistemas de mediación», en: O. MÄRKER & M. TRÉNEL (eds.), Neue Medien in Der Konfliktvermittlung - Mit Beispielen Aus Politik Und Wirtschaft, Sigma (2003).

11 Por ejemplo, el sistema Zeno desarrollado por Thomas Gordon, «es un foro de discusión en Internet que facilita el procedimiento de consulta pública en los municipios, estructura la discusión mostrando los argumentos a favor y en contra. El sistema no decide, pero la información es utilizada por el municipio para decidir sobre el tema en disputa». GORDON, T. F. & N. KARACAPILIDIS, «The Zeno Argumentation Framework», Actas de la *sexta Conferencia Internacional sobre Inteligencia Artificial y Derecho*, ACM, Nueva York, 10-18 (1997).

der durante un proceso ODR; autenticar y volver a verificar a los usuarios con tecnología biométrica facial al hacer coincidir el rostro de una persona con un documento oficial de identidad; puede determinar si los usuarios se ven confundidos o perdidos en cierta etapa del proceso informando al mediador para que tome acciones que produzcan experiencias más positivas[12].

1. Proveedores de disputas en línea en México y Europa

A) México

Desde 2008 ha habido una evolución en México en el uso de la tecnología en los procesos de solución de controversias. Particularmente en la Ciudad de México, donde se implementó la regulación de los medios electrónicos como parte de los servicios de acceso a justicia. En 2013, en el Estado de Coahuila[13] se habilitó la posibilidad de presentar pruebas por medios electrónicos para tribunales arbitrales. En el Estado de Tlaxcala[14] se regula el uso de medios electrónicos para la realización de Avisos Legales y la vigilancia que realiza el facilitador para hacer cumplir los acuerdos a que lleguen las partes. En los Estados de Hidalgo[15] y Quintana Roo[16] se aprobó en 2014 el uso de la tecnología dentro del proceso de mediación.

En México existen dos plataformas de ODR, diferentes que resuelven conflictos tanto en materia financiera como en consumo. La primera es la plataforma en línea de CONDUSEF[17]. La segunda, es la plataforma denominada PROFECO CONCILIANET[18].

---

12 FaceME (última visita 2 de marzo de 2022) *https://www.cyberlink.com/faceme/insights/articles/228/How_is_Facial_ Recognition_Used_in_2021?affid=2581_-1_80&keyword=Sitelink-Blog&gclid=Cj0KCQiAjc2QBhDgARIsAMc3SqSN_thFteVMTc1u2yl6yG8Wp13CuDsXVhTnrug98_EhLPQlwYaHfVsaAvbGEALw_wcB*

13 Ley de Medios Alternos de Solución de Controversias para el Estado de Coahuila de Zaragoza, art. 88

14 Ley de Mecanismos Alternativos de Solución de Controversias del Estado De Tlaxcala, art. 72, Fracc. V.

15 Ley de Mecanismos Alternativos de Solución de Controversias para el Estado de Hidalgo, arts. 17, 18 and 19.

16 Ley de Justicia Alternativa para el Estado de Quintana Roo, arts. 57, 69, 84, 137-157.

17 Comisión Nacional para la Protección y Defensa de los Usuarios de Servicios Financieros de México (CONDUSEF), es un organismo desconcentrado del gobierno mexicano que está a cargo de la Secretaría de Hacienda y Crédito Público. El objetivo de CONDUSEF es atender los problemas que puedan tener los consumidores relacionados con los servicios bancarios y financieros.

18 Procuraduría Federal del Consumidor de México (PROFECO), es un organismo público descentralizado y sectorizado a cargo de la Secretaría de Economía del Gobierno Federal de México.

Para presentar un reclamo en la plataforma CONCILIANET es necesario a) Crear un usuario con correo electrónico y contraseña, b) Identificarse digitalizando una identificación oficial, c) Describir el motivo del reclamo y adjuntar los documentos digitalizados que acrediten la relación de consumo, la declaración deberá contener los siguientes datos personales: Nombre y domicilio del denunciado o, datos para su ubicación y el nombre y domicilio del denunciante, d) Si procede la denuncia, se fijará día y hora para la conciliación virtual mediante audiencia a través de la plataforma, en tiempo real entre el consumidor, el proveedor y la PROFECO, e) La resolución se dé en un plazo de 10 días hábiles vía correo electrónico[19].

Por otro lado, CONDUSEF en línea tiene disponible un portal electrónico de denuncias con un aviso de privacidad que es necesario firmar antes de solicitar el servicio, en consecuencia, el usuario deberá 1) registrar sus datos personales, tales como: nombre completo, Correo Electrónico (validación), Teléfonos de contacto y Dirección completa. El correo electrónico será la forma de establecer contacto entre el usuario y esta agencia, 2) seleccionar la Unidad de Atención al Usuario más cercana a su domicilio, la cual se encargará de dar seguimiento a su reclamo, 3) seleccionar el sector financiero, la entidad financiera, producto, la causa del conflicto y describir detalladamente los hechos del reclamo, 4) adjuntar la documentación de respaldo (en PDF y/o imágenes), una identificación oficial y la hoja de reclamo, 5) el usuario obtendrá un número de pre-registro, 6) se espera que la queja sea resuelta en 4 días a través de correo electrónico, 7) si el usuario no está de acuerdo con la solución, es posible solicitar una audiencia de conciliación con la autoridad[20].

B) Europa

En el contexto europeo, la plataforma ODR de la UE fue creada por la Comisión Europea para «facilitar a los consumidores y empresas europeos la resolución de sus disputas en línea en disputas complejas civiles, comerciales, bancarias, de seguros, financieras, laborales, familiares, de propiedad y otras»[21].

En este sentido, la Comisión Europea trabajó en un sistema unificado de servicios al consumidor ODR «para hacer que las compras en línea sean más seguras y justas a través del acceso a herramientas de resolución de disputas de calidad.

---

19 Concilianet Profeco, https://concilianet.profeco.gob.mx/Concilianet/archivos/diptico.pdf,

20 CONDUSEF, *Guía. Portal Electrónico de Denuncias*, https://phpapps.condusef.gob.mx/margo.0.1/avisos/Guia_Margo.pdf, (última visita 17 de abril de 2022).

21 Comisión Europea, Resolución de disputas en línea, (https://ec.europa.eu/consumers/odr/main/?event=main.trader.register#inline-nav-3).

Todos los minoristas y comerciantes en línea en la UE, Islandia, Liechtenstein o Noruega están obligados a proporcionar un enlace de fácil acceso a la plataforma ODR y una dirección de correo electrónico para ser contactados»[22].

Hay una lista de servicios ODR en el contexto europeo que brindan servicios de resolución, por ejemplo, «la plataforma YOUSTICE fue la primera plataforma ODR privada para disputas de consumidores que operó de manera uniforme en todo el mundo, tenía dos niveles de resolución de disputas (nivel de negociación y resolución por un nivel neutral) y características tecnológicas muy sofisticadas»[23].

En el marco internacional, la Comisión de las Naciones Unidas para el Derecho Mercantil Internacional (CNUDMI), en su cuadragésimo octavo período de sesiones, en 2015, tomó la decisión de transitar el camino de la armonización y unificación del derecho mercantil internacional. El objetivo con esto fue crear las Notas Técnicas sobre Resolución de Conflictos en Línea como un instrumento descriptivo, no vinculante, que contemple las características de un proceso de resolución de conflictos en línea. Este esfuerzo pretende contribuir fundamentalmente al desarrollo de sistemas que posibiliten la posibilidad de resolver los conflictos derivados de los contratos de compraventa transfronterizos o de prestación de servicios de importes menores pactados a través de comunicaciones electrónicas[24]. Esta regulación no contempla, ni refiere a ninguna legislación en materia de protección de datos personales.

Por lo anterior, se debe analizar de manera particular la legislación disponible en México y el contexto internacional en materia de protección de los derechos de privacidad. Esto ayudará a desarrollar estrategias legales para determinar las fortalezas, debilidades, amenazas y oportunidades (FODA) en el manejo de datos personales por parte de un administrador.

2. Regulación en materia de privacidad de datos para ODR

Para que pueda iniciarse un procedimiento ODR, es conveniente que el reclamante lea el aviso de privacidad, configuración de cookies[25] y luego

---

22 Reglamento (UE) n.° 524/2013 del Parlamento Europeo y del Consejo, de 21 de mayo de 2013, sobre resolución de litigios en línea en materia de consumo y por el que se modifica el Reglamento (CE) n.° 2006/2004 y la Directiva 2009/22/CE (Reglamento sobre ODR en materia de consumo), de 21 de mayo de 2013, artículo 14.

23 YOUSTICE, https://tracxn.com/d/companies/youstice.com, (last visited, April 6th, 2022).

24 COMISIÓN DE LAS NACIONES UNIDAS PARA EL DERECHO MERCANTIL INTERNACIONAL, *Notas Técnicas sobre Resolución de Conflictos en Línea*, fuente: https://uncitral.un.org/sites/uncitral.un.org/files/media-documents/uncitral/es/v1700385_spanish_technical_notes_on_odr.pdf

25 *Cfr*. Las cookies son datos que se almacenan sobre información personal y las preferencias del usuario. Fuente: http://desarrolloweb.dlsi.ua.es/cookies-que-son-y-para-que-sirven.

proceda a proporcionar datos personales al administrador ODR. Lo anterior implicará que el administrador cuente con las medidas necesarias para la protección de datos personales, la elaboración de avisos de privacidad y las formas de notificación a los usuarios de la existencia de este reglamento.

Las plataformas ODR que evolucionan en una era digital serán un desafío en el manejo y protección de datos personales; será requisito solicitar la información mínima necesaria dentro de estos sistemas para la resolución de conflictos, **notificar sobre el uso y manejo de esta información, si será compartida con terceros y su debido aseguramiento. Esto será conocido como el derecho a la protección de los datos personales**.

Otro punto a considerar es el derecho a la privacidad, ahora un derecho humano reconocido en las constituciones de diversos países. En el siglo XVIII los derechos humanos comenzaron a ser reconocidos en las constituciones, consolidándose como prerrogativas inherentes a todos los seres humanos. El derecho a la intimidad derivado del reconocimiento de la libertad personal, el cual ha contado con diversos ámbitos de protección debido a la evolución en la aplicación de las tecnologías[26].

En el ámbito internacional, se hace referencia al derecho a la privacidad de los datos en los siguientes instrumentos: artículo 12 de la Declaración Universal de los Derechos Humanos[27], de 10 de diciembre de 1948; el artículo 11 de la Convención Americana sobre Derechos Humanos (Pacto de San José de Costa Rica) de 1966; el artículo 17 del Pacto Internacional de Derechos Civiles y Políticos[28] de 19 de diciembre del mismo año; El artículo 8 del Convenio Europeo de Derechos Humanos[29] del 4 de noviembre de 1950, en el que «la autoridad pública se limita a la injerencia conforme a la ley y si es necesaria únicamente para la seguridad nacional, la seguridad pública o el bienestar económico, para

---

26 García González, A. La protección de datos personales: un derecho fundamental del siglo XXI. Un estudio comparativo. Boletín Mexicano de Derecho Comparado, 1(120), 2007, http://dx.doi.org/10.22201/iij.24484873e.2007.120.3933, (última visita el 18 de abril de 2022).

27 ONU. *Asamblea General, Declaración Universal de los Derechos Humanos* (1948). Artículo 12: «Nadie será objeto de injerencias arbitrarias en su vida privada, su familia, su domicilio o su correspondencia, ni de ataques a su honor y reputación. Toda persona tiene derecho a la protección de la ley contra tales injerencias o ataques».

28 OEA, *Convención Americana sobre Derechos Humanos* (1969). Artículo 11. Derecho a la Privacidad. 1. «Toda persona tiene derecho a que se respete su honor y se reconozca su dignidad; 2. Nadie puede ser objeto de injerencias arbitrarias o abusivas en su vida privada, su familia, su domicilio o su correspondencia, ni de ataques ilegales a su honra o reputación; 3. Toda persona tiene derecho a la protección de la ley contra tales injerencias o ataques».

29 ONU. *Asamblea General, Pacto Internacional de Derechos Civiles y Políticos* (1966). Artículo 17. 1. «Nadie será objeto de injerencias arbitrarias o ilegales en su vida privada, su familia, su domicilio o su correspondencia, ni de ataques ilegales a su honor y reputación; 2. Toda persona tiene derecho a la protección de la ley contra tales injerencias o ataques».

la prevención del desorden o del delito, para la protección de la salud o la moral, o para la protección de los derechos y libertades de los demás»[30].

Asimismo, los artículos 7 y 8 de la Carta de los Derechos Fundamentales de la Unión Europea[31] firmada en Niza el 7 de diciembre de 2000, prevé la protección de los datos personales utilizados para fines específicos y en base al consentimiento expreso de la persona. Al mismo tiempo, toda persona tiene derecho a acceder a sus propios datos y rectificarlos. Se estableció el cumplimiento de la protección de datos personales para ser controlado por una autoridad independiente.

Este derecho se ha regulado bajo dos visiones a) como una limitación del Estado y de las autoridades para interferir en un derecho relacionado con la privacidad, con excepciones a la seguridad nacional, la seguridad pública o el bienestar económico del país, para la prevención de desorden o delito, para la protección de la salud o la moral, o para la protección de los derechos y libertades de los demás, o b) como derecho esencial del ser humano, de protección de sus propios datos personales, expresión del consentimiento, cancelación y rectificación de los mismos.

3. Regulación de datos personales en México

La recepción y reconocimiento del derecho a la protección de datos personales en México se dio hasta el año 2002, con la Ley Federal de Transparencia y Acceso a la Información Pública Gubernamental. Fue la primera norma en reconocer el derecho a la protección de datos personales del ámbito público, lo que se mostró como una limitación del Estado al ejercicio del derecho de acceso a la información privada[32].

30 Consejo de Europa, *Convenio Europeo de Derechos Humanos* (1950). Artículo 8. «Derecho al respeto a la vida privada y familiar. 1. Toda persona tiene derecho al respeto de su vida privada y familiar, de su domicilio y de su correspondencia; 2. No habrá injerencia por parte de una autoridad pública en el ejercicio de este derecho, excepto cuando sea conforme a la ley y sea necesario en una sociedad democrática en interés de la seguridad nacional, la seguridad pública o el bienestar económico de la país, para la prevención del desorden o el delito, para la protección de la salud o la moral, o para la protección de los derechos y libertades de los demás».

31 Consejo de Europa, *Carta de los Derechos Fundamentales de la Unión Europea* (2007). «Artículo 7. Respeto a la vida privada y familiar. Toda persona tiene derecho al respeto de su vida privada y familiar, de su domicilio y de sus comunicaciones».
Artículo 8. «Protección de datos de carácter personal. 1. Toda persona tiene derecho a la protección de los datos personales que le conciernen. 2. Dichos datos deben procesarse de manera leal para fines específicos y sobre la base del consentimiento de la persona interesada o alguna otra base legítima establecida por la ley. Toda persona tiene derecho a acceder a los datos que se hayan recabado sobre él y a que se rectifiquen; 3. El cumplimiento de estas normas estará sujeto al control de una autoridad independiente».

32 Ley Federal de Transparencia y Acceso a la Información Pública Gubernamental, art. 1, fuente: https://www.diputados.gob.mx/LeyesBiblio/abro/lftaipg/LFTAIPG_orig_11jun02.pdf

En 2009 se realizaron reformas constitucionales a los artículos 16 (segundo párrafo) y 73 (fracción XXIX-O) de la Constitución Mexicana (CPEUM), mediante los cuales se otorgó pleno reconocimiento a la protección de datos personales como derecho fundamental y autónomo. Por tanto, en México la privacidad consiste en un reconocimiento constitucional del derecho a la protección de datos personales, desarrollado en el marco de la doctrina y regulación europea, en los esquemas de autorregulación y sectorización del sistema de derecho anglosajón.

Posteriormente en 2010, se brindó un nuevo panorama de regulación para el tratamiento de datos personales en el sector privado, a través de la Ley Federal de Protección de Datos Personales en Posesión de los Particulares[33]. La protección de los datos personales de todas las personas se ha convertido en una práctica habitual de control y almacenamiento tanto por parte del sector público como del privado. Estos derechos de privacidad deben ser protegidos y garantizados por mecanismos de protección adecuados, ahora en la industria del comercio moderno se deben revisar las regulaciones.

En 2013 se agregó un párrafo en el apartado A del artículo 6.º de la CPEUM, que declara la protección de la información relativa a «la vida privada y los datos personales», la garantía del acceso a sus datos personales «sin debiendo acreditar interés o justificar su uso», y la «veracidad» como derecho de protección de datos.

Existe una autoridad nacional especializada «para el cumplimiento del derecho de acceso a la información pública, así como del derecho a la protección de datos personales»[34] denominada Instituto Nacional de Transparencia, Acceso a la Información y Protección de Datos Personales INAI - México (Instituto Nacional de Transparencia, Acceso a la Información y Protección de Datos Personales), la cual es la autoridad constitucional autónoma garantizadora del cumplimiento de dos derechos fundamentales: el acceso a la información pública y la protección de datos personales.

---

33 Suprema Corte de Justicia de la Nación, *Exposición de motivos para dictar la Ley Federal de Protección de Datos Personales en Posesión de los Particulares* (6 de septiembre de 2001), https://legislacion.scjn.gob.mx/Buscador/Paginas/wfProcesoLegislativoCompleto.aspx?q=ni0ZTJvgiDQ2W7Em2qvUpvlkcaiqRseqnrSxbEpcJNsXt0eT37871b1p3trHFBU8n-HCwOec54m+ff3FfAnKCDg== (última visita el 21 de abril de 2022).

34 Instituto Nacional de Transparencia, *Acceso a la Información y Protección de Datos Personales INAI* «es el órgano constitucional autónomo que a) garantiza el cumplimiento de dos derechos fundamentales: el acceso a la información pública y la protección de datos personales; b) garantiza que toda autoridad a nivel federal, organismos autónomos, partidos políticos, fideicomisos, fondos públicos y sindicatos; o cualquier persona natural o jurídica que reciba y ejerza recursos públicos o realice actos de autoridad le entregue la información pública que le solicite; c) garantiza el buen uso de los datos personales, así como el ejercicio y protección de los derechos de acceso, rectificación, cancelación y oposición que toda persona tiene respecto de su información». Instituto Nacional de Transparencia, *Acceso a la Información y Protección de Datos Personales* (INAI), https://home.inai.org.mx/?page_id=1626, (última visita el 6 de abril de 2022).

Paradójicamente, México es un país que podría identificarse como jurídicamente sobre regulado en materia de privacidad, se cuenta con disposiciones constitucionales y normas federales, tanto para las entidades públicas y privadas[35], como a nivel local por cada entidad. Sin embargo, la evolución de las tecnologías y los diversos softwares desarrollados en el campo de los ODR, así como las numerosas formas de prestación de servicios no cuentan con un marco regulatorio que proteja y defienda el derecho a la privacidad de datos de manera efectiva en estos sistemas.

Por ejemplo, existe la preocupación de proteger la privacidad frente a los desarrollos tecnológicos que podrían permitir la circulación de información privada sin ninguna restricción de tiempo, lugar o naturaleza de la persona o individuo. En México es relativamente fácil adquirir bases de datos personales en el mercado informal por parte de empresas que intercambian o venden bases de datos con información privada sin más limitación que la utilidad que esto represente para cumplir un objetivo.

El uso de las tecnologías contra las libertades y derechos individuales ha dejado de lado la conciencia y responsabilidad de los potenciales peligros que el uso de estas puede ocasionar contra el ejercicio de los derechos en materia de privacidad. Por lo anterior, existe la necesidad constante de revisar la legislación mexicana para que se incorporen a ella los mecanismos legales que permitan la adecuada regulación en estos sistemas de gestión y resolución de conflictos.

Al respecto, la investigadora mexicana María Cristina Sánchez Ramírez indica que los desafíos que presenta el tratamiento y protección de datos personales y datos personales sensibles están vinculados con el derecho a la privacidad y el derecho a la intimidad de los usuarios de Internet y redes sociales ante los sujetos obligados, ya sea pública o privada. Además de que la información de los titulares puede ser vulnerada no solo en los aspectos que las leyes legislan, pues el avance tecnológico y el uso de plataformas digitales hace necesaria la protección contra el manejo indiscriminado de datos personales y datos personales sensibles como imágenes, datos biométricos, genéticos, crediticios, en los lineamientos de los servicios que brindan las plataformas y medios electrónicos.

De esta forma, proteger el derecho a la privacidad e intimidad se ha convertido en una necesidad para los usuarios de las plataformas digitales y en una obligación tanto en los servicios que brindan los gobiernos federal

35 México es una federación compuesta por 32 estados soberanos. Cada uno de ellos tiene su constitución y su ley local en materia de protección de datos. A nivel federal cuenta con dos leyes en materia de datos personales, la Ley Federal de Protección de Datos Personales en Posesión de los Particulares (normativa federal aplicable en el sector privado) y la Ley General de Protección de Datos Personales en Posesión de los Sujetos Obligados (aplicable al sector público), también existen sanciones reguladas en caso del inadecuado del tratamiento de los datos personales en el Código Penal Federal.

y estatal a través de sus tres poderes y regiones municipales, así como las instituciones privadas; tanto el resguardo de la información como el tratamiento de los datos deberá ser garantizado con el fin de no vulnerar ni datos personales ni datos personales sensibles; se deberán establecer estándares de seguridad para evitar el mal uso; e incluso contar con disposiciones acordes a las necesidades actuales de los titulares y sujetos obligados para iniciar procedimientos bajo una serie de recursos que les permitan gestionar conflictos, como el robo de identidad[36].

También es necesario conocer algunos documentos, como la Guía para la eliminación segura de datos personales, los Lineamientos para la atención de solicitudes de derechos ARCO[37], así como los criterios y resoluciones emitidos por el Instituto Nacional de Transparencia, Acceso a la Información y Protección de Datos Personales (INAI)[38].

Con relación al derecho a la privacidad y a la intimidad, también existe la posibilidad de acceso a la información pública de estos sistemas «toda persona tiene derecho de acceso a la información pública, debiendo garantizarse que toda autoridad a nivel federal, organismos autónomos, partidos políticos, fideicomisos, fondos públicos y sindicato; o toda persona natural o jurídica que reciba y ejerza recursos públicos o realice actos de autoridad deberá entregar la información pública cuando ésta le sea solicitada»[39].

Lo anterior permitirá conocer de manera homogeneizada, la actuación del gobierno, su organización interna y el manejo de los recursos públicos en cuanto a la protección de datos personales. Por ejemplo, podrá conocer: datos estadísticos, leyes y reglamentos aplicables a un conflicto, documentos y requisitos para realizar un trámite o solicitar un servicio, avances programáticos, resultados de estudios o auditorías, los distintos mecanismos de participación ciudadana generados por el gobierno. Esto generará el análisis, crítica, discusión y evaluación de los actos de gobierno, lo que permitirá la rendición de cuentas y, en su caso, la acusación de arbitrariedad o el reconocimiento del buen funcionamiento del gobierno[40].

---

36 Sánchez Ramírez, María Cristina, «La protección y tratamiento de datos personales. El derecho humano a la privacidad y la intimidad». *Mirada Legislativa*, Senado de la República, abril 2021, No. 20, p. 17.

37 Derechos ARCO son los Derechos de Acceso, Rectificación, Cancelación y Oposición, todos ellos relacionados con el tratamiento de datos personales. Fuente: Guía para ejercer derechos arco, https://transparencia.senado.gob.mx/documentos/Guia_ejercer_derechos_ARCO.pdf

38 Instituto Nacional de Transparencia, *Acceso a la Información y Protección de Datos Personales* (INAI), https://home.inai.org.mx/?page_id=1626 (última consulta 2 de marzo de 2022).

39 Constitución Política de los Estados Unidos Mexicanos (CPEUM), artículo 6.

40 Instituto de Transparencia, *Acceso a la Información Pública, Protección de Datos Personales y Rendición de Cuentas de la Ciudad de México*, https://www.infocdmx.org.mx/index.php/solicita-informacion-publica/¿para-qué-me-sirve.html

Por ello, la información personal generada en los softwares controlados por las instituciones del poder judicial público debe ser considerada dentro de los lineamientos de la autoridad reguladora (en el caso de México conocida como el INAI), para obtener resultados estadísticos y específicos en materia de acceso a la justicia, eficiencia, el número de casos atendidos, los tipos de conflictos, género, nivel de estudios, edad, etc. Esta información puede ser de acceso público a cualquier persona que lo solicite a la autoridad reguladora o lo establezca dentro de los informes de actividades judiciales.

Pero el acceso a la información pública no es el único requisito importante para instituciones gubernamentales o privadas, la protección de datos permite un sistema de gobierno funcional, confiable y seguro. La protección de datos personales brinda las garantías que cualquier persona del sector público y privado debe estar cubierta para hacer un uso adecuado de los datos personales. Estas disposiciones ofrecen, además, el correcto ejercicio y, en su caso, la protección de los derechos de acceso, rectificación, cancelación y oposición que toda persona tiene con respecto a su propia información que se encuentra en poder de un tercero.

En este sentido, la Ley Federal de Protección de Datos Personales en Posesión de los Particulares (LFPDPPP), establece definiciones, señala quiénes son los sujetos obligados, los derechos, sanciones y procedimientos para cumplir con su objeto: «Regular los derechos legítimos, controlados y tratamiento informado de los datos personales, a fin de garantizar la privacidad y el derecho a la autodeterminación informativa de las personas»[41].

Los sujetos regulados por las disposiciones de la LFDPPP, son personas naturales o jurídicas del sector privado que realicen tratamiento de datos personales, con excepción de a) Las sociedades de información crediticia en los casos de la Ley para Regular las Sociedades de Información Crediticia, y b) Las personas que realicen la recolección y almacenamiento de datos personales, que sea para uso exclusivamente personal, y sin fines de divulgación o uso comercial.

Por otra parte, la Ley General de Protección de Datos Personales en Posesión de Sujetos Obligados (LGPDPPSO) se fundamenta en el inciso 6 del artículo 6, y segundo párrafo del artículo 16 de la Constitución Mexicana. Establece que «los sujetos obligados, en materia de protección de datos personales, son a nivel federal, estatal y municipal, cualquier autoridad, entidad, órgano y dependencia de los Poderes Ejecutivo, Legislativo y Judicial, organismos autónomos, partidos políticos, fideicomisos y fondos públicos, así como los gremios y cualquier otra persona natural o jurídica que reciba y ejerza recursos públicos o realice actos de autoridad en los ámbitos federal,

41 Ley Federal de Protección de Datos Personales en Posesión de los Particulares (LFPDPPP), art. 1, aprobado por el Congreso de la Unión el 27 de abril de 2010.

estatal y municipal serán responsables de los datos personales, de conformidad con las normas aplicables para la protección de datos personales en poder de los particulares»[42].

Por lo tanto, los sectores público y privado tienen la responsabilidad de proteger los datos personales, mientras sean generados por medios electrónicos o en software especializado, como plataformas ODR. Como se ha explicado para solicitar los servicios es necesario proporcionar información personal sensible. Adicionalmente, los proveedores de servicios deben ser responsables de la gestión, conservación y rendición de cuentas de cualquier violación de datos.

4. Retos en la regulación de datos personales en los ODR

Son varios los retos en la implementación de plataformas ODR, como el tema de la gestión y privacidad de datos (requisitos mínimos para su protección, sanciones por el mal uso y la forma de resolver conflictos derivados del mal uso), la legislación aplicable, las autoridades encargadas de verificar el funcionamiento de estos sistemas, entre otros.

Dentro de los avisos de privacidad será necesario establecer: cuál es la información necesaria para el registro y solicitud de servicios, cómo y dónde se protegen los datos personales, la finalidad del tratamiento de datos, usos específicos, cómo se garantiza su confidencialidad; y, los derechos de los usuarios en el tratamiento de su información.

Específicamente, se debe considerar el ejercicio de ciertos derechos, como los derechos ARCO, aplicable a los servicios en línea que se presten en México, los lineamientos establecidos en las normas en materia de protección de datos personales en posesión de los particulares, o sujetos obligados dependiendo de la entidad privada o pública que realice la solicitud y tratamiento de los datos.

La protección de datos personales debe basar su regulación en dos aspectos principales a) como sistemas de atención a los consumidores y; b) como sistemas de acceso a la justicia de las personas en los distintos ámbitos del derecho.

En el primer caso, México cuenta con dos legislaciones, que brindan los elementos necesarios en un aviso de privacidad, dependiendo de quién posea la información: a) Ley Federal de Protección de Datos Personales en Posesión de los Particulares (arts. 16, 24 y 25) y b) la Ley General de Protección de Datos Personales en Posesión de los Sujetos Obligados (arts. 27, 28 y 43).

En cuanto a la Ley Federal de Protección de Datos Personales en Posesión de los Particulares, tanto las personas físicas como las privadas que recaben

42 Ley General de Protección de Datos Personales en Posesión de los Sujetos Obligados, aprobada por el Congreso de la Unión el 26 de enero de 2017, art. 6.

datos están obligadas a entregar al usuario un aviso de privacidad para informarle las finalidades para las cuales se solicitan sus datos y el tratamiento que se les dará. El usuario deberá prestar su consentimiento[43].

Por otra parte, la Ley General de Protección de Datos Personales en Posesión de los Sujetos Obligados dispone de dos modalidades de aviso de privacidad: simplificado e integral. La primera deberá publicarse cuando a) los datos personales se obtengan directamente del titular con anterioridad a su tratamiento y b) cuando los datos personales se obtengan indirectamente del titular con anterioridad al uso o explotación de estos. El segundo es el aviso de privacidad integral que deberá contener además del aviso simplificado, el domicilio del responsable, los medios y/o fuentes de obtención de los datos personales, las transferencias que no requieren consentimiento, y la descripción de los derechos ARCO.

En México existirán causas de sanción por incumplimiento del aviso de privacidad, desde multa hasta prisión conforme a la legislación penal.

En el segundo caso, sobre plataformas ODR al servicio de la justicia, no sólo será necesario considerar los elementos anteriores, sino también contar con un sistema de administración y coordinación más especializado en términos de fidelidad, seguridad y acreditación[44].

Los datos personales proporcionados dentro de estas plataformas consistirán en información general como nombre, dirección, cuenta bancaria, redes sociales, además estarán enfocados al análisis relacionado con la narrativa de conflictos personales o profesionales, donde serán necesarios ciertos documentos legales que acrediten los hechos señalados y las obligaciones incumplidas o por cumplir, esta información sería considerada como datos personales sensibles.

---

43 Se entiende por «consentimiento expreso» en México «cuando el titular lo exprese verbalmente, por escrito, por medios electrónicos, ópticos, signos inequívocos o por cualquier otra tecnología, para obtener este tipo de consentimiento, el responsable deberá proporcionar un formulario simple y medio libre para poder expresar la voluntad y que tal situación se acredite indiscutiblemente, en su caso, deberá acreditar que el titular otorgó su consentimiento ya sea a través de una declaración o de una clara acción afirmativa». https://home.inai.org.mx/wp-content/documentos/DocumentosSectorPublico/_ABC-AP-SPublico.pdf (última visita 25 de marzo de 2022).

44 En Ciudad de México el poder judicial emitió los Lineamientos para la implementación y uso del servicio de mediación y facilitación virtual en el centro de justicia alternativa del poder judicial de la Ciudad de México, Acuerdo 11-18/2020, emitido por el pleno del Consejo de la Judicatura de la Ciudad de México, 5 de junio de 2020, su art. 5 establece que todos los datos e información contenidos en los documentos, firmas electrónicas y videograbaciones deberán ser protegidos de conformidad con la ley de la materia, quedando prohibido cualquier uso para fines distintos a los descritos en los mismos. A su vez, el artículo 7 establece que el servicio de mediación y facilitación virtual deberá garantizar las condiciones de seguridad y legalidad entre las partes que hagan uso de este servicio. Consultado en: https://www.poderjudicialcdmx.gob.mx/cja/wp-content/uploads/mediacion-y-facilitacion-virtual-11-18.pdf.

En cuanto a la acreditación, dentro de estos servicios ODR, es requisito indispensable que quien solicita el servicio de resolución de conflictos en plataformas digitales sea titular del derecho o tenga facultades legales para representación de persona moral. Por tanto, se solicitará información biométrica o documentos de identificación personal para la realización del trámite, así como la acreditación del consentimiento mediante firma electrónica avanzada en los acuerdos que resulten del trámite. Por tanto, el grado de seguridad en la protección de datos personales sensibles debe tener un estándar de protección superior a la establecida para datos personales.

En este caso será necesaria la gestión interna; la creación de políticas de privacidad, que incitan a las empresas a auditar sus prácticas de recopilación y manejo de información para evaluar cómo manejan los datos personales y los datos personales sensibles en las operaciones diarias y realizar cambios según sea necesario. También, establecer procedimientos internos claros que puedan servir como base para capacitar a los empleados y diseñar sistemas informáticos que reflejen las actividades de la organización, en caso de vulneración al sistema se debe contar con esquemas de actuación que ayuden a gestionar las consecuencias del problema.

Con relación a lo anterior, los sujetos obligados, pueden transferir datos personales sin necesidad de requerir el consentimiento del titular, en los siguientes casos: cuando esté previsto en esta Ley u otras leyes, convenios o Tratados Internacionales suscritos y ratificados por México; cuando se realice entre responsables, siempre que los datos personales sean utilizados para el ejercicio de facultades propias, compatibles o análogas a la finalidad que motivó el tratamiento de datos personales; a) cuando legalmente se requiera para la investigación y persecución de delitos, b) para la procuración o administración de justicia; c) para el reconocimiento, ejercicio o defensa de un derecho ante autoridad competente, siempre que medie solicitud de ésta; d) para el mantenimiento o cumplimiento de una relación jurídica entre el responsable y el titular; e) en virtud de un contrato celebrado o por celebrar en interés del titular, por el responsable y un tercero; f) por razones de seguridad nacional[45].

45 Ley General de Protección de Datos Personales en Posesión de los Sujetos Obligados, art. 70. «El responsable podrá transferir los datos personales sin necesidad de requerir el consentimiento del titular, en los siguientes casos:
I. Cuando la transferencia esté prevista en esta Ley u otras leyes, convenios o Tratados Internacionales suscritos y ratificados por México; II. Cuando la transferencia se realice entre responsables, si los datos personales se utilizan para el ejercicio de facultades propias, compatibles o análogas a la finalidad que motivó el tratamiento de los datos personales; tercero Cuando la transferencia sea legalmente requerida para la investigación y persecución de delitos, así como para la procuración o administración de justicia; IV. Cuando la transferencia sea necesaria para el reconocimiento, ejercicio o defensa de un derecho ante autoridad competente, siempre que medie solicitud de ésta, V. Cuando la transferencia sea necesaria para la prevención o el diagnóstico médico, la prestación de servicios de salud la atención, el tratamiento médico o la gestión de los servicios de salud, si se

Para las plataformas ODR administradas por sujetos obligados, en su aviso de privacidad deberán establecerse los lineamientos contemplados en la ley[46] o por la autoridad reguladora para el tratamiento de datos personales, que permitan realizar estadísticas integrales en el sistema judicial del país. Incluso debe contar con medidas de seguridad adecuadas para el manejo sensible de datos personales para casos de seguridad nacional, defensa de derechos ante autoridades y para el cumplimiento de obligaciones legales[47].

Además, otro de los objetivos de la regulación de datos personales es contar con normas de última generación que consideren la implementación de las tecnologías que impactan en el cotejo de datos personales a través de sistemas inteligentes, por ejemplo la interoperabilidad con plataformas como las del Instituto Nacional Electoral, Secretaria de Relaciones Exteriores, el Sistema de Administración Tributaria (SAT), en donde se pueda acreditar la personalidad bajo el sistema de identificación oficial INE, Pasaporte y CURP, o en su caso, la constancia de registro de situación fiscal.

Finalmente, los conflictos gestionados o resueltos bajo plataformas de ODR irán evolucionando en la implementación de tecnologías de la información y la comunicación (TICs) con el uso de biométricos o por medio de sistemas en donde ya se acredite la identidad digital. Por tanto, los sujetos obligados y los particulares deberán ser responsables del tratamiento de esta información y contar con medidas de seguridad suficientes y actualizadas para la protección de datos.

III. Conclusiones

Los ODR's son un nuevo sistema para resolver conflictos en cualquier parte del mundo y con cualquier persona que tenga acceso a internet, estos sistemas serán una herramienta fundamental para mejorar el acceso a la justicia, permitir una tutela judicial efectiva y permitir que las personas cuenten con instrumentos e información para prevenir, gestionar y resolver conflictos.

Las plataformas de servicios ODR ofrecen varias ventajas en términos de precisión, costo y tiempo, permiten la gestión automatizada de documentos, la inte-

acreditan dichas multas; VI. Cuando la transferencia sea necesaria para el mantenimiento o cumplimiento de una relación jurídica entre el responsable y el titular; VIII. Cuando la transferencia sea necesaria en virtud de un contrato celebrado o por celebrar en interés del propietario, por el responsable y un tercero; VIII. En el caso en que el responsable no esté obligado a recabar el consentimiento del titular para el tratamiento y transmisión de sus datos personales, de conformidad con lo dispuesto en el artículo 22 de esta Ley, o IX. Cuando el traslado sea necesario por razones de seguridad nacional».

46 Ley Federal de Protección de Datos Personales en Posesión de los Particulares (LFPDPPP), art. 36. «Cuando el responsable pretenda transferir los datos personales a terceros nacionales o extranjeros, distintos del responsable, deberá notificar del aviso de privacidad y de las finalidades a que el titular sometió su tratamiento».

47 *Idem.*, art. el artículo 37, establece los supuestos en los que se puede transferir la información sin el consentimiento del usuario.

roperabilidad con otros sistemas como reuniones por videollamada, soluciones inmediatamente ejecutables; puede contar con la trazabilidad de las operaciones y el apoyo de facilitadores expertos en caso de que el conflicto escale.

A la fecha no existe una normatividad específica respecto a los ODR como plataformas de comercio o justicia electrónica, se ha contemplado el uso de tecnología electrónica, óptica o cualquier otra para llevar a cabo procesos de mediación o arbitraje dentro de la legislación mexicana y en algunas normas de mecanismos de solución de controversias en las instituciones que prestan estos servicios. A nivel mundial ya existen instrumentos internacionales que establecen principios en la protección de datos personales, derecho a la intimidad y la privacidad. Será necesario establecer bajo que legislación se hace el manejo de los mismos en las plataformas de servicios o como parte de la impartición de justicia.

Si bien las plataformas de ODR, traerán cambios en el tratamiento de datos y en los datos personales que se necesitarán utilizar en estos sistemas expertos, será necesario contemplar los requisitos mínimos establecidos en la materia para el uso de estas plataformas. Incluso, se deberán considerar disposiciones especiales de control y seguridad nacional, dado que esta información puede brindar datos de interés público y efectividad en el acceso a la justicia en los distintos sistemas de justicia de los países.

Las ODRs presentan un desafío constante para las jurisdicciones internacionales. El desarrollo de figuras jurídicas que regulen los ODRs debe realizarse tomando en consideración los principios de armonización jurídica en el uso de mecanismos alternativos de solución de controversias. Esto aumentará el nivel de éxito de las estrategias de aplicación de la ley, brindando protección legal a los usuarios independientemente de su nacionalidad; el derecho a la intimidad en los ODRs dejará de ser una cuestión de jurisdicción, será una cuestión de protección a nivel universal.

IV. Bibliografía

Araujo Carranza, E., *El derecho a la información y la protección de datos personales en México,* México, editorial Porrúa, 2009.

Castells, M. (2007). «La era de la información: economía, sociedad y cultura», *La sociedad red*, Vol. 1, 6.ª ed., México, Siglo XXI Editores.

Gómez López, I. C., Montoya Hernández, N. *Propuesta de implementación y cumplimiento de la LGPDPPSO a través de la plataforma de protección de datos personales en posesión de Infotec* [Trabajo de grado, Maestría en Derecho de las Tecnologías de la Información y Comunicación]. *Repositorio Institucional Infotec*, México, 2019, Disponible en: https://infotec.repositorioinstitucional.mx/jspui/bitstream/1027/273/3/INFOTEC_MDTIC_ICGL_NML_24102019.pdf

García González, A. «The protection of personal data: a fundamental right of the 21st century. A comparative study». *Boletín Mexicano de Derecho Comparado*, vol. 1(120), 2007, http://dx.doi.org/10.22201/iij.24484873e.2007.120.3933.

Gómez Vásquez, C. «La autorización del titular del dato como expresión del derecho fundamental al Habeas Data en el ordenamiento legal colombiano y perspectivas desde el derecho comparado», *Revista de Derecho*, núm. 51, 2019, pp. 141-162.

Katsh, E., «ODR: A Look at History – A Few Thoughts About the Present and Some Speculation About the Future», http://www.ombuds.org/odrbook/katsh.pdf.

Mendoza Enríquez, A. «Marco jurídico de la protección de datos personales en las empresas de servicios establecidas en México: desafíos y cumplimiento», *Revista Ius*, vol. *2, 2022, número* 41, pp. 267-291, http://www.scielo.org.mx/scielo.php?script=sci_arttext&pid=S1870-21472018000100267&lng=es&tlng=es.

Mill, S., *Sobre la libertad*, España, Alianza Editorial, 1859.

Ontiveros Vázquez, P. *et. al.*, «Smart Contracts: The New Method of Interaction Between the Law and Technology», book *Artificial Intelligence in The New Millennium* in Mediterranea International Centre for Human Rights Research, Italia, por publicarse.

Sánchez Ramírez, M. C., «La Protección y el Tratamiento de Datos Personales: El Derecho Humano a la Privacidad y a la Intimidad». *Mirada Legislativa, Senado de la República*, abril 2021, No. 20.

Sankalp, J., «Online Dispute Resolution: Mechanism, Modus Operandi and Role of Government», 2015. Disponible en: SSRN: https://ssrn.com/abstract=2779901 or http://dx.doi.org/10.2139/ssrn.2779901.

Téllez, E., Ramírez, A., Casillas, M., & Rangel Garrocho, S. «Hacia un ecosistema en México que fomente el uso legítimo y seguro de los datos personales digitales». *El abogado actual frente al derecho informático y su enseñanza*, México, 2019, Universidad Nacional Autónoma de México.

V. Referencias normativas

- Cámara de Diputados del H. Congreso de la Unión. (2010). Ley Federal de Protección de Datos Personales en Posesión de los Particulares. Recuperado de https://iibi.unam.mx/archivistica/ley_federal_datos_personales.pdf

- Cámara de Diputados del H. Congreso de la Unión. (2017). Ley General de Protección de Datos Personales en Posesión de Sujetos Obligados. Recuperado de https://www.diputados.gob.mx/LeyesBiblio/pdf/LGPDPPSO.pdf
- Consejo del Parlamento de Europa. (1981), Convenio No. 108 del Consejo del Parlamento de Europa para la Protección de las Personas con respecto al Tratamiento Automatizado de Datos de Carácter Personal y su Protocolo Adicional relativo a las Autoridades de Control y a los Flujos Transfronterizos de Datos, firmado en Estrasburgo, Francia, el 28 de enero de 1981, y el 8 de noviembre de 2001. Recuperado de http://www.oas.org/es/sla/ddi/docs/u12%20convenio%20n%20108.pdf
- Constitución Política de los Estados Unidos Mexicanos. (última reforma publicada DOF 06-04-2021). Artículos 6.°. y 16. Recuperado de http://www.diputados.gob.mx/LeyesBiblio/pdf/1.pdf
- Instituto Nacional de Transparencia, Acceso a la Información y Protección de Datos Personales (INAI). (2016). Guía para la eliminación segura de datos personales. Recuperado de http://transparencia.inaes.gob.mx/doctos/pdf/transparencia/Guias/Gu%EDa_Borrado_Seguro_DatosPersonales.pdf
- Instituto Nacional de Transparencia, Acceso a la Información y Protección de Datos Personales (INAI). (2018). LEY GENERAL DE PROTECCIÓN DE DATOS PERSONALES EN POSESIÓN DE SUJETOS OBLIGADOS, Comentada. Recuperado de https://www.cide.edu/wp-content/uploads/2021/03/leygeneraldatos.pdf
- Ley de Medios Alternos de Solución de Controversias para el Estado de Coahuila de Zaragoza.
- Ley de Mecanismos Alternativos de Solución de Controversias del Estado De Tlaxcala.
- Ley de Mecanismos Alternativos de Solución de Controversias para el Estado de Hidalgo.
- Ley de Justicia Alternativa para el Estado de Quintana Roo.
- Lineamientos para la implementación y uso del servicio de mediación y facilitación virtual en el centro de justicia alternativa del poder judicial de la Ciudad de México, Acuerdo 11-18/2020, emitido por el pleno del Consejo de la Judicatura de la Ciudad de México, 5 de junio de 2020.
- Ministerio de Tecnologías de la Información y las Comunicaciones. (2013). Decreto número 1377 de 2013: Por el cual se reglamenta parcialmente la Ley 1581 de 2012. Diario Oficial No. 48.788 del 27 de junio de 2013. Recuperado de https://www.funcionpublica.gov.co/eva/gestornormativo/norma.php?i=53646

- Organización de las Naciones Unidas. (1948). Declaración Universal de los Derechos Humanos, https://www.un.org/es/universal-declaration-human-rights/
- Parlamento Europeo y Consejo. (1995). Directiva 95/46/CE del Parlamento Europeo y del Consejo, de 24 de octubre de 1995, relativa a la protección de las personas físicas en lo que respeta al tratamiento de datos personales y a la libre circulación de estos datos. Recuperado de https://www.boe.es/buscar/doc.php?id=DOUE-L-1995-81678
- Parlamento Europeo y Consejo. (1997). Directiva 97/66/CE del Parlamento Europeo y del Consejo, de 15 de diciembre de 1997, relativa al tratamiento de los datos personales y a la protección de la intimidad en el sector de las telecomunicaciones, https://www.boe.es/buscar/doc.php?id=DOUE-L-1998-80151
- Procuraduría Federal del Consumidor. (s.f.). Programa de Protección de Datos Personales, https://www.gob.mx/cms/uploads/attachment/file/683396/Programa_de_Proteccion_de_Datos_Personales.pdf
- Semanario Judicial de la Federación y su Gaceta. (2014). PRIVACIDAD. LA PUBLICACIÓN DE LAS SENTENCIAS EMITIDAS POR LOS ÓRGANOS DEL PODER JUDICIAL DE LA FEDERACIÓN, NO CONCULCA ESE DERECHO. Décima época, Tomo II, Libro 7, Tribunales Colegiados de Circuito, p. 1794, Tesis: III.1o.C.1 K, Registro: 2006639.
- Semanario Judicial de la Federación (2019), https://sjf2.scjn.gob.mx/detalle/tesis/2019336
- Suprema Corte de Justicia de la Nacional, Procesos Legislativos, Exposición de motivos de la Cámara de Diputados para la aprobación de la Ley Federal de Protección de Datos Personales en Posesión de los Particulares, México, D.F. 6 de septiembre de 2001, fuente: https://legislacion.scjn.gob.mx/Buscador/Paginas/wfProcesoLegislativoCompleto.aspx?q=ni0ZTJvgiDQ2W7Em2qvUpvlkcaiqRseqnrSx-bEpcJNsXt0eT37871b1p3trHFBU8nHCwOec54m+ff3FfAnKCDg==
- Tribunales Colegiados de Circuito. (2019). Protección de datos personales. El deber del Estado de salvaguardar el derecho humano relativo debe potencializarse ante las nuevas herramientas tecnológicas, debido a los riesgos que éstas representan por sus características [Tesis: I.10o.A.6 CS (10a.)]. Gaceta del Semanario Judicial de la Federación, Libro 70, septiembre de 2019, Tomo III, página 2200. Disponible en: http://sjf2.scjn.gob.mx/detalle/tesis/2020564.

CREDIT SCORING EN LA NUEVA DIRECTIVA DE CONTRATOS DE CRÉDITO AL CONSUMO: RGPD, AI ACT, PRIVACIDAD DE GRUPO Y DERECHO AL OLVIDO ONCOLÓGICO

Gonzalo Campos Rivera

Doctorando en Derecho, Universidad de Granada. Abogado de García Selva Abogados. Socio Fundador de CEUDATA

José Antonio Castillo Parrilla

Investigador Ramón y Cajal en Departamento de Derecho civil. Universidad de Granada[1]

I. La evaluación de solvencia en la Directiva 2225/2023, relativa a los contratos de crédito al consumo

El 18 de octubre de 2023 se aprobó la nueva Directiva 2225/2023, relativa a los contratos de crédito al consumo (DCCC)[2]. En esta Directiva la evaluación de solvencia está regulada con mayor detalle que en la Directiva de 2008[3], que apenas la menciona en tres ocasiones. La evaluación de solvencia ha adquirido gran importancia, especialmente tras la crisis de 2008, que vino motivada entre otros factores por un sobreendeudamiento de la población[4].

---

1 Esta publicación es parte del contrato RYC2021-031430-I, financiado por MCIN/AEI/10.13039/501100011033 y por la Unión Europea, «NextGenerationEU». Gran parte de la investigación se realizó durante la estancia desarrollada en la Universidade Nova de Lisboa durante los meses de abril a junio de 2023, financiada por el Programa José de Castillejo (CAS22/0473).

2 Directiva UE 2023/225 del Parlamento Europeo y del Consejo de 18 de octubre de 2023 relativa a los contratos de crédito al consumo y por la que se deroga la Directiva 2008/48/CE.

3 Directiva 2008/48/CE del Parlamento Europeo y del Consejo de 23 de abril de 2008 relativa a los contratos de crédito al consumo y por la que se deroga la Directiva 87/102/CEE del Consejo.

4 Collado Rodríguez, N., «La evaluación de la solvencia mediante el uso de sistemas de IA. Creditworthiness assessment by AI», *Revista CESCO de Derecho de Consumo*, 2023, núm. 46, p. 42.

Esto explica que la nueva DCCC se preocupe de promover prácticas responsables en el mercado de crédito, entre las que se encuentra la evaluación de solvencia previa a la concesión del crédito realizada en interés del consumidor. Todo ello viene regulado en los artículos 18 y 19 de la DCCC, que deben ser interpretados según los Considerandos 53 a 57 de la misma.

Los Estados miembros deberán exigir a los prestamistas que realicen una evaluación en profundidad de la solvencia del consumidor antes de celebrar un contrato de crédito. No obstante, si bien una evaluación de solvencia positiva constituye un requisito previo ineludible para la concesión del crédito, obtenerla no implica obligación de que la entidad prestamista efectivamente lo celebre (Cons. 54 DCCC)[5].

La evaluación de solvencia deberá estar correctamente documentada (art. 18.4 DCCC) y tener en cuenta información pertinente y exacta sobre los ingresos y gastos del consumidor, así como sobre otras circunstancias financieras y económicas que sean necesarias en relación con la naturaleza, duración, valor y riesgos del contrato de crédito (art. 18.2 DCCC); y debe seguir tres principios rectores: (1) realizarse en interés del consumidor, (2) tener por finalidad prevenir prácticas de préstamo irresponsables y endeudamiento excesivo, y (3) tener debidamente en cuenta los factores pertinentes para verificar las perspectivas de cumplimiento por parte del consumidor (art. 18.1 DCCC). Atendiendo a estos nuevos criterios, la evaluación de solvencia no debe basarse exclusivamente en datos negativos o de insolvencia, sino que debe incorporar igualmente datos positivos de solvencia, y cualesquiera otros no necesariamente relacionados con el historial crediticio pero que permitan obtener un perfil completo del solicitante. Esto supone un avance respecto del panorama normativo actual, cuyo punto de referencia es el art. 20 LOPDgdd, referido al tratamiento de datos de solvencia negativos por parte de sistemas comunes de información crediticia[6].

En lo que se refiere a los datos a tener en cuenta para la elaboración de la evaluación de solvencia resulta de especial interés la exclusión expresa de datos relativos a enfermedades oncológicas del solicitante (y, en general, categorías especiales de datos del art. 9.1 RGPD) y datos obtenidos de redes

5 *Cfr*. Cons. 54 DCCC: «La evaluación positiva debe entenderse sin perjuicio de la libertad contractual del prestamista en relación con la concesión de crédito».

6 *Cfr*. Más Badía, D., *Sistemas privados de información crediticia: nueva regulación entre la protección de datos y el crédito responsable*, Valencia, Tirant lo Blanch, 2021, pp. 141-144. La autora se muestra favorable al desarrollo de sistemas de información crediticia mixtos y no únicamente negativos. En igual sentido, respecto de la evaluación de solvencia en los contratos de crédito inmobiliario, Cuena Casas, M., «Préstamo responsable y datos de solvencia patrimonial en la Ley Reguladora de los Contratos de Crédito Inmobiliario», *Actualidad civil*, núm. 9, 2019. Hay que aclarar que es perfectamente posible una interpretación conjunta de los arts. 18.11 DCCC y 20 LOPDgdd en la medida en que éste último no impide que se traten datos más allá de los negativos, sino que simplemente establece una presunción de licitud del tratamiento de dichos datos.

sociales (Cons. 55, y arts. 18.3 y 19.5 DCCC). Esta prohibición trae causa de la Resolución del Parlamento Europeo de 16 de febrero de 2022[7], sobre el refuerzo de Europa en la lucha contra el cáncer, por la que se «pide la integración en la legislación de la Unión pertinente del derecho al olvido para los supervivientes de cáncer, a fin de evitar la discriminación y mejorar el acceso de estas personas a los servicios financieros». Diversos países de la UE han dispuesto medidas para permitir el llamado «derecho al olvido oncológico»[8] en el sentido solicitado por el Parlamento Europeo.

La evaluación de solvencia puede tener lugar utilizando métodos de procesamiento automatizado de datos personales o *credit scoring*. En este caso debe garantizarse el derecho del solicitante a una intervención humana que explique de manera clara y comprensible la lógica y efectos de la evaluación de solvencia en la concesión del crédito, y que permita al consumidor tanto expresar su punto de vista al prestamista como, en su caso, solicitar una revisión de la evaluación de solvencia y de la decisión de concesión (art 18.8 DCCC). Cuando la evaluación de solvencia tiene lugar a través de *credit scoring* es posible que las entidades prestamistas necesiten consultar bases de datos, y habrán de hacerlo de acuerdo con lo dispuesto en el art. 19 DCCC. En lo que aquí interesa, las bases de datos para evaluación de solvencia deben contener como mínimo datos de solvencia negativos (art. 19.4 DCCC), que estén actualizados y sean exactos (art. 19.7 DCCC, y art. 5.1.d RGPD); y no podrán contener categorías especiales de datos ni datos obtenidos de redes sociales (art. 19.5 DCCC).

El derecho a una intervención humana en caso de evaluación de solvencia a través de métodos de procesamiento automatizado de datos personales es una concreción del art. 22 RGPD, que reconoce el derecho de todo interesado a no ser objeto de una decisión basada únicamente en el tratamiento automatizado de datos (incluidas actividades de perfilado) que produzca efectos jurídicos en él o le afecte significativamente de modo similar salvo que concurran las excepciones previstas en el art. 22.2 RGPD[9]. Conviene subrayar que el artículo 22 RGPD no sólo consagra el derecho a la interven-

---

7 Resolución del Parlamento Europeo, de 16 de febrero de 2022, sobre el refuerzo de Europa en la lucha contra el cáncer: hacia una estrategia global y coordinada (2020/2267 (INI)).

8 Francia, Países Bajos, Bélgica o Luxemburgo. Portugal se adelantó al Parlamento Europeo, publicando en 2021 la Lei 75/2021, de 18 de noviembre, por la que se refuerza el acceso al crédito y a contratos de seguros de personas que hayan superado o mitigado situaciones de riesgo agravado de salud, prohibiendo prácticas discriminatorias para las mismas. España, por su parte, publicó en 2023 el RD-Ley 5/2023, de 28 de junio, que modifica tanto la Ley del Contrato de Seguro como el TRLGDCU en el mismo sentido.

9 En este sentido, resulta especialmente relevante la STJUE de 7 de diciembre de 2023, asunto C-634/21, también conocida como Sentencia SCHUFA, por la que se reconoce que la generación automatizada de un valor de probabilidad (score) por parte de una agencia de información comercial constituye en sí misma una decisión automatizada en los términos del art. 22 RGPD, dada su significativa influencia en las decisiones financieras que terceros, como bancos, toman respecto al solicitante de crédito (Cons. 50).

ción humana en decisiones automatizadas (de manera que no sean completamente automatizadas), sino también el derecho a que los datos personales de un sujeto no sirvan (1) para alimentar perfiles ni (2) para aplicarle perfiles ya existentes a dicho sujeto.

Esto resulta especialmente importante en ciertos sectores donde las actividades de perfilado son útiles como por ejemplo ocurre con el *credit scoring*. Las actividades de perfilado no sólo sirven en estos casos para agilizar procesos de toma de decisiones reduciendo al mínimo posible riesgos derivados de la actividad (en este caso, concesión de créditos), sino que podrían servir también para excluir a individuos con ciertas características sin decirlo expresamente, a través del uso de perfilado con «datos proxy»; es decir, datos que con alta probabilidad estén asociados a grupos poblacionales concretos pero que no hagan referencia directa a los mismos. Al final de este trabajo retomaremos el llamado «derecho al olvido oncológico» en relación con las actividades de perfilado y *credit scoring* a modo de ejemplo de cómo la capacidad de analítica de grandes cantidades de datos a través de herramientas IA y el consiguiente capitalismo de vigilancia hacen necesario adoptar una perspectiva colectiva del derecho a la protección de datos (privacidad de grupo).

II. La evaluación de solvencia basada en el tratamiento automatizado de datos o *credit scoring*

La evaluación de solvencia automatizada o *credit scoring* puede definirse como la actividad de procesado de datos del potencial prestatario realizada por la entidad prestamista en el marco de un contrato de préstamo, al objeto de valorar la solvencia del prestatario y cuantificar el riesgo en el crédito, previamente a la concesión del mismo[10].

A partir de la analítica de datos del solicitante que directa e indirectamente se relacionan con su capacidad crediticia se realiza una previsión de posibles situaciones de insolvencia futura[11]. Teniendo en cuenta estos valores, el modelo asigna una puntuación o score, que se compara con el límite del umbral de riesgo fijado por la entidad tanto para determinar si concede o no

10 Collado Rodríguez, N., *La obligación del prestamista de evaluar la solvencia del consumidor*, Tesis doctoral, Universidade da Coruña, Galicia, 2018, p. 155. Flórez López, R., *Análisis de los determinantes del riesgo de crédito. Aplicación de técnicas emergentes en el mercado de los acuerdos de Basilea II y Solvencia II*, Madrid, Instituto de Contabilidad y Auditoría de Cuentas, 2012, p. 293; Autoridad Bancaria Europea (ABE), *Directrices sobre concesión y seguimiento de préstamos*, de 29 de mayo de 2020, p. 27. *Cfr.* también Hurley, M.; Adebayo, J., «Cretit scoring in the era of big data», *The Yale Journal of Law and Technology*, vol. 18, 2016, p. 153: «A credit score is a summary of a person´s apparent creditworthiness that is used to make underwriting decisions as well as to predict the relative likelihood of a negative financial event, such as a default on a credit obligation».

11 Collado Rodríguez, N., *La obligación...*, 2018, p. 214; ABE, *Directrices..., 2020*, pp.

el crédito como, en caso de concederlo, en qué condiciones económicas: si la puntuación del solicitante del crédito no supera el umbral fijado por la entidad, el crédito le será denegado como consecuencia de su falta de solvencia[12]. Si lo supera, pasarán a analizarse las condiciones concretas del crédito. De este modo, una vez superado el umbral, cuanto mayor sea la puntuación del solicitante, menor será el interés remuneratorio de la operación de préstamo y viceversa *(risk-based pricing)*[13], ya que se entiende que cuanto mayor sea la solvencia del prestatario, menor será el riesgo del crédito.

Para llevar a cabo la evaluación de solvencia, las entidades de crédito emplean modelos estadísticos que funcionan a través del procesado de datos automatizados del cliente[14], pudiendo o no emplear inteligencia artificial para ello[15]. Ni la DCCI, ni la DCCC determinan la metodología de valoración de solvencia[16], por lo que las entidades han ido diseñando y mejorando sus propios modelos, cuya idoneidad dependerá de las características, necesidades e intereses de la entidad que los emplee[17]. Lo que sí tendrán todos ellos en común, será que requerirán del procesado de datos del solicitante para determinar su *score*[18].

1. Bases de legitimación y finalidad del tratamiento en la evaluación de solvencia

Puede entenderse que, en el caso del tratamiento de datos de cara a la evaluación de solvencia del consumidor solicitante de crédito al consumo, la base de legitimación preferente es el cumplimiento de una obligación legal

---

12 Collado Rodríguez, N., *La obligación...*, 2018, pp. 242-243; ABE, *Directrices..., 2020*, p. 44.

13 Flórez López, R., *Análisis...*, 2012, p. 318.

14 Anderson, R. *The Credit Scoring Toolkit: Theory and Practice for Retail Credit Risk Management and Decision Automation*. Oxford University Press, 2007.

15 Collado Rodríguez, N., «La evaluación...», 2023, pp. 43-44.

16 Conforme a las Directrices de la Autoridad Bancaria Europea: «Para evaluar la capacidad del prestatario para cumplir las obligaciones contraídas en virtud del contrato de préstamo, las entidades y los acreedores adoptarán métodos y enfoques apropiados (lo que incluye la posibilidad de utilizar modelos) siempre y cuando se cumpla lo dispuesto en estas directrices. La elección del método adecuado dependerá del nivel de riesgo, la cuantía y el tipo del préstamo». ABE, *Directrices..., 2020*, pp. 26-28.

17 Rodríguez-Guevara, D; Becerra-Arévalo, J; Cardona-Valencia, D., «Modelos Y Metodologías De Credit Score Para Personas Naturales: Una Revisión Literaria (Models and Methodologies for Credit Scoring in Personal Banking: A Literature Review)», *Revista CEA*, vol. 3, 2017, núm. 5, p. 12.

18 La Autoridad Bancaria Europea enuncia que: *«En particular, evaluarán las fuentes de ingresos del prestatario que acreditan su capacidad de pago teniendo en cuenta las particularidades del préstamo, como su naturaleza, vencimiento y tipo de interés»*. ABE, *Directrices..., 2020, p.* 27.

aplicable al responsable del tratamiento (en este caso, la entidad financiera), de acuerdo con el art. 6.1.c RGPD y 18.1 DCCC. Se trata de una situación análoga a la ya contemplada en el art. 14 de la actual LCCC, o en el art. 18 de la DCCI. Puede plantearse la viabilidad de otras bases de legitimación, como el interés legítimo del prestamista o el cumplimiento de un contrato. Respecto de la primera, teniendo en cuenta que la evaluación de solvencia debe hacerse, según el art. 18.1 DCCC, «en interés del consumidor», no nos parece apropiada. Respecto del cumplimiento de un contrato (o medidas precontractuales, que sería este caso), no parece que pudiera superar el juicio de necesidad en la medida en que un contrato de crédito puede tener lugar sin evaluación previa de solvencia.

De acuerdo con el principio de limitación de finalidad (art. 5.1.b RGPD), los datos personales no podrán ser tratados para fines incompatibles con los fines para los que los datos fueron recogidos originariamente. En otras palabras, la finalidad del tratamiento expresada en un inicio condiciona la configuración de los principios de relativos al tratamiento de datos, y particularmente los tratamientos ulteriores de datos que puedan realizarse (art. 5.1.b RGPD)[19]. Habida cuenta de que la finalidad del tratamiento es el cumplimiento de una obligación legal, será precisamente en dicha obligación legal donde debamos buscar la finalidad del tratamiento, ya que la finalidad del tratamiento será aquella que se persiga alcanzar con la obligación legal (Cons. 45 y art. 6.3 RGPD).

La concesión de créditos «responsables», es decir, que no fomenten ni contribuyan al sobreendeudamiento y que tengan debidamente en cuenta la solvencia del consumidor, tiene tres potenciales beneficiarios: (1) los prestamistas, cuyos intereses estarán mejor protegidos cuanto menor sea el riesgo de impago que deban afrontar; (2) los consumidores, cuya calidad de vida mejorará con un menor grado de endeudamiento, y sobre todo si se evita que se vean sometidos a situaciones de sobreendeudamiento en relación con su capacidad de solvencia; y (3) el mercado crediticio en general. En Resolución E/02603/2013 la AEPD afirma que los ficheros de solvencia contribuyen «a la salvaguarda del sistema financiero y de la economía en general»[20]. Si bien es cierto que estos tres potenciales beneficios están estrechamente interrelacionados, no lo es menos que el orden que ocupen en la obligación legal de evaluación de solvencia importa.

De acuerdo con el art. 18.1 y el Cons. 54 DCCC, la evaluación de solvencia debe realizarse en interés del consumidor (Cons. 54 y art. 18.1). Por

---

19 TRONCOSO REIGADA, A., «Los principios relativos al tratamiento. Comentario al art. 5 RGPD y al art. 4 LOPDGDD», en TRONCOSO REIGADA, A. (Dir.), *Comentario al Reglamento General de Protección de Datos y a la Ley Orgánica de Protección de Datos Personales y Garantía de los Derechos Digitales*, Navarra, Aranzadi, 2021, pp. 869-872.

20 Resolución disponible en: https://www.aepd.es/documento/e-02603-2013.pdf. *Cfr.* en sentido similar, Cons. 71 STJUE de 23 de noviembre de 2006.

tanto, la construcción de la finalidad del tratamiento de datos en el caso de la evaluación de solvencia será como sigue: tratamiento de datos para evaluación de solvencia, para prevención de sobreendeudamiento y prácticas de préstamo irresponsables, para evitar que todo ello perjudique la calidad de vida de los consumidores, y en última instancia el mercado de crédito. El matiz es importante ya que la Directiva de contratos de crédito inmobiliario no se expresa con la misma claridad, lo que ha llevado a una parte de la doctrina a afirmar que la razón de ser de la evaluación de solvencia en estos contratos es la preservación de la buena salud del mercado de crédito[21].

2. ¿Qué datos pueden utilizarse y cuáles no en una evaluación de solvencia?

La evaluación de solvencia se realiza extrayendo información pertinente y exacta sobre los ingresos y gastos del consumidor y otras circunstancias financieras y económicas que sean necesarias y proporcionadas en relación con los riesgos del crédito, incluyendo datos sobre ingresos y otras fuentes de reembolso, sobre activos y pasivos financieros o sobre compromisos financieros adquiridos por el consumidor (art. 18.3 DCCC). Ello implica que no habrá de atenderse únicamente a datos negativos de solvencia (*cfr.* art. 20 LOPDgdd)[22], sino que se abre la puerta a los llamados ficheros mixtos de solvencia[23], e incluso la posibilidad de que cualquier dato del solicitante sea, en potencia, un dato relativo a su capacidad de solvencia[24].

Las Directrices de la Autoridad Bancaria Europea, de 29 de mayo de 2020, sobre concesión y seguimiento de préstamos establecen el marco al que han de atenerse las entidades de crédito sujetas a las DCCI y DCCC[25] concretan la información con que debe contar la entidad prestamista para valorar la solvencia y los criterios a tener en cuenta: (a) finalidad del préstamo, cuando proceda según el tipo de producto; (b) empleo; (c) fuentes de ingresos que acrediten la capacidad de pago; (d) composición del hogar y personas a

---

21 Collado Rodríguez, N., «La evaluación...», 2023, p. 42.

22 Sobre el particular, García Pérez, R., «Evaluación de la capacidad patrimonial del deudor en la Directiva 2014/17/UE. Una visión desde la protección de datos de carácter personal del consumidor», en Albiez Dohrmann, K. J.; Moreno-Torres Herrera, M. L. (Dirs.), *Los contratos de crédito inmobiliario*, Navarra, Aranzadi, 2018, pp. 315-379.

23 Sobre el particular, Más Badía, D., *Sistemas privados...*, 2021, pp. 139-152. Cuena Casas, M., «Préstamo responsable...», 2019. También las Directrices de la Autoridad Bancaria Europea de 2020 amplían el foco más allá de los datos negativos de solvencia. *Vid.* Anexo 2, punto 7, relativo a la información necesaria para evaluar la solvencia crediticia en los préstamos a consumidores. ABE, *Directrices..., 2020, p. 26.*

24 Hurley, M.; Adebayo, J., «Cretit scoring...», 2016, p. 151.

25 ABE, *Directrices..., 2020, p. 3.*

cargo; (e) compromisos financieros y gastos asociados a estos; (f) gastos periódicos; (g) garantía real; (h) otros factores mitigadores del riesgo, como garantías personales, en su caso.

Las fuentes de las que pueden nutrirse las entidades prestamistas para la obtención de datos son: (1) el propio solicitante, (2) bases de datos públicas y privadas, (3) datos obrantes en poder de la propia entidad, en caso de que el solicitante sea ya cliente. Asimismo, puede recurrir al consejo de asesores fiscales, auditores u otros expertos[26].

En la práctica, las entidades financieras recaban directamente del solicitante datos de empleo (categoría profesional, condiciones del contrato, salario, antigüedad), condiciones familiares (hijos y familiares a cargo, y, en su caso, pensiones alimenticias o compensatorias fijadas), o condiciones económicas (ingresos anuales, patrimonio total, intereses bancarios, rendimiento del capital mobiliario, localización y valor de la vivienda, préstamos en vigor, capital adeudado pendiente de amortizar, puntualidad en el pago...)[27]. También pueden recabar información financiera del solicitante consultando bases de datos externas, públicas (ej, CIRBE) o privadas (ASNEF, Experian, TransUnion o Equifax), cuyo funcionamiento viene regulado en el art. 19 DCCC.

Finalmente, como indica el artículo 18.3 DCCC, la información se podrá obtener de fuentes internas. Lo que cobra especial sentido en los casos en los que el solicitante de crédito sea ya cliente de la entidad prestamista. Pues en estos casos, la entidad podrá utilizar los datos que ya figuran en su base de datos sobre clientes y prestatarios[28]. No obstante, se ha de precisar que, aunque el prestamista pueda hacer uso de los datos del solicitante del crédito que ya figuren en su base de datos para la evaluación de su solvencia, se habrá de seguir respetando el principio de minimización de datos y de limitación de la finalidad, así como cualquier otra disposición del RGPD.

De conformidad con el principio de «minimización de datos» (art. 5.1.c RGPD), los datos tratados para evaluar la solvencia deben ser adecuados, pertinentes y limitados a lo necesario en relación con el tratamiento de datos. Por ello, se deben tratar únicamente los datos que resulten necesarios y proporcionados para alcanzar los fines perseguidos por el tratamiento, esto es, evaluar la solvencia del solicitante de crédito al consumo para, en su interés, prevenir su sobreendeudamiento (art. 18.1 y Cons. 55 DCCC).

Además, la DCCC prohíbe expresamente que sean tenidos en cuenta datos de categorías especiales del art. 9.1 RGPD (entre otros, relativos al pade-

26 ABE, *Directrices..., 2020*, p. 26.

27 Tomàs, J; Amat, O; Esteve, M., *Cómo analizan las entidades financieras a sus clientes*, Barcelona, Gestión 2000, 2002, pp. 33-35; Flórez López, R., *Análisis...*, 2012, p. 72.

28 ABE, *Directrices..., 2020*, p. 26.

cimiento de enfermedades oncológicas) y datos obtenidos de redes sociales (art. 18.3 DCCC). Debe aclararse, en relación con el llamado «derecho al olvido oncológico», que las normas nacionales relativas al mismo vetan la posibilidad de que se utilice información relativa a haber padecido cáncer y haberlo superado (transcurridos ciertos plazos detallados en la DA Única TRLGDCU) como argumento para excluir de la contratación de un seguro o de un contrato de préstamo; pero que lo dispuesto en la DCCC se refiere a otro aspecto: se prohíbe que estos datos se tengan en cuenta (sin importar cuándo tuvo lugar la enfermedad o cuánto tiempo hace que se superó) para desarrollar la evaluación de solvencia.

3. Principio de exactitud en el tratamiento de datos y evaluación de solvencia

La evaluación de solvencia debe llevarse a cabo empleando datos pertinentes y exactos (art. 18.3 DCCC; art. 5.1.d RGPD): es decir, que sean veraces y reflejen la situación real del consumidor en el momento de la solicitud del préstamo.

Para cumplir con el principio de exactitud de datos el solicitante debe colaborar de manera diligente y honesta a la hora de proporcionar información, que deberá ser completa y actualizada (Cons. 55 DCCC). El prestamista tiene el deber de verificar la información facilitada por el solicitante recurriendo, si fuera necesario, a documentación independiente verificable[29], o indagar acerca de la autenticidad de la información si continuase teniendo dudas, en especial por lo que se refiere a los ingresos reales del solicitante[30]. En todo caso, deberá implementar medidas tendentes a detectar cualquier información falsa o engañosa facilitada por el prestatario, el intermediario del crédito o el propio personal de la entidad prestamista[31]. Si tras todo ello encuentra inexactitudes o que el solicitante no ha proporcionado información relevante puede anular o modificar el contrato de préstamo (art. 18.7 DCCC).

El principio de exactitud afecta también a las bases de datos externas, que deben implementar procesos de verificación de la exactitud y actualización de los datos (Cons. 57 y art. 19.7 DCCC); así como notificar al interesado su inclusión en la base de datos en un plazo máximo de 30 días[32]. Esta última obligación pretende facilitar el control de la información por parte de su titular, dándole la posibilidad de ejercer derechos de oposición, rectificación, limitación y cancelación de los datos (arts. 21 y 16 a 18 RGPD).

29 ABE, *Directrices..., 2020*, p. 26.

30 ABE, *Directrices..., 2020*, p. 28.

31 ABE, *Directrices..., 2020*, pp. 44-48.

32 Artículo 19.7.a) DCCC.

4. Las herramientas de evaluación de solvencia como sistemas IA de alto riesgo

Los sistemas de *credit scoring* han evolucionado desde que se comenzaron a implementar en la evaluación de solvencia del prestatario. Tradicionalmente, los sistemas más utilizados empleaban modelos paramétricos[33] como el de regresión logística o análisis discriminante. Sin embargo, los constantes avances en el campo de la inteligencia artificial (IA) han dado lugar a la proliferación de modelos no paramétricos[34] a través del *machine learning*[35], como puede ser el de árbol de toma de decisión; o que empleen redes neuronales. Estos modelos, al no ceñirse a una forma funcional predeterminada, resultan más flexibles, pues son capaces de reconstruir su función de clasificación en cada operación[36]. Con la implementación de la IA en el campo de la evaluación de solvencia, se ha podido comprobar una mejora en la precisión y eficiencia de los modelos respecto a los paramétricos tradicionales[37].

---

33 Los modelos paramétricos son aquellos cuya forma funcional es conocida, teniendo en cuenta que la «forma funcional» hace referencia a la estructura matemática utilizada para evaluar la solvencia del prestatario. Dentro de esta categoría se encuentran los de probabilidad lineal, de regresión logística o «logit», «probit» y de análisis discriminante. DASSATTI, C., «Modelos de Score Crediticio: revisión metodológica y análisis a partir de datos de encuesta *(Credit Score Models: Methodological Review and Analysis Based on Survey Data)*». Central Bank of Uruguay. 2019, p. 5. Disponible en: https://papers.ssrn.com/sol3/papers.cfm?abstract_id=3443515.

34 Como afirman Bonilla, Olmeda y Puertas: «La diferencia fundamental entre los modelos paramétricos y los no paramétricos reside en que los paramétricos suponen conocida la forma de la función discriminante, reduciéndose el problema a estimar los parámetros que la determinan, mientras que los no paramétricos suponen una forma funcional desconocida, y su objetivo consiste en aproximar aquélla mediante fórmulas funcionales flexibles. Se trata, por tanto, de modelos mucho más flexibles que los anteriores, pero también mucho más costosos en su construcción». BONILLA, María; OLMEDA, Ignacio; PUERTAS, Rosa. «Modelos paramétricos y no paramétricos en problemas de credit scoring». *Spanish Journal of Finance and Accounting/Revista Española de Financiación y Contabilidad*, vol. 32, 2003, núm. 118, p. 845; Entre estos modelos se encuentran los de precios de opciones, redes neuronales, árboles de decisión, algoritmo C4.5, Splines de regresión adaptativa multivariante y regresión localmente ponderada.

35 Ruiz Guevara define los modelos de *machine learning* de la siguiente manera: «[...] el machine learning es un tipo de inteligencia artificial, una rama concreta de esta tecnología —la IA— que, de alguna manera, ha aprendido a aprender, es capaz de absorber una gran cantidad de datos, encontrar patrones entre ellos y sacar conclusiones». RUIZ GUEVARA, P. «El aprendizaje de las máquinas: El "Machine learning", una rama de la inteligencia artificial en auge». *Alfa*, vol. 55, 2023, p. 7.

36 BONILLA, María; OLMEDA, Ignacio; PUERTAS, Rosa. «Modelos paramétricos y no paramétricos en problemas de credit scoring». *Spanish Journal of Finance and Accounting/Revista Española de Financiación y Contabilidad*, vol. 32, 2003, núm. 118, p. 840.

37 WANG, G., HAO, J., MA, J., & JIANG, H., «A comparative assessment of ensemble learning for credit scoring». *Expert Systems with Applications*, vol. 38, núm. 1, 2011.

A pesar de suponer un salto significativo respecto a los modelos tradicionales[38], el uso de herramientas de IA para *credit scoring* se considera como de alto riesgo en la DCCC (Cons. 56) y en el Reglamento de Inteligencia Artificial.

El Reglamento IA (RIA)[39] distingue tres categorías de sistemas de IA en función del riesgo que genera su aplicación, distinguiendo entre (1) «prácticas prohibidas», (2) «sistemas de IA de riesgo alto» y (3) sistemas no incluidos en las categorías anteriores. Los sistemas IA para la evaluación de la calificación crediticia o solvencia de las personas físicas deben considerarse como de alto riesgo (Anexo III, apartado 5.b), «ya que deciden si dichas personas pueden acceder a recursos financieros o servicios esenciales como la vivienda, la electricidad o los servicios de telecomunicaciones», y «pueden discriminar a determinadas personas o grupos y perpetuar patrones históricos de discriminación» (Cons. 58 RIA); lo que supone un grave riesgo para los derechos fundamentales de los solicitantes del crédito[40].

Por las mayores implicaciones que puede tener la utilización de estos sistemas, el RIA dedica el grueso de su articulado a los sistemas de IA de alto riesgo (Capítulo III). Los requisitos relativos a la calidad de los datos se encuentran en el art. 10 RIA, del que cabe destacar su apartado 3, según el cual «los datos de entrenamiento, validación y prueba serán pertinentes, suficientemente representativos y, en la mayor medida posible, carecerán de errores y estarán completos habida cuenta de su finalidad prevista. Asimismo, tendrán las propiedades estadísticas adecuadas, por ejemplo, cuando proceda, en lo que respecta a las personas o los grupos de personas en relación con los cuales está previsto que se utilice el sistema IA de alto riesgo». Estas pruebas podrán llevarse a cabo en espacios controlados (sandboxes), cuya configuración la UE encomienda a los Estados miembros (art. 57 RIA)[41].

Por otro lado, la explicabilidad del sistema pasa a ser un requisito indispensable de todo modelo de *credit scoring* que utilice IA. De esta forma,

---

38 Collado Rodríguez, N., «La evaluación...», 2023, p. 44.

39 Resolución legislativa del Parlamento Europeo, de 13 de marzo de 2024, sobre la propuesta de Reglamento del Parlamento Europeo y del Consejo por el que se establecen normas armonizadas en materia de inteligencia artificial (Ley de Inteligencia Artificial) y se modifican determinados actos legislativos de la Unión (COM (2021)0206 – C9-0146/2021 – 2021/0106 (COD)). Disponible en: https://www.europarl.europa.eu/doceo/document/TA-9-2024-0138_ES.pdf

40 Lu, S., «Data Privacy, Human Rights, and Algorithmic Opacity», *California Law Review*, vol. 110, 2022, p. 120; Collado Rodríguez, N., «La evaluación...», 2023, p. 60.

41 España se adelantó incluso a la aprobación definitiva del RIA en este punto, aprobando en noviembre de 2023 el RD 817/2023, de 8 de noviembre, que establece un entorno controlado de pruebas para el ensayo del cumplimiento de la propuesta de Reglamento del Parlamento Europeo y del Consejo por el que se establecen normas armonizadas en materia de inteligencia artificial. Disponible en: https://www.boe.es/diario_boe/txt.php?id=BOE-A-2023-22767

se trata de paliar el fenómeno *black box*[42] y las dificultades derivadas de la compleja comprensión de la lógica empleada por el modelo en la toma de decisiones (Cons. 73). Por ello, los modelos deben ser transparentes y explicables, debiendo concebirse para ser supervisados e interpretados por humanos (art. 14 RIA). El objetivo no es otro que reducir los riesgos que puedan ocasionar a los derechos fundamentales de los usuarios o afectados. Sin embargo, esta obligación podría llegar a ser un factor diferencial a la hora de seleccionar el modelo de *credit scoring* basado en IA. Pues la optimización del procedimiento ya no va a ser el principal criterio, sino que pueden primar modelos más explicables —como redes neuronales—, frente a otros modelos más opacos en la toma de decisión —como árboles de toma de decisión[43]—.

Otro factor a tener en cuenta será la consistencia del modelo, que deberá garantizar la ausencia de desviaciones en su lógica, garantizando un nivel adecuado de precisión y predictibilidad durante todo su ciclo de vida (art. 15 RIA). Se habrán de diseñar impermeables a errores e incoherencias que puedan surgir en el entorno en que operan como consecuencia de su interacción con personas físicas. Especialmente, en lo relativo al posible desarrollo de sesgos en sistemas de aprendizaje automático (art. 15.4 RIA).

En cualquier caso, el modelo de *credit scoring* que use IA habrá de evaluar su conformidad con el RIA de forma previa a su introducción en el mercado de acuerdo con lo dispuesto en el art. 43 RIA (art. 16.f RIA)[44]; salvo que se den circunstancias excepcionales previstas en el art. 46 RIA.

III. La privacidad de grupo como nueva perspectiva del derecho a la protección de datos

Podemos definir la privacidad de grupo o privacidad colectiva como el derecho a disfrutar de un medio ambiente digital saludable, es decir, con un nivel de contaminación tal que no permita un juicio social permanente y ex ante a individuos a través del análisis masivo de datos que a priori no están

42 Bathaee, Y., «The Artificial Intelligence Black Box and the Failure of Intent and Causation», *Harvard Journal of Law & Technology*, vol. 31, núm. 2, 2018, p. 905.

43 La explicabilidad podría llegar a ser un factor diferencial que primase el uso de modelos de credit scoring basados en una IA de resultados más racionales y explicables como los árboles de toma de decisión, frente a otros modelos como redes neuronales o la máquina de vectores, que pueden resultar más opacos en la toma de decisión. Mendes Amaro, M., *Credit scoring: comparison of non-parametric techniques against logistic regression*, Tesis doctoral Univiversidade Nova de Lisboa. 2020, p. 2. Disponible en: https://run.unl.pt/bitstream/10362/99692/1/TGI0324.pdf.

44 De acuerdo con el art. 43 RIA, el proveedor de un sistema IA de alto riesgo podrá optar por un procedimiento fundamentado en el control interno (Anexo VI) o por uno fundamentado en la evaluación del sistema de gestión de calidad y evaluación de la documentación técnica con participación de un organismo notificado (Anexo VII). Este último será obligatorio cuando se den las circunstancias previstas en la segunda mitad del art. 43.1 RIA.

relacionados con su persona, pero con los que se le puede relacionar a través de actividades de perfilado[45].

El derecho a la protección de datos personales se ha definido por el Tribunal Constitucional como el derecho fundamental que persigue garantizar el control de una persona sobre sus propios datos personales, de cualquier tipo[46], o dicho de otra forma: «consiste en un poder de disposición y de control sobre los datos personales que faculta a la persona para decidir cuáles de esos datos proporcionar a un tercero, sea el estado o un particular, o cuáles de este tercero recabar, y que también permite al individuo saber quién posee esos datos personales y para qué, pudiendo oponerse a esa posesión o uso»[47]. Se trata de un derecho con una marcada impronta individualista o defensiva, propio de los llamados derechos de primera generación[48]. Sin embargo, la normativa de protección de datos tiene una importante impronta colectiva que no debe pasarse por alto si queremos afrontar algunas de sus consecuencias.

Cuando se habla del derecho a la protección de datos con frecuencia suele olvidarse que éste también pretende favorecer o al menos garantizar la libre circulación de los datos (art. 1.3 RGPD)[49]. Ha sido precisamente la libre circulación de datos, y la capacidad para aprovecharlos en actividades económicas en un sentido muy amplio (economía de los datos)[50] a través de herra-

---

45 La expresión «privacidad de grupo» ha sido acuñada por Luciano Floridi, y ha tenido igualmente eco en la doctrina española. Floridi, L.; Van Der Sloot, B. (eds.), *Group privacy: new challenges of data technologies*, Dordrecht, Springer, 2017, pp. 103-123; Cotino Hueso, L., «Nuevo paradigma en las garantías de los derechos fundamentales y una nueva protección de datos frente al impacto social y colectivo de la inteligencia artificial», en Cotino Hueso, L. (dir.), *Derechos y garantías ante la inteligencia artificial y las decisiones automatizadas*, Navarra, Aranzadi, 2022, pp. 69-105.
No obstante, hasta la fecha la atención doctrinal se ha centrado más en el perfilado que en la dimensión colectiva de la privacidad como consecuencia del crecimiento y mejora de las actividades de perfilado.

46 Se distingue de este modo del derecho a la intimidad, que protege de invasiones en el ámbito personal y familiar que el individuo desee excluir del conocimiento ajeno. No importa el tipo de información a la que se refiera el dato siempre que se relacione con una persona identificada o identificable (art. 4.1 RGPD).

47 STC 292/2000, de 30 de noviembre, FFJJ 6 y 7.

48 Pérez Luño, A. E., «Las generaciones de derechos humanos», *Revista del Centro de Estudios Constitucionales*, núm. 10, 1991, p. 208. Utilizamos la clasificación de derechos en generaciones por su capacidad didáctica y sin entrar en el debate doctrinal acerca de si se trata de una clasificación más o menos ajustada o correcta.

49 Art. 1.3 RGPD: «La libre circulación de los datos personales en la Unión no podrá ser restringida ni prohibida por motivos relacionados con la protección de las personas físicas en lo que respecta al tratamiento de datos personales». *Cfr.* también Cons. 6 RGPD, amén del propio título de la norma, cuya segunda (también presente en el título de la Directiva 95/46/CE) parte suele obviarse.

50 Comisión Europea, *La construcción de una economía de los datos europea*, Bruselas, 2017, p. 2. El valor de la economía de los datos ha ido aumentando progresivamente. En 2019 se superó el umbral de los 400000 millones de euros para la UE de los 27 más Reino Unido, con

mientas de recolección y análisis uno de los factores que más ha contribuido al desarrollo e impulso de la Inteligencia Artificial. La interacción entre IA y economía de datos genera un círculo virtuoso: la infraestructura contractual generada en torno a los datos (por ejemplo, a través de muros de cookies en el llamado modelo «pay or ok»)[51] aumenta la cantidad de datos disponibles para su posterior análisis, generando nuevos datos (inferenciales[52], o sintéticos)[53], y de esta forma nuevo conocimiento.

Este nuevo conocimiento en ocasiones se estructura a través de perfiles: conjuntos de datos que aúnan un conjunto de rasgos característicos de un determinado grupo poblacional, obtenidos a través del tratamiento automatizado de datos en masa (big data analytics, IA) y que permiten analizar o predecir aspectos muy variados como el rendimiento profesional, la situación económica, la salud, preferencias personales, intereses, fiabilidad, comportamiento, ubicación o movimientos (art. 4.4 RGPD).

El nuevo conocimiento generado a través de estas herramientas facilita y contribuye al progreso económico, pero no está exento de riesgos. La sobreabundancia de datos directamente obtenidos de los sujetos o «refinados» a través de herramientas de IA ha generado una contaminación digital que amenaza con ser capaz de predecir cualquier tipo de comportamiento de un sujeto antes de que éste llegue siquiera a plantearse realizarlo. De estos riesgos han alertado académicas como Shoshana Zuboff[54] o

un crecimiento interanual del 7,6 %. En 2021 se superan los 450 millones de euros para la UE de los 27, con un crecimiento interanual del 3 %, estimándose que en 2022 se alcanzarían los 500 millones de euros, con crecimiento interanual del 8,9 %, habiendo sido particularmente relevante respecto del crecimiento del último año el mercado de analítica de datos. Comisión Europea, *The european data market monitoring tool: key facts and figures, first policy conclusions, data landscape and quantified stories*, Bruselas, 2020, p. 7; Comisión Europea, *European Data Market Study 2021-2023. Second Report on policy conclusions*, Bruselas, 2023, pp. 18-23.

51 https://www.edpb.europa.eu/news/news/2023/edpb-application-gdpr-successful-sufficient-resources-are-necessary-tackle_en

52 Entendemos por datos inferenciales aquellos que constituyen información nueva derivada del tratamiento de datos, como, por ejemplo, a través de actividades de perfilado. Grupo de Trabajo del Art. 29 (GT29), *Guidelines on automated individual decisión-making and profiling for the purposes of Regulation 2016/679*, Bruselas, 2017, p. 8. Debe recordarse que, de acuerdo con el art. 4.1 RGPD, en la medida en que estos datos se refieran a una persona identificada o identificable, estaremos hablando igualmente de datos personales. Grupo de Trabajo del Art. 29 (GT29), *Opinión 4/2007 on the concept of personal data*, Bruselas, 2007, p. 9.

53 Son datos sintéticos aquellos creados de manera artificial a partir del entrenamiento de datos originales con modelos IA para reproducir las características y estructura de los datos originales (https://www.edps.europa.eu/press-publications/publications/techsonar/synthetic-data_en#:~:text=Synthetic%20data%20is%20artificial%20data,undergoing%20the%20same%20statistical%20analysis).

54 Zuboff, S., *La era del capitalismo de la vigilancia. La lucha por un futuro humano frente a las nuevas formas del poder*, Barcelona, Paidós, 2020.

Carissa Veliz[55], acuñando la primera la expresión «capitalismo de la vigilancia» para hacer referencia a una nueva forma de capitalismo que «reclama para sí la experiencia humana, entendiéndola como una materia prima gratuita que puede traducir en datos de comportamiento [...] como un excedente conductual privativo (propiedad) de las propias empresas capitalistas de la vigilancia [que] se usa como insumo de procesos avanzados de producción conocidos como inteligencia de máquinas, con los que se fabrican productos predictivos que prevén lo que cualquiera de ustedes hará ahora, en breve y más adelante»[56].

A la luz de estos riesgos es necesario añadir a la tradicional perspectiva individualista del derecho a la protección de datos una dimensión colectiva: el derecho a vivir en un entorno digital no contaminado, a disfrutar de un medio ambiente digital saludable; entendiendo por medio ambiente digital saludable aquel cuyo nivel de contaminación de datos no favorezca un juicio social permanente a individuos simplemente porque se les puede asociar con perfiles abstractos previamente generados con los que comparten ciertas características y de esta manera inferir otras con un nivel de precisión suficientemente fiable como para que compañías aseguradoras o bancos consideren la posibilidad de utilizarlos en sus evaluaciones previas a la contratación de los productos que ofrecen[57].

El art. 22.1 RGPD recoge el derecho de todo ciudadano (en tanto que titular de datos personales) a no ser objeto de una decisión basada únicamente en el tratamiento automatizado, incluida el perfilado, que produzca efectos jurídicos o le afecte significativamente de modo similar, salvo que se dé alguna de las circunstancias previstas en el art. 22.2 RGPD: (1) el tratamiento de datos es necesario para la celebración de un contrato[58]; (2) está autorizado por el Derecho de la UE o de los Estados miembros; o (3) se basa en el consentimiento explícito del interesado. De las tres circunstancias señaladas, parece que la más apropiada en el caso de los contratos de crédito al consumo será la segunda, ya que la evaluación de solvencia viene marcada por la DCCC (arts. 18 y 19). Puede alegarse igualmente consentimiento del interesado, pero no parece que resulte oportuno alegar que el perfilado es necesario para la celebración de un contrato[59].

---

55 Veliz, C., *Privacy is power*, Madrid, Penguin Random House, 2020.

56 Zuboff, S., *La era del capitalismo de la vigilancia...*, 2020, p. 21.

57 Castillo Parrilla, J. A., «Privacidad de grupo: un reto para el derecho a la protección de datos a la luz de la evolución de la inteligencia artificial», *Derecho Privado y Constitución*, núm. 43, 2023, pp. 63-65.

58 Ya hemos mencionado anteriormente la dificultad de alegar que la evaluación de solvencia sea «necesaria» para el cumplimiento de un contrato y por lo tanto pueda superarse el juicio de necesidad exigido para aplicar el art. 6.1.b RGPD, que aquí resulta también aplicable.

59 *Cfr*. Cons. 98 STJUE de 4 de julio de 2023.

Por lo que interesa a efectos de este trabajo debe subrayarse que el art. 22 RGPD resulta aplicable a todo el ciclo de vida del perfilado, esto es: (1) a la recolección de datos para alimentar perfiles, (2) al uso de datos para el desarrollo del modelo, y (3) a la fase de validación y aplicación del modelo a individuos concretos; ya que en las tres fases se producen actividades de tratamiento de datos (art. 4.2 RGPD)[60]. Importa destacar también en este sentido que son datos personales de acuerdo con el art. 4.1 RGPD tanto aquellos datos ciertos obtenidos directamente del individuo al que se refieren, como datos inferenciales, siempre que estén asociados a una persona identificada o identificable. Es decir, también constituye un tratamiento de datos relacionar a una persona concreta (persona identificada), o a un grupo de personas definido de acuerdo con ciertas características (identificable) con un perfil abstracto[61].

Todo lo anterior permite afirmar que el art. 22 RGPD consagra el derecho del interesado a que sus datos no alimenten la elaboración de perfiles durante la fase de construcción del modelo; y también el derecho a que no se le apliquen perfiles ya generados durante la fase de implementación y validación del modelo. Nos interesa esta última aplicación del art. 22 RGPD.

Los perfiles abstractos por sí mismos no contienen datos personales mientras no están asociados a una persona identificada o identificable. Por tanto, su producción podría huir (al menos en la teoría) del RGPD siempre que para ella no se nutriesen de datos personales. En estos momentos se trata de una hipótesis poco probable, pero en la medida en que cada vez se producen más datos inferenciales, sintéticos y, en general, refinados, no asociados a personas concretas, no debe descartarse en un futuro. Cuando los perfiles se aplican a una persona concreta ya sí hablamos de tratamiento de datos personales, y de una decisión plenamente automatizada que afecta significativamente al individuo en los términos del art. 22 RGPD: relacionar a una persona con un determinado perfil comportamental puede producir efectos jurídicos o especialmente significativos, por ejemplo, a la hora de solicitar un contrato de seguro o un contrato de préstamo como veremos seguidamente.

---

60 En este sentido, Sancho Villa, D., «Las decisiones individuales automatizadas, incluida la elaboración de perfiles. Comentario al art. 22 RGPD», en Troncoso Reigada, A. (Dir.), *Comentario al Reglamento General de Protección de Datos y a la Ley Orgánica de Protección de Datos Personales y Garantía de los Derechos Digitales*, Navarra, Aranzadi, 2021, pp. 1730-1732.

61 *Cfr*. Gil González, E., *Big data, privacidad y protección de datos,* Madrid, Agencia Española de Protección de Datos, 2022, pp. 43-46.

IV. Privacidad de grupo, evaluación de solvencia y datos proxy. Especial referencia al derecho al olvido oncológico

Hemos podido ver ya la importancia de la evaluación de solvencia en la contratación de créditos, tanto en la DCCI (arts. 1 y 18) como en la DCCC (arts. 18 y 19). Esta evaluación de solvencia puede tener lugar a través de procedimientos automatizados o *credit scoring*.

Gracias a la evolución de las técnicas de analítica de datos con carácter general, las actividades de *credit scoring* han experimentado un cambio de perspectiva muy importante en relación con la dimensión colectiva de la privacidad: cualquier tipo de dato personal puede ser un dato relacionado con la capacidad crediticia del solicitante *(all data is credit data)*[62]. Esto se debe a que la gran cantidad de datos disponibles y la capacidad de procesado y analítica a gran escala a través de herramientas de IA permite detectar patrones de comportamiento desconocidos; sea en relación con los contratos de crédito o cualesquiera otros factores[63]. Cuestión distinta es si como sociedad queremos convivir con herramientas IA capaces de detectar y anticipar todo tipo de patrones de comportamiento en cualquier sujeto; o, mejor dicho, cómo queremos lidiar con esta realidad que ya existe.

Las herramientas de credit scoring tienen capacidad para procesar ingentes cantidades de datos, cuyo origen es difícilmente controlable[64], en general y especialmente por los individuos: ¿se imaginan preguntando a una entidad bancaria como consumidores cuál ha sido la lógica de desarrollo de la herramienta algorítmica que se ha utilizado para evaluar su solvencia y fiscalizando si los datos utilizados para alimentar la herramienta han cumplido con las previsiones del RGPD? En caso de que la entidad bancaria pudiera y quisiera proporcionarles esta información, ¿cuánto tiempo tardarían en comprobar que no hay incumplimientos de la normativa de protección de datos en la primera fase de elaboración del modelo, suponiendo que tienen los conocimientos jurídicos y técnicos para ello? En el improbable caso de que hubiesen llegado a este punto y hubiesen descubierto que un porcentaje de los datos personales que alimentan el modelo no cumplen o cumplen defec-

62 HURLEY, M.; ADEBAYO, J., «Cretit scoring...», 2016, p. 151.

63 HURLEY, M.; ADEBAYO, J., «Cretit scoring...», 2016, p. 163: «In an ideal world, the more sophisticated the algorithms used and the more data involvevd, the more predictive and accurate a credit scoring model should be».

64 Es decir, resulta difícil comprobar que los datos que alimentan estas herramientas han sido obtenidos cumpliendo con las previsiones del RGPD. Por otra parte, quizás esta cuestión resulte irrelevante en un futuro a corto plazo habida cuenta del incremento en la producción de datos sintéticos que proporcionan información fiable a efectos de la construcción de perfiles abstractos.

tuosamente con el RGPD (ej, utilizando una base de legitimación cuestionable para el tratamiento, o tratando datos de categorías especiales sin una cobertura clara del art. 9.2 RGPD), ¿le dirían a la entidad que está valorando prestarles dinero que ha incumplido el RGPD? Sirva este ejercicio de pura fantasía jurídica para demostrar la posición de debilidad en que se encuentra un consumidor solicitante de crédito para comprobar que los datos que alimentan un modelo de *credit scoring* cumplen con el RGPD en la primera fase de implementación del modelo. Sencillamente, no tiene sentido valorar esta posibilidad. Por ello es tan importante armar herramientas de defensa no tanto en esta fase, sino en la fase de aplicación del modelo ya creado a individuos concretos solicitantes de crédito.

Desde la perspectiva de la entidad bancaria, es importante controlar la calidad de los datos para elaborar buenos perfiles abstractos de *credit scoring*; es decir, perfiles que sean capaces de realizar predicciones lo más ajustadas posibles a la realidad, pues ello permitirá reducir al mínimo los riesgos a los que se expone la entidad a la hora de prestar dinero. No obstante, en este afán legítimo de reducir el riesgo derivado del préstamo de dinero pueden realizarse evaluaciones de solvencia «por asociación» que resulten discriminatorias. En 2008, Kevin Johnson recibió una carta de American Express informándole de que su límite de crédito se había reducido de los 10800 dólares a 3800. Kevin Johnson era un consumidor ejemplar: una buena posición laboral, propietario de una casa, pagador puntual, rarísima vez en números rojos, e hijo de un trabajador de banca que le inculcó la importancia de la responsabilidad en el crédito. La compañía American Express, sin embargo, consideró que se trataba de un perfil de riesgo debido a que los establecimientos donde Kevin solía comprar con frecuencia reportaban datos de incumplimientos frecuentes por parte de otros consumidores. La herramienta de *credit scoring* clasificaba a los consumidores sobre la base de sus códigos postales, y no tanto sobre la base de sus capacidades individuales de solvencia[65]. Se trata de un buen ejemplo de cómo cualquier tipo de dato puede convertirse en un dato relevante a efectos de evaluar la solvencia del solicitante de crédito: en este caso se trataba de datos de localización de la tarjeta vía códigos postales, que la herramienta IA utiliza para inferir un comportamiento (por asociación) de un individuo, cristalizando el clásico «dime con quién andas y te diré quién eres»[66]. Este tipo de inferencias «de distrito postal» ya fueron criticadas duramente por el Relator Especial de las Naciones Unidas para la extrema pobreza en relación con el caso SyRI[67].

65 Hurley, M.; Adebayo, J., «Cretit scoring...», 2016, pp. 150-151.

66 Hurley, M.; Adebayo, J., «Cretit scoring...», 2016, p. 152: «big data assessment tools may only shield and exacerbate preexisting forms of bias».

67 Informe anual A/74/493, 11 de octubre de 2019, del relator especial sobre la extrema pobreza y los derechos humanos, sobre el estado de bienestar digital y los derechos humanos.

El caso nos muestra también la indefensión que puede generar en los ciudadanos (en esta ocasión, vistos como consumidores) un sistema de vigilancia y juicio social permanente en el entorno digital (un medio ambiente digital altamente contaminado): resulta prácticamente imposible saber a priori cuáles son comportamientos adecuados y cuáles no a efectos de obtener una evaluación positiva en la solvencia del crédito[68]; por no hablar de que incluso la falta de información crediticia o datos en general acerca de un sujeto constituye en sí misma información relevante: no tener redes sociales, no tener un smartwatch, no aceptar cookies de rastreo[69], o no tener tarjeta de crédito y únicamente de débito son datos que, por afinidad (por asociación con individuos similares) pueden servir igualmente a la elaboración de inferencias o predicciones comportamentales tanto como cualquier otro tipo de información.

En definitiva, estas posibilidades de asociación de características no sólo convierten a cualquier tipo de dato en un dato relevante a efectos de la evaluación de solvencia, sino que también permiten que ciertos datos sean utilizados como información «proxy»[70]: si una empresa quisiera excluir de sus procesos de contratación (sea laboral o crediticia) a personas de un determinado grupo social no tiene que hacer referencia directa a este grupo social; basta con puntuar negativamente características asociadas mayoritariamente a dicho grupo social como por ejemplo el código postal o el tipo de tiendas donde suele comprar[71].

Hagamos un ejercicio imaginativo a modo de prueba de validación de la capacidad de la DCCC para excluir de la evaluación de solvencia datos relativos a cáncer. Como hemos visto al inicio de este trabajo, la Resolución del Parlamento Europeo de 16 de febrero de 2022 por la que se pide «la integración en la legislación de la Unión perteneciente al derecho al olvido para los supervivientes de cáncer, a fin de evitar la discriminación y mejorar el acceso de estas personas a los servicios financieros» ha sido trasladada a diversos países de la Unión Europea, entre los que se encuentran España o Portugal; e igualmente esta voluntad se ha visto reflejada en el texto de la DCCC.

Así, la DA Única TRLGDCU en su apartado 2 ha sido modificada para incluir dos importantes prescripciones relativas al derecho al olvido oncológico[72]: (1) «Serán nulas aquellas cláusulas, estipulaciones, condiciones o pactos que excluyan a una de las partes por haber padecido cáncer antes de la fecha de suscripción del contrato o negocio jurídico, una vez que hayan transcurrido

68 Hurley, M.; Adebayo, J., «Cretit scoring...», 2016, p. 152.

69 Holmes, D. E., *Big Data. Una breve introducción*, Barcelona, Antoni Bosch, 2018, p. 27.

70 Hurley, M.; Adebayo, J., «Cretit scoring...», 2016, p. 182.

71 Hurley, M.; Adebayo, J., «Cretit scoring...», 2016, pp. 182-183.

72 Disposición Adicional modificada por el RD-Ley 5/2023, de 28 de junio.

cinco años desde la finalización del tratamiento radical sin recaída posterior»; y (2) «...de forma previa a la suscripción de un contrato de consumo, independientemente del sector, no se podrá solicitar a la persona consumidora información oncológica una vez que hayan transcurrido cinco años desde la finalización del tratamiento radical sin recaída posterior», siendo nula la renuncia del consumidor a lo dispuesto en esta Disposición Adicional.

La Lei 75/2021, de 18 de noviembre (de Portugal), por la que se refuerza el acceso al crédito y a contratos de seguro por parte de personas que hayan superado o mitigado situaciones de riesgo agravado de salud o deficiencia. Esta norma modifica otras, pero (con buen criterio) establece varias disposiciones generales relativas al derecho al olvido oncológico, cuyo núcleo se encuentra en el artículo 3, titulado precisamente «derecho al olvido». De acuerdo con esta norma, las personas que hayan superado o mitigado situaciones de riesgo agravado de salud o enfermedad (no sólo oncológica), tienen, en su condición de consumidoras, derecho al olvido en la contratación de crédito al consumo y seguros (art. 3.1). A tal efecto, ninguna información de salud relativa a la situación médica que originó el riesgo agravado de salud[73] puede ser objeto de tratamiento por parte de instituciones crediticias en la fase precontractual (lo que incluye, la fase de evaluación de solvencia); siempre que hayan transcurrido, de forma ininterrumpida: (1) diez años desde que terminó la terapia si se trata de un riesgo grave; (2) cinco años desde que terminó la terapia si se trata de una situación superada antes de los 21 años; o (3) dos años si se trata de una terapia continuada y eficaz.

Por lo que se refiere a la DCCC, como ya hemos visto trata de la evaluación de solvencia en sus artículos 18 y 19. De acuerdo con estos preceptos la evaluación de solvencia debe llevarse a cabo «sobre la base de información pertinente y exacta sobre los ingresos y gastos del consumidor y otras circunstancias financieras y económicas que sean necesarias y proporcionadas en relación con la naturaleza, la duración, el valor y los riesgos del crédito», pero sin que pueda incluirse información relativa a categorías especiales de datos del art. 9.1 RGPD (entre los que se encuentran los datos relativos a la salud). La evaluación de solvencia puede realizarse utilizando herramientas de procesamiento automatizado de datos personales (art. 18.8 DCCC), para lo cual puede ser necesario consultar bases de datos (art. 19 DCCC). Cuando esto suceda, los prestamistas intermediarios de crédito «no procesarán categorías especiales de datos» del art. 9.1 RGPD. Lo dispuesto en los artículos 18 y 19 DCCC en materia de uso de datos para la evaluación de solvencia a través de herramientas de *credit scoring* debe completarse con los Considerandos 52 y 55 de la misma. Se afirma en el Considerando 52 DCCC que «debido a su historial clínico, muchos supervivientes de cáncer en remisión a largo

73 La norma se refiere también a situaciones de discapacidad. Obviamos las referencias dichas situaciones para centrarnos en la situación del derecho al olvido oncológico.

plazo suelen recibir un trato injusto en relación con el acceso a los servicios financieros». Por ello, (Cons. 55) la evaluación de solvencia debe basarse en información necesaria y proporcionada sobre la situación financiera y económica del consumidor[74], si bien dicha información no debe contener datos de categorías especiales del art. 9.1 RGPD, «como los datos sanitarios, incluidos los datos sobre cáncer».

En definitiva, tanto la DCCC como el TRLGDCU (en España) y la Lei 75/2021 (en Portugal) cumplen con el ruego del Parlamento Europeo prohibiendo que los datos de cáncer se utilicen en la fase precontractual tanto de contratos de seguro como de contratos de crédito. En este último supuesto, prohibiendo que la evaluación de solvencia previa a la contratación del crédito utilice datos de categorías especiales del art. 9.1 RGPD a pesar de que los datos que se vayan a utilizar puedan ir más allá de los meramente referidos al historial crediticio del consumidor (art. 18.11 DCCC). En otras palabras, todos los datos son datos relevantes a efectos de la evaluación de solvencia; pero no por ello todos van a poder utilizarse para la evaluación de solvencia.

Ahora, retomando ejemplos como el del señor Johnson, pensemos en ciertas pautas habituales de personas que están sufriendo cáncer. Si están sometidas a tratamiento, es probable que la geolocalización de su teléfono indique un patrón de desplazamiento ida-vuelta al hospital o al centro de salud para recibir tratamiento. Quizás, infelizmente se hayan dado de baja del trabajo, pero esto puede ser un dato relativo a la salud. No lo es, de nuevo, la geolocalización: el patrón de desplazamiento de su teléfono puede haber variado del trayecto casa-trabajo y vuelta cinco días a la semana por la mañana, al trayecto casa-hospital y vuelta tres veces a la semana. Es posible que el comportamiento de su tarjeta de crédito haya variado, por ejemplo, dejando de consumir en bares y restaurantes los fines de semana por la noche, aumentando el nivel de compra en supermercados o tiendas de deporte... Ninguno de estos datos son, estrictamente hablando, datos relativos a la salud. No obstante, en ciertos contextos estos datos permiten conocer con mayor exactitud el estado de salud de una persona y por lo tanto son relativos a la salud[75]. Una herramienta de analítica de datos en masa podría determinar que es altamente probable que una persona que cumpla con los tres cambios en sus patrones de desplazamiento durante un tiempo prolongado haya sufrido una enfermedad oncológica. Esta asociación puede ser

---

74 Cabe recordar, no obstante, que de acuerdo con el art. 18.11 «la evaluación de solvencia no se basará *exclusivamente* en el historial crediticio del consumidor» (énfasis añadido).

75 Romeo Casabona, C. M., «Datos relativos a la salud. Comentario al art. 4.15 RGPD», en Troncoso Reigada, A. (Dir.), *Comentario al Reglamento General de Protección de Datos y a la Ley Orgánica de Protección de Datos Personales y Garantía de los Derechos Digitales*, Navarra, Aranzadi, 2021, pp. 717-719. La vis expansiva de las categorías especiales de datos y en particular de los datos relativos a la salud también puede observarse en la STJUE de 4 de julio de 2023 (Cons. 68-73).

tan fiable como la que en su momento hizo American Express con el señor Johnson por la cual consideró que debía disminuir la cantidad disponible de crédito debido a que compraba en los mismos establecimientos que consumidores poco fiables.

Sin embargo, no se trata únicamente de un problema de calidad de los datos (tanto directos como inferenciales) de comportamiento: a medida que aumente tanto la cantidad de datos disponible como la capacidad de procesado y analítica de datos es probable que la precisión de las inferencias y las predicciones sea más alta. Pero esto no las convierte en menos discriminatorias: puede que algunas predicciones sean perfectamente válidas, pero que no sean socialmente aceptables[76]. Un sesgo, desde el punto de vista estadístico, es un error sistemático en el que se puede incurrir a la hora de hacer muestreos o ensayos con los que se seleccionan o favorecen unas respuestas frente a otras, es decir, con los que se discrimina[77]. Sin embargo, desde un punto de vista social, puede que sea necesario introducir sesgos estadísticos para evitar o mitigar sesgos sociales; es decir, para que la estadística (o la analítica de datos) contribuya o cristalice una discriminación que la sociedad rechaza[78], en ocasiones, como en el caso del derecho al olvido oncológico, reflejando dicho rechazo en una norma.

Por tanto, interpretado el art. 22 RGPD a la luz de los razonamientos anteriores y teniendo en cuenta la regulación del derecho al olvido oncológico en la DCCC y en diversas normas nacionales de los Estados miembros, podemos afirmar que todo interesado tiene derecho a no ser casado con perfiles comportamentales abstractos si dicha actividad de perfilado tiene como consecuencia directa o indirecta la exclusión de pacientes que hayan superado una enfermedad oncológica. Téngase en cuenta no sólo la lectura que acabamos de señalar del art. 22 RGPD, sino que la evaluación de solvencia en la solicitud de contratos de crédito al consumo debe realizarse en interés del consumidor (art. 18.1 DCCC).

La ventaja de entender que el art. 22 RGPD resulta aplicable en el sentido expuesto es que puede protegerse a un colectivo concreto y no tanto a un individuo singularmente considerado. En la medida en que se trata de un grupo claramente identificable (consumidores que han sufrido cáncer) es posible incluso que detectados los efectos excluyentes de una herramienta

76 Veale, M.; Binns, R. «Fairer Machine Learning in the Real World: Mitigating Discrimination without Collecting Sensitive Data», *Big Data & Society*, vol. 4, núm. 2, 2017, p. 2.

77 De acuerdo con la primera acepción del verbo discriminar en el Diccionario de la RAE, discriminar significa «seleccionar excluyendo»: https://dle.rae.es/discriminar. En relación con la noción de sesgo, cabe recordar lo dispuesto en el art. 10.3 RIA, visto más arriba.

78 Lazcoz Moratinos, G., *Gobernanza y supervisión humana de la toma de decisiones automatizadas basada en la elaboración de perfiles*, Tesis Doctoral, Universidad del País Vasco (UPV/EHU), 2023, pp. 94-98.

de *credit scoring* pueda una asociación de consumidores interponer demanda colectiva en virtud del art. 11 LEC; o incluso que la Fiscalía, en defensa del interés público, actuase[79].

V. Conclusiones

El 18 de octubre de 2023 se aprobó la Directiva 2225/2023, relativa a los contratos de crédito al consumo (DCCC), cuyo plazo de transposición para los Estados miembros de la UE finaliza en noviembre de 2025. Por lo tanto, resultan especialmente oportunas en términos de oportunidad de política legislativa las reflexiones que puedan realizarse en torno a las características y particularidades de esta norma. Uno de los avances que presenta la DCCC se refiere a la evaluación de solvencia en la solicitud de crédito al consumo, regulada con un nivel de detalle mucho mayor que en la DCCC de 2008; lo cual resulta comprensible si tenemos en cuenta que la crisis de deuda de 2008 vino motivada fundamentalmente por un sobreendeudamiento de la población, y que la evaluación de solvencia forma parte de la promoción de prácticas responsables en el mercado crediticio que pretende fomentar la DCCC (*cfr.* Cons. 53).

Según el art. 18.1 DCCC, la evaluación de solvencia es un requisito previo ineludible para la concesión del crédito, y debe hacerse (1) en interés del consumidor, (2) para prevenir prácticas de préstamo irresponsable y endeudamiento excesivo, y (3) teniendo debidamente en cuenta los factores pertinentes para verificar las perspectivas de cumplimiento por parte del consumidor de sus obligaciones crediticias. Para ello habrá de tenerse en cuenta información pertinente y exacta acerca de ingresos y gastos del consumidor (historial crediticio), así como otras circunstancias financieras y económicas que sean necesarias y proporcionadas atendiendo a la naturaleza, duración, valor y riesgos del crédito. Para esta evaluación no podrán tenerse en cuenta, sin embargo, categorías especiales de datos (en especial los relativos a enfermedades oncológicas del solicitante), ni datos obtenidos de redes sociales. La exclusión de los datos relativos a enfermedades oncológicas incorpora a la DCCC la Resolución del Parlamento Europeo de 16 de febrero de 2022, donde se pide la integración en la legislación de la UE del «derecho al olvido oncológico para los supervivientes de cáncer a fin de evitar la discriminación y mejorar el acceso de estas personas a los servicios financieros». Este ruego ha sido incorporado igualmente en varios países miembros, entre ellos Francia, Países Bajos, Bélgica, Luxemburgo, España o Portugal.

Desde el punto de vista del derecho a la protección de datos, la evaluación de solvencia es una actividad de tratamiento de datos cuya base de legitimación puede encontrarse en el cumplimiento de una obligación legal

79 Art. 1 Ley 50/1981, de 30 de diciembre, por la que se regula el Estatuto Orgánico del Ministerio Fiscal.

a la vista de lo dispuesto en los arts. 18 y 19 DCCC, y otros ya en vigor como el art. 11 de la LCCI. La extensión de la obligación legal como base de legitimación delimita la aplicación de los principios relativos al tratamiento de los datos personales (art. 5 RGPD), y en particular de los principios de limitación de finalidad del tratamiento y minimización de datos (art. 5.1.b y 5.1.c RGPD). En este sentido, conviene recordar que en la medida en que la evaluación de solvencia debe hacerse «en interés del consumidor» (art. 18.1 DCCC), la obligación legal de evaluación de solvencia podría quedar expresada del siguiente modo: existe obligación de evaluación previa de solvencia para evitar que el sobreendeudamiento de los consumidores y las prácticas de préstamo irresponsables por parte de entidades de préstamo perjudiquen la calidad de vida de los consumidores y, con ello, la buena marcha del mercado de crédito.

Desde la perspectiva del Reglamento de Inteligencia Artificial (RIA), los sistemas de evaluación de solvencia deben considerarse como de alto riesgo (Anexo III, apartado 5.b RIA), ya que inciden en aspectos esenciales de la vida de las personas como son el acceso a la vivienda, y pueden discriminar a ciertos grupos perpetuando patrones históricos de discriminación (Cons. 56 RIA).

La evaluación de solvencia puede realizarse a través del procesado automatizado de datos personales o *credit scoring*, donde el solicitante recibe una puntuación que valora su capacidad de solvencia y la probabilidad con que devolverá el crédito a través del empleo de modelos estadísticos basados en el procesado automatizado de grandes cantidades de datos. El funcionamiento de estos métodos debe seguir lo dispuesto tanto en el artículo 18 DCCC como en el art. 22 RGPD. En definitiva, debe garantizarse que no se trate de una evaluación plenamente automatizada a fin de que el solicitante pueda obtener una explicación clara y comprensible de las razones de la puntuación, expresar su punto de vista y, en su caso, solicitar una revisión de la evaluación.

El art. 22 RGPD consagra el derecho a no ser objeto de decisiones plenamente automatizadas, incluidas actividades de perfilado, aunque una cuestionable traducción al castellano de la norma habla de «elaboración de perfiles» en lugar de actividades de perfilado. Este aspecto es importante de cara a su interpretación desde la óptica de la privacidad de grupo (Floridi), o el derecho a disfrutar de un medio ambiente digital no contaminado, es decir, que no exponga a los individuos a un juicio social permanente y ex ante a través del análisis masivo de datos que a priori no están relacionados con su persona.

La sobreabundancia de datos (bien directamente obtenidos de los sujetos, o «refinados» a través de herramientas IA) ha generado una contaminación digital que permite predecir casi cualquier tipo de comportamiento de un sujeto antes siquiera de que éste se plantee realizarlo. Este fenómeno se ha denominado «capitalismo de la vigilancia» (Zuboff).

El capitalismo de la vigilancia o la «contaminación del entorno digital» lleva a plantearse la necesidad de observar el artículo 22 RGPD desde una perspectiva colectiva o de privacidad de grupo. Si esta norma reconoce el derecho de todo ciudadano a no ser objeto de una decisión automatizada, incluida el perfilado, esto no sólo significa que la persona tiene derecho a que sus datos personales no alimenten la elaboración de perfiles comportamentales abstractos, sino que del mismo modo tiene derecho a que no se le apliquen perfiles comportamentales abstractos ya generados; y ello debido a que en ambas situaciones estamos hablando de tratamiento de datos: el primero tiene lugar en las fases iniciales del desarrollo de un modelo IA (un perfil comportamental); y el segundo, en las fases finales, de validación y aplicación del modelo.

Esta ampliación de la perspectiva de aplicación del art. 22 RGPD es importante a la hora de evitar discriminaciones poco deseables que pudieran tener lugar a través del empleo de datos proxy. La gran cantidad de datos disponibles y de capacidad de procesado de estos datos ha llevado a que cualquier dato pueda ser un dato relevante a efectos de evaluación de la solvencia (all data is credit data). De esta manera, podría ser posible excluir a personas que hayan padecido cáncer sin utilizar datos relativos al cáncer. ¿Cómo? Otorgando una puntuación negativa a datos proxy (ej, patrones de desplazamiento del teléfono móvil; o patrones de uso de la tarjeta de crédito) que puedan estar relacionados con suficiente probabilidad con padecer cáncer.

Leído el art. 22 RGPD a la luz de los razonamientos que aquí compartimos puede afirmarse que todo ciudadano en tanto que titular de datos tiene derecho a no ser casado con perfiles comportamentales abstractos si dicha actividad de perfilado tiene como consecuencia directa o indirecta la exclusión de pacientes que hayan superado una enfermedad oncológica, habida cuenta de que tal evaluación no se estaría realizando en interés del consumidor (art. 18.1 DCCC). Esta interpretación del art. 22 permite apreciar su dimensión colectiva: no se está protegiendo ya a un individuo sino a un grupo social concreto, lo que implica también la posibilidad de que asociaciones de consumidores actuasen colectivamente (art. 11 LEC), e incluso que lo hiciera el Ministerio Fiscal en defensa del interés público (art. 1 LOMF).

VI. Bibliografía

Anderson, R. *The Credit scoring Toolkit: Theory and Practice for Retail Credit Risk Management and Decision Automation*. Oxford University Press, 2007.

Autoridad Bancaria Europea (ABE), *Directrices sobre concesión y seguimiento de préstamos*, de 29 de mayo de 2020.

Bathaee, Y., «The Artificial Intelligence Black Box and the Failure of Intent and Causation», *Harvard Journal of Law & Technology*, vol. 31, núm. 2, 2018, p. 890-938.

Bonilla, M.; Olmeda, I.; Puertas, R., «Modelos paramétricos y no paramétricos en problemas de *credit scoring*». *Spanish Journal of Finance and Accounting/Revista Española de Financiación y Contabilidad*, vol. 32, 2003, núm. 118, pp. 833-869.

Castillo Parrilla, J. A., «Privacidad de grupo: un reto para el derecho a la protección de datos a la luz de la evolución de la inteligencia artificial», *Derecho Privado y Constitución*, núm. 43, 2023, pp. 53-88.

Collado Rodríguez, N., *La obligación del prestamista de evaluar la solvencia del consumidor*, Tesis doctoral, Universidade da Coruña, Galicia, 2018.

Collado Rodríguez, N., «La evaluación de la solvencia mediante el uso de sistemas de IA. Creditworthiness assessment by AI», *Revista CESCO de Derecho de Consumo*, 2023, núm. 46, pp. 41-67.

Comisión Europea, *La construcción de una economía de los datos europea*, Bruselas, 2017.

Comisión Europea, *The european data market monitoring tool: key facts and figures, first policy conclusions, data landscape and quantified stories*, Bruselas, 2020.

Comisión Europea, *European Data Market Study 2021-2023. Second Report on policy conclusions*, Bruselas, 2023.

Cotino Hueso, L., «Nuevo paradigma en las garantías de los derechos fundamentales y una nueva protección de datos frente al impacto social y colectivo de la inteligencia artificial», en **Cotino Hueso, L.** (dir.), *Derechos y garantías ante la inteligencia artificial y las decisiones automatizadas*, Navarra, Aranzadi, 2022, pp. 69-105.

Cuena Casas, M., «Préstamo responsable y datos de solvencia patrimonial en la Ley Reguladora de los Contratos de Crédito Inmobiliario», *Actualidad civil*, núm. 9, 2019.

Dassatti, C., «Modelos de Score Crediticio: revisión metodológica y análisis a partir de datos de encuesta *(Credit Score Models: Methodological Review and Analysis Based on Survey Data)*», Banco central de Uruguay. 2019.

Flórez López, R., *Análisis de los determinantes del riesgo de crédito. Aplicación de técnicas emergentes en el mercado de los acuerdos de Basilea II y Solvencia II*, Madrid, Instituto de Contabilidad y Auditoría de Cuentas, 2012.

Floridi, L., «Group privacy: a defence and an interpretation», en **Taylor, L.; Floridi, L.; Van Der Sloot, B.** (eds.), *Group privacy: new challenges of data technologies*, Dordrecht, Springer, 2017, pp. 103-123.

García Pérez, R., «Evaluación de la capacidad patrimonial del deudor en la Directiva 2014/17/UE. Una visión desde la protección de datos de carácter personal del consumidor», en **Albiez Dohrmann, K. J.; Moreno-Torres Herrera, M. L.** (Dirs.), *Los contratos de crédito inmobiliario*, Navarra, Aranzadi, 2018, pp. 315-379.

Gil González, E., *Big data, privacidad y protección de datos,* Madrid, Agencia Española de Protección de Datos, 2022.

Grupo de Trabajo del art. 29 (GT29), *Opinión 4/2007 on the concept of personal data*, Bruselas, 2007.

Grupo de Trabajo del art. 29 (GT29), *Guidelines on automated individual decisión-making and profiling for the purposes of Regulation 2016/679*, Bruselas, 2017.

Holmes, D. E., *Big Data. Una breve introducción*, Barcelona, Antoni Bosch, 2018.

Hurley, M.; Adebayo, J., «Cretit scoring in the era of big data», *The Yale Journal of Law and Technology*, vol. 18, 2016, pp. 148-216.

Lazcoz Moratinos, G., *Gobernanza y supervisión humana de la toma de decisiones automatizadas basada en la elaboración de perfiles*, Tesis Doctoral, Universidad del País Vasco (UPV/EHU), 2023.

Lu, S., «Data Privacy, Human Rights, and Algorithmic Opacity», *California Law Review*, vol. 110, 2022, pp. 2087-2147.

Más Badía, D., *Sistemas privados de información crediticia: nueva regulación entre la protección de datos y el crédito responsable*, Valencia, Tirant lo Blanch, 2021.

Mendes Amaro, M., *Credit scoring: comparison of non-parametric techniques against logistic regression*, Tesis de Máster, Univiversidade Nova de Lisboa. 2020.

Pérez Luño, A. E., «Las generaciones de derechos humanos», *Revista del Centro de Estudios Constitucionales*, núm. 10, 1991, pp. 203-217.

Rodríguez-Guevara, D; Becerra-Arévalo, J; Cardona-Valencia, D., «Modelos Y Metodologías De Credit Score Para Personas Naturales: Una Revisión Literaria (Models and Methodologies for *Credit scoring* in Personal Banking: A Literature Review)», *Revista CEA*, vol. 3, 2017, núm. 5.

Romeo Casabona, C. M., «Datos personales. Comentario al art. 4.1 RGPD», en **Troncoso Reigada, A.** (Dir.), *Comentario al Reglamento General de Protección de Datos y a la Ley Orgánica de Protección de Datos Personales y Garantía de los Derechos Digitales*, Navarra, Aranzadi, 2021, pp. 573-589.

Romeo Casabona, C. M., «Elaboración de perfiles. Comentario al artículo 4.4 RGPD», en **Troncoso Reigada, A.** (Dir.), *Comentario al Reglamento General de Protección de Datos y a la Ley Orgánica de Protección de Datos Personales y Garantía de los Derechos Digitales*, Navarra, Aranzadi, 2021, pp. 609-612.

Romeo Casabona, C. M., «Datos relativos a la salud. Comentario al art. 4.15 RGPD», en **Troncoso Reigada, A.** (Dir.), *Comentario al Reglamento General de Protección de Datos y a la Ley Orgánica de Protección de Datos Personales y Garantía de los Derechos Digitales*, Navarra, Aranzadi, 2021, pp. 715-731.

Ruiz Guevara, P. «El aprendizaje de las máquinas: El "Machine learning", una rama de la inteligencia artificial en auge». *Alfa*, vol. 55, 2023, pp. 6-11.

Sancho Villa, D., «Las decisiones individuales automatizadas, incluida la elaboración de perfiles. Comentario al art. 22 RGPD», en **Troncoso Reigada, A.** (Dir.), *Comentario al Reglamento General de Protección de Datos y a la Ley Orgánica de Protección de Datos Personales y Garantía de los Derechos Digitales*, Navarra, Aranzadi, 2021, pp. 1725-1745.

Sempere Samaniego, J., «La licitud del tratamiento. Comentario al art. 6 RGPD y al art. 8 y DA 12.ª LOPDGDD», en **Troncoso Reigada, A.** (Dir.), *Comentario al Reglamento General de Protección de Datos y a la Ley Orgánica de Protección de Datos Personales y Garantía de los Derechos Digitales*, Navarra, Aranzadi, 2021, pp. 925-944.

Tomàs, J; Amat, O; Esteve, M., *Cómo analizan las entidades financieras a sus clientes*, Barcelona, Gestión 2000, 2002.

Troncoso Reigada, A., «Los principios relativos al tratamiento. Comentario al art. 5 RGPD y al art. 4 LOPDGDD», en **Troncoso Reigada, A.** (Dir.), *Comentario al Reglamento General de Protección de Datos y a la Ley Orgánica de Protección de Datos Personales y Garantía de los Derechos Digitales*, Navarra, Aranzadi, 2021, pp. 847-907.

Veale, M.; Binns, R. «Fairer Machine Learning in the Real World: Mitigating Discrimination without Collecting Sensitive Data», *Big Data & Society*, vol. 4, núm. 2, 2017.

Veliz, C., *Privacy is power*, Madrid, Penguin Random House, 2020.

Wang, G., Hao, J., Ma, J., & Jiang, H., «A comparative assessment of ensemble learning for *credit scoring*». *Expert Systems with Applications*, vol. 38, núm. 1, 2011.

Zuboff, S., *La era del capitalismo de la vigilancia. La lucha por un futuro humano frente a las nuevas formas del poder*, Barcelona, Paidós, 2020.

EL DERECHO A LA PROTECCIÓN DE DATOS DE CARÁCTER PERSONAL COMO LÍMITE A LA ACTUACIÓN DEL DETECTIVE PRIVADO

Luis Pérez Fernández
Profesor asociado de Derecho Procesal de la Universidad de Oviedo
Abogado

I. Introducción

La actividad investigadora llevada a cabo por el detective privado tiene como finalidad principal recabar pruebas con el fin de ser utilizadas eventualmente en un ulterior proceso judicial por parte de sus clientes. Antes de realizar pesquisa alguna es preciso que el detective privado suscriba un encargo de realización de servicios donde se concrete el objeto de la investigación y el interés legítimo de la misma, que debe acreditar el cliente.

En el desarrollo de la investigación, debido a su naturaleza pueden verse comprometidos derechos fundamentales de los investigados, entre ellos, el de protección de datos de carácter personal. Por tanto, se hace preciso ponderar la obtención de información con el debido respeto a los derechos y libertades de las personas investigadas, con el fin de que la prueba sirva para acreditar las pretensiones del comitente que ha efectuado el encargo concreto. Como ya estableció en su momento Hegel, las verdaderas tragedias no resultan del enfrentamiento de un derecho y una injusticia, estas surgen del choque entre dos derechos.

II. El detective privado y la actividad investigadora

La investigación privada llevada a cabo por detectives se circunscribe a la realización de las averiguaciones necesarias para obtener información y pruebas sobre conductas o hechos privados relativos a la vida personal, familiar o social de las personas, exceptuada la que se desarrolle en los domicilios o lugares reservados; y a los referentes a aspectos económicos, laborales, mercantiles o financieros. Todo ello enmarcado en el interés legítimo del cliente que realiza el encargo profesional[1].

Por tanto, estos investigadores pueden trabajar en una amplia variedad de áreas, incluyendo el ámbito empresarial, el derecho penal de manera muy residual, la seguridad, la protección de la propiedad intelectual, la investigación de fraudes y otros casos de naturaleza civil. Entre las tareas específicas que puede realizar un detective privado se encuentran: llevar a cabo entrevistas con testigos, recopilar y analizar documentos, vigilar a personas o lugares y realizar búsquedas en registros públicos. Las cuestiones investigadas son de lo más variopinto y van desde casos de infidelidad conyugal a situaciones de competencia desleal o fraudes. También pueden ser objeto de una investigación las situaciones de incapacidad temporal fraudulentas o a la verificación de la conducta de determinados empleados en el lugar de trabajo. Esto último puede ayudar a identificar posibles actividades indebidas o situaciones que puedan afectar el normal desarrollo de la actividad empresarial. También pueden ser contratados para localizar a personas desaparecidas o para obtener información sobre su paradero. Esto puede incluir la búsqueda de familiares, herederos o testigos relevantes en un proceso judicial laboral.

De esta suerte, la actividad del detective se ajusta a investigar y recopilar información sobre diferentes asuntos, con el fin de facilitar pruebas y datos a sus clientes, en el marco de un encargo legítimo, que tiene que acreditar el comitente. De esta suerte, el detective elaborará un informe escrito en el que recogerá lo que observó y escuchó[2].

Esta profesión por su propia idiosincrasia está muy fiscalizada por la ley y debe ser ejecutada conforme a unas normas deontológicas reguladoras de la misma y realizarse con respeto a los derechos fundamentales de las personas involucradas en la investigación. El derecho a la protección de datos de carácter personal cobra especial importancia en este ámbito y ello, porque estos profesionales recaban datos personales y confidenciales sobre las personas que están investigando, tales como: nombre, dirección, número de teléfono, historial financiero, etc. Esta forma de proceder hace que el aludido derecho fundamental, esté en jaque en muchas ocasiones, pese a que el investigador haya actuado de forma diligente. Esto último que puede parecer una contradicción, no lo es, ya que el hecho de no traspasar la línea roja en una investigación resulta muy complejo, pese a que el detective haya actuado con todo el rigor posible, porque como se verá los contornos de este derecho son bastante ambiguos y difusos.

---

1 *Cfr.* Art 48 LSP y Ridaura Martínez, M. J., «Los derechos fundamentales como límites en el marco de la investigación privada». *TRC,* núm. 47, 2021, p 134.

2 *Vid.* Morales Prats F., y Marco Fernández, F., «La naturaleza-jurídico procesal del detective privado: el testigo-perito. (Reflexiones a propósito del Proyecto de Ley de Enjuiciamiento Civil de 1998)», *Actualidad Jurídica Aranzadi*, núm. 396, 1999, p 1.

III. El encargo profesional realizado al detective. Contenido y límites

Esbozados de manera general los cometidos concretos que puede realizar un detective privado en el desarrollo de una investigación[3], en aquellos supuestos en los que se requiere recopilar información confidencial o realizar seguimientos y vigilancias, su actuación debe ser llevada a cabo con la cautela y el celo debidos y ello por estar en juego los referidos derechos fundamentales del investigado, entre ellos el de protección de datos de carácter personal. Así, en este ámbito, el respeto a tales prerrogativas de las personas investigadas puede resultar un desafío, especialmente el aludido de manera concreta y ello por la naturaleza misma de dicha pesquisa.

Ante esta situación, el detective privado tiene que verificar y cumplir de forma muy escrupulosa la normativa que le afecta en el desarrollo de una investigación, con el fin de evitarle un perjuicio al investigado en este ámbito de máxima protección[4]. Ya hemos indicado que estos profesionales están sometidos a un riguroso control en el desarrollo de su trabajo, (constitucional, legal y deontológico), para garantizar la salvaguarda de los derechos de las personas involucradas en la investigación.

Este obligado cumplimiento en muchas ocasiones resulta complejo como ya hemos avanzado y ello por la misma naturaleza de la profesión; de esta forma, el escenario más frecuente, es el siguiente: el investigador privado recibe un encargo de un cliente con el fin de realizar una serie de averiguaciones sobre algún aspecto que le interesa respecto de un tercero, con una finalidad legítima[5]. El comitente, por tanto, ha de pretender un interés legítimo a la hora de realizar el encargo profesional que el mismo tiene que acreditar[6] y dicho encargo debe ser previo[7], al inicio de la investigación, por ello está prohibido que los detectives recopilen información de manera autónoma para ofrecerla posteriormente a sus potenciales clientes[8]. De tal interés legítimo se dejará constancia en el expediente de contratación abierto[9]. «No se trata, obviamente, de desplegar una prueba plena sobre el interés de quien encarga un informe investigador, ni siquiera de que el Despacho de detectives deba

3 *Vid*. Terrón Santos, D. y Herranz Latorre, R., *Normativa específica de seguridad privada*. Ratio Legis Ediciones, 2014, pp. 100 a 104.

4 *Vid*. Ley 5/2014, de 4 de abril, de Seguridad Privada.

5 *Vid*. Art. 48.1 Ley 5/2014, de 4 de abril, de Seguridad Privada.

6 *Vid*. Art. 48.2 Ley 5/2014, de 4 de abril, de Seguridad Privada.

7 *Vid* art 48 Ley 5/2014, de 4 de abril, de Seguridad Privada.

8 *Vid*. Folgoso Olmo, A., «Límites de la validez de la prueba de detectives: privacidad y protección de datos», *Anuario de la Facultad de Derecho*. Universidad de Extremadura, 36, 2020, p 253.

9 *Vid*. Art. 48.2 Ley 5/2014, de 4 de abril, de Seguridad Privada.

realizar pesquisas para averiguar si concurre el interés legítimo que justifica la solicitud del informe sino, más sencillamente, de desechar como ilegítimos los encargos genéricos o indiscriminados» y debe «(...) desatender peticiones caprichosas, arbitrarias, lesivas de derechos fundamentales, etc.»[10].

En este contexto, la actuación del detective privado para la obtención de las referidas pruebas debe ajustarse a los límites aludidos, constitucionales[11] y legales[12]. También existen restricciones de índole deontológica, ya que el detective tiene que desarrollar su actuación conforme a tales estándares éticos, por tanto, su actuación ha de llevarse a cabo a través del uso de métodos legales e incuestionables que no puedan socavar la credibilidad de la evidencia y dañar el caso investigado y ha de actuar de manera transparente con el fin de generar confianza, tanto con los clientes como con las personas bajo investigación.

Respecto a las normas éticas relativas a la profesión de detective, ante la ausencia de código deontológico aplicable de forma obligatoria a estos profesionales, debe llevarse a cabo mediante la autorregulación en el sentido siguiente: «Quien no atienda a las normas éticas de ejercicio profesional no será legalmente expulsado de dicha profesión, pero sí será excluido de la misma por el resto de los profesionales»[13] . Se trata, por tanto, de llevar a cabo la actuación investigadora observando los estándares legales y deonto-

10 *Vid* https://elderecho.com/detectives-en-la-ley-52014-de-seguridad-privada-una-perspec tiva-laboral

11 Art. 53 CE. «Los derechos y libertades reconocidos en el Capítulo segundo del presente Título vinculan a todos los poderes públicos. Sólo por ley, que en todo caso deberá respetar su contenido esencial, podrá regularse el ejercicio de tales derechos y libertades, que se tutelarán de acuerdo con lo previsto en el artículo 161, 1, a).Cualquier ciudadano podrá recabar la tutela de las libertades y derechos reconocidos en el artículo 14 y la Sección primera del Capítulo segundo ante los Tribunales ordinarios por un procedimiento basado en los principios de preferencia y sumariedad y, en su caso, a través del recurso de amparo ante el Tribunal Constitucional. Este último recurso será aplicable a la objeción de conciencia reconocida en el artículo 30. El reconocimiento, el respeto y la protección de los principios reconocidos en el Capítulo tercero informarán la legislación positiva, la práctica judicial y la actuación de los poderes públicos. Sólo podrán ser alegados ante la Jurisdicción ordinaria de acuerdo con lo que dispongan las leyes que los desarrollen». En este punto traemos a colación las palabras profesor SOLOZÁBAL ECHAVARRÍA: «Los derechos fundamentales se caracterizan por su importancia material y por su rango formal. Desde un punto de vista material son los derechos más importantes del ciudadano, pues consisten en facultades o pretensiones relativas a ámbitos vitales del individuo en su libertad, relaciones sociales o participación y constituyen el núcleo básico de su status jurídico. La importancia de los derechos deriva de su relación con la dignidad de la persona y de la imprescindibilidad de los mismos en un sistema democrático». *Vid.* SOLOZÁBAL ECHAVARRÍA, J. J., «Los derechos fundamentales en la constitución española», *Revista de estudios políticos*, núm. 105, p 11.
En este sentido, *vid.* https://app.congreso.es/consti/constitucion/indice/sinopsis/sinopsis.jsp?art=53&tipo=2

12 La norma específica que regula su actividad es la Ley 5/2014 de Seguridad Privada.

13 *Vid.* SAN MARTIN, D. A., «Deontología para detectives privados», *Universidad de Salamanca*, 2012 p 7.

lógicos establecidos que, aunque no obligan, sí excluyen. Del mismo modo, ha de obtenerse sin vulneración de los derechos fundamentales para evitar su ilicitud. Así la evidencia recopilada no puede ser, por tanto, manipulada, alterada o falsificada de ninguna manera. La integridad de la misma es esencial para su validez en un proceso legal. Estas limitaciones son, por tanto, de carácter constitucional, legal y ético.

Llegados a ese punto, importa ponderar los derechos de los investigados con el interés legítimo del cliente que contrata los servicios de un detective, lo cual no constituye una tarea fácil para el profesional de la investigación privada. La jurisprudencia ha desarrollado un mecanismo para ello, pero por la subjetividad que lleva implícita, no arroja toda la luz deseable al respecto: es el llamado test de proporcionalidad constitucional al que nos referiremos en las páginas siguientes.

Por tanto, la actuación del investigador privado ha de llevarse a cabo a través del uso de métodos incuestionables que no puedan socavar la credibilidad de la evidencia y dañar el caso investigado. Además, el detective, ha de actuar de manera transparente contribuyendo con ello a construir confianza tanto con los clientes como con las personas investigadas.

IV. El derecho fundamental a la protección de datos de carácter personal y su incidencia en la investigación privada

El derecho fundamental a la protección de datos de acuerdo con la STC 292/2000, de 30 de noviembre establece que: «*Este derecho fundamental a la protección de datos, a diferencia del derecho a la intimidad del art. 18.1 CE, con quien comparte el objetivo de ofrecer una eficaz protección constitucional de la vida privada personal y familiar, atribuye a su titular un haz de facultades que consiste en su mayor parte en el poder jurídico de imponer a terceros la realización u omisión de determinados comportamientos cuya concreta regulación debe establecer la Ley, aquella que conforme al art. 18.4 CE debe limitar el uso de la informática, bien desarrollando el derecho fundamental a la protección de datos (art. 81.1 CE), bien regulando su ejercicio (art. 53.1 CE). La peculiaridad de este derecho fundamental a la protección de datos respecto de aquel derecho fundamental tan afín como es el de la intimidad radica, pues, en su distinta función, lo que apareja, por consiguiente, que también su objeto y contenido difieran*»[14]. Por tanto, se configura como derecho funda-

14 F. J. V de la STC 292/2000, de 30 de noviembre (ECLI:ES:TC:2000:292). Viene recogido en el artículo 18.4 constitucional. Este derecho puede ser instrumental de otros derechos de corte fundamental, ya que a través de este se puede garantizar la privacidad individual del sujeto, sin intromisiones de terceros. Así, los detectives deben respetar la vida privada de los individuos; por ello no deben llevar a cabo prácticas de vigilancia o recopilación de da-

mental autónomo cuyo objeto es la protección de cualquier dato personal, sea íntimo o no, siempre que identifique o permita identificar a una persona, de suerte que el ciudadano puede decidir sobre sus propios datos[15].

Este derecho viene recogido y desarrollado en la normativa de protección de datos vigente, esto es, tanto en el Reglamento (UE) 2016/679 del Parlamento Europeo y del Consejo de 27 de abril de 2016, relativo a la protección de las personas físicas en lo que respecta al tratamiento de datos personales y a la libre circulación de estos datos y por el que se deroga la Directiva 95/46/CE, como en la Ley Orgánica 3/2018, de 5 de diciembre, de Protección de Datos Personales y garantía de los derechos digitales. Dicho lo cual, el constituyente ya había tenido en cuenta en su momento, el eventual riesgo que un mal uso de la informática podía tener sobre la intimidad de las personas y así en su artículo 18.4 limitaba el uso de la misma. Así, cualquier información recopilada debe manejarse con confidencialidad y protección adecuada para evitar su divulgación no autorizada. Bajo esta premisa, el detective privado debe cumplir con la normativa de protección de datos personales vigentes durante la investigación. Esto para el detective tiene diversas implicaciones como son: cerciorarse que la recopilación, almacenamiento y uso de información personal se realice de acuerdo con las disposiciones normativas aplicables. Ello no es una tarea fácil porque la naturaleza misma de la investigación privada y el recurso a las nuevas tecnologías como apoyo a la misma,

---

tos que invadan injustificadamente la aludida privacidad de las personas. Además, pueden incurrir en prácticas que violen la intimidad o privacidad de las personas investigadas.

15 Para un estudio en mayor profundidad véase: Dávara Rodríguez, M. A., *La protección de datos en Europa: principios, derechos y procedimiento*, Ed. Asnef, Madrid, 1998, pp. 204; Díaz Díaz, E. «El nuevo Reglamento General de Protección de Datos de la Unión Europea y sus consecuencias jurídicas para las instituciones». En *Revista Aranzadi Doctrinal*, n.º 6 (parte Estudio), 2016, pp. 155-190; Lesmes Serrano, C. *et. al. La ley de Protección de Datos, análisis y comentario de su jurisprudencia*. Valladolid, Lex Nova, 2008. pp. 860; Losano, M., Pérez Luño, A. y Guerrero Mateus, M., *Libertad Informática y Leyes de Protección de Datos Personales*, Centro de Estudios Constitucionales, Bilbao, 1989, pp. 213; Marín Jiménez, R., «Evaluación de impacto en la Protección de Datos. Paralelismos» (en línea), *Revista de la Sociedad española de informática y salud*, núm. 134, abril 2019, pp. 24-26. Disponible en: https://seis.es/is-134-abril-2019/; Murillo de la Cueva, P. L., «El objeto del Reglamento General de Protección de Datos y de la Ley Orgánica de Protección de Datos Personales y garantía de los derechos digitales (Comentario al artículo 1 RGPD y al artículo 1 LOPDGDD», en Troncoso Reigada, A. (Dir.), *Comentario al Reglamento General de Protección de Datos y a la Ley Orgánica de Protección de Datos y garantía de los derechos digitales,* Tomo I, Thomson Reuters Civitas, pp. 303-324; Neira Barral, D., «Autoridades de control en el nuevo Reglamento General de Protección de Datos 2016/679 y la Ley Orgánica 3/2018», Campos Acuña, C. (Dir.), *Aplicación práctica y adaptación de la protección de datos en el ámbito local*, Segunda edición, Wolters Kluwer, 2019, pp. 688; Piñar Mañas, J. L., «Hacia un nuevo europeo de protección de datos», en Piñar Mañas, J. L. (Dir.), *Reglamento General de Protección de Datos Personales. Hacia un nuevo modelo de privacidad,* Reus, Madrid, 2016, pp. 15-22; Terrón Santos, D. y Domínguez Álvarez, J. L., *Nueva regulación de la protección de datos y su perspectiva digital,* Comares, Granada, 2019, pp. 246; entre otros.

pueden vulnerar el derecho fundamental a la protección de datos de carácter personal; y ello porque un detective privado, en el desarrollo de su actividad profesional recopila datos personales y confidenciales sobre las personas que está investigando. Esto implica que este derecho fundamental, se vea comprometido en muchas ocasiones y ello porque la actividad investigadora requiere de una suerte de actuaciones muy concretas y de la utilización de dispositivos determinados con el fin de obtener unas evidencias demandadas por el cliente del investigador privado que pueden afectar al derecho fundamental aludido. En esos supuestos es preciso actuar con mucho celo a la hora de realizar cualquier investigación que pueda vulnerar el derecho a la protección de datos del investigado. Por ello, se hace necesario que la intervención del detective no traspase los mandatos de la normativa de protección de datos en la medida que le afecten, pero, ha de poder de igual modo, en el marco de un encargo legítimo cumplir con su encomienda[16].

Importa referirse al tratamiento de datos personales por parte del investigador privado en relación a la obtención del consentimiento por parte del afectado[17]. De esta suerte, como regla general, el tratamiento de datos personales se basa principalmente en la obtención del consentimiento del afectado para poder realizarlo. Esta obligación tiene una doble vertiente; la primera, se refiere a aquellos datos que le facilita su propio cliente para llevar a cabo el encargo, que están sujetos a la normativa aplicable en la materia[18]. La segunda se refiere a los datos que obtiene del investigado por mor del propio encargo de su cliente. En este punto, un detective puede tratar datos de las personas investigadas sin su consentimiento siempre que no se usen medios que puedan atentar contra «(...) el derecho al honor, la intimidad per-

---

16 Se debe poner especial atención en el cumplimiento de los principios establecidos en el art. 5 del RGPD, ya que, buena parte de la actuación de los responsables debe guiarse por estos, y concretamente en los principios de integridad y seguridad, así como en el de responsabilidad proactiva. Este último principio es de especial importante ya que, los responsables en todo momento deberán asegurar el cumplimiento de la normativa en la materia, así como adoptar medidas técnicas y organizativas, incluida la minimización de datos y la seudonimización con el fin de garantizar la salvaguarda de los derechos y libertades fundamentales de los titulares de la información.

17 La regla general es que este consentimiento debe ser inequívoco y es *conditio sine quanon* para proceder a dicho tratamiento. *Vid* art. 6 Ley Orgánica 3/2018, de 5 de diciembre, de Protección de datos personales y garantía de los derechos digitales.

18 El detective tiene que cumplir con la normativa vigente en materia de protección de datos. En particular: Realizar un Registro de actividad de tratamiento. Elaborar un análisis de riesgo. Realizar una evaluación de impacto. Firmar los contratos con terceros. Incluir los textos legales en la página web. Solicitar el consentimiento a los clientes. Facilitar los derechos a los usuarios Firmar los correspondientes contratos para trabajadore Nombrar un Delegado de Protección de Datos. *Vid*. Reglamento (UE) 2016/679 del Parlamento Europeo y del Consejo de 27 de abril de 2016, relativo a la protección de las personas físicas en lo que respecta al tratamiento de datos personales y a la libre circulación de estos datos y por el que se deroga la Directiva 95/46/CE y Ley Orgánica 3/2018, de 5 de diciembre, de Protección de datos personales y garantía de los derechos digitales.

sonal y familiar» *ex* artículo 48 de la Ley 5/2014, de 4 de abril, de Seguridad Privada. Ello parece obvio, dado que debido a las características del servicio que presta un detective, carece de total sentido que este «comunique» a su investigado que está tratando sus datos con fines de investigación. Vamos que lo avise de que está siendo investigado. Lo anteriormente expuesto no justifica que un detective privado tenga patente de corso y pueda obtener información personal con libre albedrío, sino que dicha información ha de ser recabada debido a la existencia de la solicitud de un tercero, con una causa legítima, justificada y motivada (art 48.1 de la Ley 5/2014, de 5 de abril, de Seguridad Privada). Es decir que el encargo que el cliente realiza el detective sea legítimo, tal y como ya hemos referido, ello impide a que el detective pueda investigar a cualquier persona sin mediar ese «interés legítimo», aludido por parte del cliente que realiza el encargo.

Lógicamente, en lo que se refiere al tratamiento de datos de sus propios clientes, los que realizan el encargo, los detectives privados han de obtener el consentimiento expreso e informado de los mismos, igual que cualquier otro profesional[19].

Por todo, en el marco de un encargo realizado a un detective privado, debe de valorarse por este profesional en un primer estadio, que el encargo realizado por el comitente al detective sea legítimo. Constatado lo anterior, el detective comenzará su labor investigadora sin sobrepasar los límites referidos con el fin de que la prueba obtenida sea legal y lícita y por tanto válida y eficaz en un eventual proceso judicial.

En este punto, se hace preciso relacionar derecho fundamental a la protección de datos de carácter personal con el deber de secreto profesional[20], que se configura como un principio fundamental de la profesión de detective privado. Gira en torno a dos conceptos distintos en la profesión de detective privado, pero muy relacionados entre sí. El primero hace referencia como hemos referido al derecho fundamental que tienen todas las personas a la protección de sus datos personales, y establece que estos datos deben ser recopilados y tratados de forma legal, transparente y segura. Esto implica que los detectives privados deben garantizar la confidencialidad y seguridad de la información que recopilan durante sus investigaciones, y deben adherirse a las normas y leyes que regulan la protección de datos personales.

Por otro lado, el deber de secreto es una obligación ética y legal que tienen los detectives privados de mantener en secreto la información obtenida durante sus investigaciones, y de no divulgar dicha información a terceros que no estén autorizados para recibirla. Se trata de un derecho y un deber para el detective privado y se configura como un principio fundamental de esta profe-

19 *Vid* art 6 Ley Orgánica 3/2018, de 5 de diciembre, de Protección de datos personales y garantía de los derechos digitales.

20 *Vid* art. 50 Ley 5/2014, de 4 de abril, de Seguridad Privada.

sión. Este deber de secreto tiene como objetivo fundamental proteger la privacidad y los derechos fundamentales de las personas investigadas, y garantizar que la información recopilada sea utilizada de manera legal y ética.

Así, la normativa sobre protección de datos de carácter personal y la que regula el deber de secreto se erigen en baluarte de los derechos de las personas involucradas en la investigación, amparándolos y tratando que dicha actividad se desarrolle con el mayor rigor y respeto hacia los derechos aludidos.

Sin embargo, este derecho a la protección de datos no es absoluto[21], ya que puede ser limitado y «ceder ante intereses constitucionalmente relevantes, siempre que el recorte que aquél haya de experimentar se revele como necesario para lograr el fin legítimo previsto, proporcionado para alcanzarlo (...)»[22]. En estos casos, se debe comparar con otros derechos y principios, como la seguridad pública, el interés legítimo y la libertad de información y buscar un equilibrio entre los intereses a proteger. Para ello se recurre al «test de proporcionalidad constitucional» al que nos referiremos a continuación.

V. El test de proporcionalidad constitucional como búsqueda de un equilibrio entre el fin legítimo de una investigación privada y la limitación del derecho fundamental a la protección de datos

La ciencia jurídica forja normas generales que a su vez contienen excepciones y como todo es interpretable este supuesto no constituye una excepción. De ahí la grandeza de esta disciplina, que la hace tan atractiva para el investigador y a la vez tan gravosa para el jurista práctico, por su indefinición.

El principio de proporcionalidad es un concepto jurídico ampliamente reconocido que implica que las medidas adoptadas por una parte deben ser proporcionadas a la situación o el objetivo perseguido[23].

De esta suerte, para justificar la vulneración del derecho fundamental a la protección de datos de carácter personal por una actuación investigadora en

---

21 *Vid.* Poquet Catalá, R., «Poder de control empresarial a través de sistemas de videovigilancia: alcance y límites», *Revista Aranzadi Doctrinal* núm. 5, 2022, p. 22

22 *Cfr.* STC 186/2000 de 10 de julio, fundamento jurídico V.

23 *Cfr.* fundamentos jurídicos VII y VIII. STC 98/2000 de 10 de abril y STEDH 217/61 Gran Sala, de 5 de septiembre. Álvarez Alvite, A., recoge el sentir de Stein. S. en «In Search of "Red Lines" in the Jurisprudence of the ECtHR on Fair Trial Rights», *Israel Law Review*, vol. 50, núm. 2, 2017, p. 182: «Podríamos afirmar que la proporcionalidad, tal y como la adopta el TEDH, constituye una prueba de equilibrio flexible y abierta en la que se sopesan, caso por caso, las reivindicaciones contrapuestas de los derechos individuales y los objetivos colectivos». *Vid* Álvarez Alvite, A., «El derecho a la vida privada en la doctrina del Tribunal Europeo de Derechos Humanos: un largo camino por recorrer», *Revista Aranzadi Unión Europea*, núm. 5, 2022, p. 23.

aplicación del test de proporcionalidad constitucional, es preciso valorar si concurren los tres requisitos esgrimidos por la jurisprudencia: así la medida tiene que ser justificada, dada la preeminencia del derecho fundamental, en el sentido de idónea para la finalidad pretendida, necesaria y equilibrada[24]. Si la actuación del investigador no superase el «test de proporcionalidad», el detective podría estar violando dicha prerrogativa de las personas afectadas y podría enfrentar consecuencias legales.

Por tanto, en el caso que nos ocupa el detective debe asegurarse que cualquier medida que involucre la recopilación y uso de datos personales sea: idónea, en relación a que con ella sea posible alcanzar el objetivo propuesto[25]; «(...) necesaria, en el sentido de que no existía otra medida más moderada para la consecución del propósito con igual eficacia; y finalmente, si la misma era proporcionada, en sentido estricto, es decir ponderada o equilibrada por derivarse de ella más beneficios o ventajas para el interés general que perjuicios sobre otros bienes o valores en conflicto»[26] . Además, no ha de tratarse de una medida caprichosa, ni implementada con el fin de divulgar una determinada conducta[27].

Así, conforme a la doctrina del Tribunal Constitucional referida, la constitucionalidad de una «medida restrictiva de derechos fundamentales viene determinada por la estricta observancia del principio de proporcionalidad»[28]. Sobre este particular también se ha pronunciado el Tribunal Supremo, las sentencias del Tribunal Supremo de 19 de julio de 1989[29] y de 13 de marzo de 2012[30], concluyen que la actuación del detective no vulnera

24 *Cfr*. STC 186/2000, de 10 de julio, fundamento jurídico VII. Sobre este particular *vid.* GUDE FERNÁNDEZ. A., «La videovigilancia en el ámbito laboral y el derecho a la intimidad», *Revista Aranzadi de Derecho y Nuevas Tecnologías*, núm. 35, 2014, p. 27.

25 *Cfr*. STC 207/96 de 16 de diciembre, fundamento jurídico IV

26 *Cfr*. STC 66/1995, de 8 de mayo, fundamento jurídico, V.

27 *Cfr*. STC 186/2000 de 10 de julio, fundamento jurídico, VII.

28 *Cfr*. STC 186/2000 de 10 de julio, fundamento jurídico, VI.

29 *Cfr*. STS, Sala de lo social, de 19 de julio de 1989, fundamento jurídico III: «(...) Si cuando, como en el caso de autos ocurre, la actividad laboral se desarrolla, necesariamente, fuera del centro de trabajo y, en consecuencia, no existe otro medio de control admisible que el seguimiento externo del trabajador, ante la sospecha de un incumplimiento, por su arte, del cometido laboral que tiene asignado, obvio resulta, que tal medida controladora o de vigilancia no puede tildarse de atentatoria a la propia dignidad personal del trabajador y, mucho menos, a su intimidad personal, por cuanto sostener lo contrario supondría vaciar de contenido el derecho de dirección que incumbe a la empresa».

30 *Cfr*. STS, Sala de lo social, de 13 de marzo de 2012, fundamento jurídico II: «Lo cual no significa la proscripción de la prueba de detectives, que solo constituye un obstáculo para el ejercicio de tales funciones en los supuestos de desproporción de la medida cuando se lleva a cabo con vulneración de derechos fundamentales. En el presente caso, atendiendo a las circunstancias concurrentes antes expuestas, ha de estimarse que la vigilancia mediante detectives fue proporcionada, pues se limitó a los dos días en los que la empresa sospechaba que la ausencia anunciada estaba motivada por los propios intereses del trabajador, sin rebasar la hora de conclusión de la jornada de trabajo».

derechos fundamentales de los trabajadores con base en el llamado test de proporcionalidad, que implica que la medida sea idónea, capaz de lograr el objetivo propuesto, necesaria, lo cual que implica que no haya otra menos gravosa para conseguir el mismo fin con idéntica eficacia y proporcional, en el sentido de equilibrada,; es decir que de su adopción se deriven más beneficios para el interés general que perjuicios comparándolos con el otro bien en conflicto.

La propia Ley de seguridad privada en su artículo 48 en relación, a los principios de actuación del detective privado, en su apartado sexto, se refiere también a este principio estableciendo que: «Los servicios de investigación privada se ejecutarán con respeto a los principios de razonabilidad, necesidad, idoneidad y proporcionalidad».

Por tanto, cabe concluir que la actuación del detective privado ha de respetar siempre los derechos fundamentales y, entre ellos, lógicamente, el de protección de datos de carácter personal, prerrogativa muy expuesta en el ámbito de actuación del detective privado por lo ya manifestado. Dicho lo cual, existen concretos supuestos en los que es lícita la intromisión en tales derechos y ello cuando se cumplan los requisitos ínsitos en el test de proporcionalidad ya referido.

VI. Conclusiones

La actividad del detective privado consiste en realizar las averiguaciones necesarias para obtener y aportar pruebas sobre determinados hechos o conductas en el marco de un encargo legítimo, acreditado por el cliente, y previo al inicio de las investigaciones que debe llevar a cabo. Esta actividad está muy fiscalizada por la ley, en este caso la ley de seguridad privada, y debe ser ejecutada conforme a unas normas deontológicas reguladoras de la misma que, aunque no obligan, si excluyen, en el sentido de rechazo generado entre los profesionales que las acatan frente al díscolo.

Por la naturaleza misma de la propia investigación pueden verse comprometidos diversos derechos fundamentales del investigado, a saber: derecho a la inviolabilidad del domicilio, a la intimidad, vida privada, protección de datos de carácter personal y honor. Estas facultades desde un punto de vista material son las más importantes que tiene el ciudadano y, por tanto, gozan de una protección preferente y en el caso que nos ocupa, esa protección reforzada afecta muy especialmente al detective en el desarrollo de su profesión por la propia idiosincrasia de esta.

El derecho a la protección de datos de carácter personal cobra especial relevancia en este ámbito debido al ingente manejo de información del investigado por parte del investigador privado, de tal suerte que con el fin de obtener unas determinadas pruebas pueda verse afectado el derecho fundamental aludido. En esos supuestos es preciso actuar con mucha cautela durante el desarrollo de cualquier investigación con el propósito de no vulnerar el mencionado derecho.

Sin embargo, los derechos fundamentales en general y del de protección de datos personales en particular, no constituyen un límite absoluto a la investigación y pueden ceder ante otros intereses constitucionalmente relevantes siempre que la actuación del detective superase el test de proporcionalidad en el sentido de que la misma sea idónea, necesaria y proporcionada en sentido estricto. Esto último, nos lleva a ir caso por caso estudiando la jurisprudencia y no arroja la luz necesaria en estos supuestos, por la enorme subjetividad que implica el referido test. Así pues, serán los jueces los que examinado el caso concreto concluyan lo que es idóneo, necesario y proporcional, lo cual genera una enorme indefensión para el resignado jurista práctico que se ve abocado a una total incertidumbre, lo cual tampoco es nada nuevo.

VII. Bibliografía

Álvarez Alvite, A., «El derecho a la vida privada en la doctrina del Tribunal Europeo de Derechos Humanos: un largo camino por recorrer», *Revista Aranzadi Unión Europea*, núm. 5, 2022.

Arias Domínguez, Á., *Detectives en la Ley 5/2014 de seguridad privada: una perspectiva laboral,* Lefevre, 2014. Disponible en: https://elderecho.com/detectives-en-la-ley-52014-de-seguridad-privada-una-perspectiva-laboral

Folgoso Olmo, A., «Límites de la validez de la prueba de detectives: privacidad y protección de datos», *Anuario de la Facultad de Derecho*. Universidad de Extremadura, 36, 2020.

Gude Fernández. A., «La videovigilancia en el ámbito laboral y el derecho a la intimidad», *Revista Aranzadi de Derecho y Nuevas Tecnologías*, núm. 35, 2014.

Morales Prats F., y Marco Fernández, F., «La naturaleza-jurídico procesal del detective privado: el testigo-perito. (Reflexiones a propósito del Proyecto de Ley de Enjuiciamiento Civil de 1998)», *Actualidad Jurídica Aranzadi*, núm. 396, 1999.

Poquet Catalá, R., «Poder de control empresarial a través de sistemas de videovigilancia: alcance y límites», *Revista Aranzadi Doctrinal*, núm. 5, 2022.

Ridaura Martínez, M. J., «Los derechos fundamentales como límites en el marco de la investigación privada». *TRC*, núm. 47, 2021.

San Martin, D. A., «Deontología para detectives privados», Universidad de Salamanca.

Solozábal Echavarría, J. J., «Los derechos fundamentales en la constitución española», *Revista de estudios políticos*, núm. 105.

Terrón Santos, D. y Herranz Latorre, R., *Normativa específica de seguridad privada*. Ratio Legis Ediciones, 2014.

VIII. Recursos en internet

- Constitución española. Sinopsis del artículo 53. Disponible en: https://app.congreso.es/consti/constitucion/indice/sinopsis/sinopsis.jsp?art=53&tipo=2

IX. Jurisprudencia

Sentencias del Tribunal Constitucional

- STC 66/1995, de 8 de mayo
- STC 207/1996 de 16 de diciembre.
- STC 98/2000 de 10 de abril.
- STC 186/2000 de 10 de julio.
- STC 292/2000, de 30 de noviembre
- SENTENCIAS DEL TRIBUNAL SUPREMO
- STS, de 19 de julio de 1989.
- STS, de 30 de noviembre de 2000.
- STS, de 13 de marzo de 2012.

Sentencias del Tribunal Europeo de Derechos Humanos

- STEDH 217/61 Gran Sala, de 5 de septiembre.

LA PROTECCIÓN DE DATOS PERSONALES EN LOS JUICIOS PENALES EN MÉXICO

Mtro. Jorge Alberto Vázquez Segura
Profesor de la Facultad de Derecho de la UNAM

I. Introducción

Con la llegada del nuevo sistema penal acusatorio adversarial en México, se dejó de lado el sistema inquisitivo mixto que había imperado en nuestro país, se caracterizaba por ser primordialmente escrito; así, a partir del 18 de junio de 2016, surge un nuevo paradigma procedimental en materia criminal, bajo la luz de la oralidad y los principios de publicidad, contradicción, concentración, continuidad e inmediación, todo ello quedando en audiencias videograbadas para debida constancia.

El nuevo sistema penal acusatorio descrito en el Código Nacional de Procedimientos Penales generó un cambio significativo en la actuación de los operadores del procedimiento penal, dado que, los nuevos elementos que precisan el eje neurálgico de los juicios orales generaron serios cuestionamientos en la manera de cómo operar un desconocido sistema procedimental, creando poco a poco nuevos criterios.

Aunado a lo anterior, se suma la entrada en vigor de la Ley General de Transparencia y Acceso a la Información Pública, del 5 de mayo de 2016, y la Ley Federal de Transparencia y Acceso a la Información Pública, el 10 del mismo mes y año, lo que provocó un terreno fértil para la discusión, pues el cuestionamiento a dilucidar en el presente trabajo, tiene que ver con la protección de los datos personales que requieren los individuos que participan en una audiencia de juicio oral pública en materia penal.

Atento a lo anterior, resulta imprescindible analizar el contenido normativo del Código Nacional de Procedimientos Penales (en adelante CNPP) y de la Ley General de Transparencia y Acceso a la Información Pública (en lo subsecuente LGTAIP), para poder describir las vicisitudes que enfrentan los juzgadores en materia penal y proponer soluciones viables en el desarrollo de las audiencias y cuando son requeridos vía solicitud de acceso a la información por la videograbación de una audiencia.

Sin duda, como se observará, será necesario poner en la balastra la protección a datos personales, la transparencia, el acceso a la información y la publicidad de las audiencias, tomando en cuenta sobre todo el espacio en donde nos encontramos, ya sea en el procedimiento penal o en el de la transparencia y acceso a la información pública.

Marcela I. Basterra, considera que el acceso a la información pública constituye un derecho a recibir información y consecuencia directa del principio administrativo de transparencia de la administración y, de la regla de la publicidad de los actos de gobierno[1]. Asimismo, considera que:

> La privacidad, la intimidad y la propia imagen, son derechos fundamentales de la persona humana, y una de las esferas de protección al derecho a la intimidad la compone el derecho a la autodeterminación informática, que consiste en la posibilidad que el titular de un dato personal decida qué datos, con qué finalidad y qué registros o personas pueden hacer utilización del mismo[2].

II. Planteamiento de la problemática

En el sistema jurídico mexicano existe por una parte el Código Nacional de Procedimientos Penales y, por otra, la Ley General de Transparencia y Acceso a la Información Pública, con esta última, una persona puede ejercer el derecho de acceder a videograbaciones de juicios orales en materia criminal; sin embargo, acceder a los registros de audio y video de una audiencia donde se tienen datos personales y/o sensibles de testigos, víctimas e imputados, provoca diversas vicisitudes que deben ser resueltas por los órganos jurisdiccionales, cuando son requeridos por un tercero para acceder a los videos o incluso, tan solo al desarrollarse la propia audiencia si los participantes manifiestan que sus datos personales sean resguardados.

Efectivamente, la problemática estriba en determinar si un tercero puede tener acceso a las videograbaciones de una audiencia criminal cuando alguna de las partes o testigos solicitaron que sus datos personales fueran protegidos o si las audiencias deben ser a puerta cerrada a efecto de garantizar al cien por ciento la protección de los datos personales de los participantes que manifestaron su no autorización a la publicidad.

---

1 BASTERRA, Marcela I., *Protección de Datos Personales, Ley 25.326 y Dto. 1558/01 comentados, Derecho Constitucional Provincial Iberoamérica y México*, Argentina, 1.ª ed., UNAM-EDIAR, 2008, p. 49.

2 *Ibidem*, p. 297.

III. La protección de datos personales en las audiencias públicas del sistema penal acusatorio

El principio de publicidad en el sistema penal acusatorio se encuentra descrito en el artículo 5, del CNPP, el cual señala que: «Las audiencias serán públicas, con el fin de que a ellas accedan no sólo las partes que intervienen en el procedimiento sino también el público en general, con las excepciones previstas en este Código».

Respecto a dicho principio, Diana Cristal González Obregón considera lo siguiente:

> La publicidad contribuye a legitimar la actuación de las partes y las resoluciones de los tribunales frente a la sociedad; permite que los ciudadanos conozcan las diferentes formas que existen en la solución de un conflicto penal y se familiarice con el sistema de procuración e impartición de justicia en México.
>
> ...nuestro Código Nacional no solamente lo regula como un principio, sino que regula la publicidad ante los periodistas y los medios de comunicación, estableciéndose que podrán acceder al lugar en el que se desarrolle la audiencia en los casos y condiciones que determine el Órgano jurisdiccional conforme a lo dispuesto por la Constitución, este Código y los acuerdos generales que emita el Consejo[3].

Se observa como regla general que las audiencias en el sistema penal acusatorio son públicas, por lo que podrán acceder además de las partes el público en general; sin embargo, como excepción a la regla, el juzgador puede llevar la audiencia a puerta cerrada, participando en ella solo las partes y aquellas personas que necesariamente deben estar en la misma como testigos, peritos, personal de seguridad y de apoyo sustantivo para llevar adecuadamente la diligencia.

Al respecto el artículo 64, del CNPP, establece las excepciones al principio de publicidad, al señalar que si bien la audiencia es pública el juzgador podrá incluso oficiosamente resolver que se desarrolle la audiencia total o parcialmente a puerta cerrada, dicha excepción opera cuando:

> [...]
>
> I. Pueda afectar la integridad de alguna de las partes, o de alguna persona citada para participar en él;
>
> II. La seguridad pública o la seguridad nacional puedan verse gravemente afectadas;
>
> III. Peligre un secreto oficial, particular, comercial o industrial, cuya revelación indebida sea punible;

---

3 GONZALEZ OBREGÓN, Diana Cristal, *Manual Práctico del Juicio Oral*, México, 4.ª ed., Tirant lo Blanch, 2016, pp. 58 y 59.

IV. El Órgano jurisdiccional estime conveniente;

V. Se afecte el Interés Superior del Niño y de la Niña en términos de lo establecido por los Tratados y las leyes en la materia, o

VI. Esté previsto en este Código o en otra ley.

Las tres últimas fracciones del artículo 64 del CNPP, dan la pauta para atender a lo dispuesto por la fracción XXVI del numeral 109 del mismo cuerpo normativo, la cual corresponde a los derechos de la víctima u ofendido.

Artículo 109. Derechos de la víctima u ofendido

En los procedimientos previstos en este Código, la víctima u ofendido tendrán los siguientes derechos:

[...]

XXVI. Al resguardo de su identidad y demás datos personales cuando sean menores de edad, se trate de delitos de violación contra la libertad y el normal desarrollo psicosexual, violencia familiar, secuestro, trata de personas o cuando a juicio del Órgano jurisdiccional sea necesario para su protección, salvaguardando en todo caso los derechos de la defensa;

[...]

En esta inteligencia, si el juez establece que la audiencia debe desarrollarse a puerta cerrada, genera en automático una limitación al principio de publicidad bajo alguna de las excepciones aludidas, por tanto, es evidente entender que acceder a la postre a la videograbación de la misma, por parte de un tercero, sería legalmente inviable, pues sólo las partes podrían hacerlo.

Así, si una persona ajena al juicio no pudo acceder a una audiencia en virtud de que se desarrolló a puerta cerrada, sería improcedente que posteriormente lo lograra vía acceso a la información al solicitar la videograbación de dicha audiencia.

Las audiencias públicas del sistema penal acusatorio, responden al reclamo de la sociedad de conocer cómo se desarrollan los juicios criminales y de su desenlace, por ello, es dable entender que estamos en el ámbito de la transparencia judicial; empero, al mismo tiempo, les son aplicables los derechos descritos en el Capítulo II, del Título II, del CNPP, consistentes en el derecho a la intimidad y a la privacidad, justicia pronta, derecho a una defensa y asesoría jurídica adecuada e inmediata, garantía de ser informado de sus derechos y derecho al respeto a la libertad personal; así como las mencionadas excepciones descritas en el artículo 64, del Código Nacional.

Efectivamente, el artículo 15, del CNPP, precisa el derecho a la intimidad y a la privacidad de las personas que intervengan en el procedimiento penal, se trata de una protección a sus datos personales y sensibles.

Artículo 15. Derecho a la intimidad y a la privacidad

En todo procedimiento penal se respetará el derecho a la intimidad de cualquier persona que intervenga en él, asimismo se protegerá la información que se refiere a la vida privada y los datos personales, en los términos y con las excepciones que fijan la Constitución, este Código y la legislación aplicable.

Asimismo, el artículo 54, del mismo ordenamiento adjetivo, establece los lineamientos que se deben seguir en las audiencias para la identificación de los declarantes, para lo cual, es necesario que manifiesten su voluntad de hacer públicos o no sus datos personales.

Artículo 54. Identificación de declarantes

Previo a cualquier audiencia, se llevará a cabo la identificación de toda persona que vaya a declarar, para lo cual deberá proporcionar su nombre, apellidos, edad y domicilio. Dicho registro lo llevará a cabo el personal auxiliar de la sala, dejando constancia de la manifestación expresa de la voluntad del declarante de hacer públicos, o no, sus datos personales.

Tomando en cuenta estos dos artículos aplicables a las audiencias públicas, debemos entender que, si una persona declarante solicita que sus datos personales no sean públicos, implica la confidencialidad de su nombre, domicilio, edad y cualquier información que lo identifique o lo haga identificable.

> [...] lo que caracteriza al dato personal es precisamente la posibilidad de identificar con alguna precisión a la persona, física o jurídica, a la que el dato pertenece. Dicha posibilidad es lo que origina la protección, pues a través del dato se puede llegar no sólo a la persona sino incluso a establecer conductas y prácticas que sólo mediando la expresa voluntad de ésta puede trascender la esfera de su intimidad[4].

Al respecto, el artículo 116, de la LGTPDP, precisan sobre la confidencialidad de los datos personales, a saber:

Artículo 116.

Se considera información confidencial la que contiene datos personales concernientes a una persona identificada o identificable.

La información confidencial no estará sujeta a temporalidad alguna y sólo podrán tener acceso a ella los titulares de la misma, sus representantes y los Servidores Públicos facultados para ello.

Se considera como información confidencial: los secretos bancario, fiduciario, industrial, comercial, fiscal, bursátil y postal, cuya titularidad corresponda a particulares, sujetos de derecho internacional o a sujetos obligados cuando no involucren el ejercicio de recursos públicos.

Asimismo, será información confidencial aquella que presenten los particulares a los sujetos obligados, siempre que tengan el derecho a ello, de conformidad con lo dispuesto por las leyes o los tratados internacionales.

---

4 Basterra, Marcela I., *Protección de Datos Personales, Ley 25.326 y Dto. 1558/01 comentados, Derecho Constitucional Provincial Iberoamérica y México*, ob. cit., pp. 29 y 30.

Las personas que se presentan en una audiencia pública a declarar deben expresar su voluntad de hacer públicos o no sus datos personales, pero considerando que parte de sus datos personales son también su imagen y su voz, pues ellos dan cuenta de su identidad, es decir, son datos que identifican o hacen identificable a una persona, nos encontramos en la disyuntiva de incluso protegerle estos bajo la caracterización de su imagen (entiéndase ponerle aditamentos en su rostro que no le permitan ser reconocido) y la distorsión de su voz con medios electrónicos o, en su caso, optar por que sea a puerta cerrada la audiencia para su máxima protección.

Respecto al derecho a la imagen propia, Eduardo de la Parra lo considera como:

> Un derecho humano muy cercano al derecho a la intimidad, pero independiente y diverso de este (aunque no falta quien los confunde o asimila), es el derecho a la imagen o derecho a la propia imagen.
>
> Tal derecho consiste en la facultad que tiene todo individuo de autorizar o prohibir la captación y/o la difusión de sus rasgos físicos (imagen), por cualquier clase de medio o tecnología, aunque a veces la protección se extiende a la voz, firma, nombre, y demás aspectos identificadores de las personas físicas[5].

Si el juzgador privilegia la protección de datos sobre el principio de publicidad de las audiencias, podría desarrollar la audiencia a puerta cerrada bajo alguno de los supuestos del ya mencionado artículo 64, del CNPP, empero, en la mayoría de los casos las personas solicitan la no publicidad de sus datos personales, provocando con ello que un pilar del sistema penal acusatorio, como lo es la publicidad de las audiencias, se colapse de una manera importante.

Considero que la publicidad de las audiencias al ser un principio del sistema penal acusatorio, debe imponerse como regla general, lo que implicaría que, de desarrollarse una audiencia pública, el juzgador solo podría optar por la puerta cerrada o la caracterización del declarante junto con la deformación electrónica de su voz, siempre y cuando corra riesgo su integridad física, pero sin dejar de proteger en ningún caso, los demás datos personales de los declarantes, como su nombre, domicilio, edad, entre otros.

En otras palabras, dependiendo del espacio donde se esté actuando, tendrán un mayor valor los principios y reglas que operen en él; es decir, si nos situamos en una audiencia del sistema penal acusatorio el principio de publicidad es preponderante sobre la protección de datos personales, éste tendrá un peso específico menor frente a aquél, por ende, si un declarante solicita la protección de sus datos personales pues no desea que sean públicos, esa

---

5 De la Parra Trujillo, Eduardo, *Libertad de expresión y acceso a la información, Colección de Textos sobre Derechos Humanos*, México, 1.ª ed., Comisión Nacional de los Derechos Humanos, 2015, pp. 48 y 49.

protección no es total, por ello su imagen y voz pueden estar sin salvaguardia alguna, pensar lo contrario implicaría atentar contra uno de los pilares del sistema penal acusatorio, como lo es la publicidad de las audiencias.

Por el contrario, si la videograbación de la audiencia pública es solicitada vía derecho de acceso a la información por un tercero ajeno al caso, nos encontramos en un espacio legal del acceso a la información y no al del sistema penal acusatorio, que opera con principios y reglas diversas, cobrando mayor peso la protección total de los datos personales y la reserva de la información.

IV. La protección de datos personales en las solicitudes de acceso a las videograbaciones de audiencias públicas del sistema penal acusatorio

El derecho de acceso a la información se encuentra consagrada en el artículo 6, de la Constitución Política de los Estados Unidos Mexicanos, al indicar que el derecho a la información será garantizado por el Estado, teniendo toda persona derecho al libre acceso a información plural y oportuna, así como a buscar, recibir y difundir información de toda índole por cualquier medio de expresión.

> **Artículo 6.°**
>
> [...]
>
> A. Para el ejercicio del derecho de acceso a la información, la Federación, los Estados y el Distrito Federal, en el ámbito de sus respectivas competencias, se regirán por los siguientes principios y bases:
>
> I. Toda la información en posesión de cualquier autoridad, entidad, órgano y organismo de los Poderes Ejecutivo, Legislativo y Judicial, órganos autónomos, partidos políticos, fideicomisos y fondos públicos, así como de cualquier persona física, moral o sindicato que reciba y ejerza recursos públicos o realice actos de autoridad en el ámbito federal, estatal y municipal, es pública y sólo podrá ser reservada temporalmente por razones de interés público y seguridad nacional, en los términos que fijen las leyes. En la interpretación de este derecho deberá prevalecer el principio de máxima publicidad. Los sujetos obligados deberán documentar todo acto que derive del ejercicio de sus facultades, competencias o funciones, la ley determinará los supuestos específicos bajo los cuales procederá la declaración de inexistencia de la información.
>
> II. La información que se refiere a la vida privada y los datos personales será protegida en los términos y con las excepciones que fijen las leyes.
>
> III. Toda persona, sin necesidad de acreditar interés alguno o justificar su utilización, tendrá acceso gratuito a la información pública, a sus datos personales o a la rectificación de éstos.
>
> [...]

De lo anterior, se desprende que toda persona tiene derecho a acceder a información en posesión de los sujetos obligados, siendo uno de ellos el poder judicial quien detenta las videograbaciones de las audiencias públicas de los juicios en materia penal, que para acceder a la información no se requiere acreditar interés jurídico alguno, es decir, cualquier persona podrá, en general, acceder a la información en posesión de los sujetos obligados, salvo que se considere reservada o confidencial, esta última corresponde al resguardo de la información de la vida privada y los datos personales, misma que solo podrá ser pública con la autorización de su titular.

En términos del artículo 61, del CNPP[6], las videograbaciones de las audiencias forman parte de las actuaciones y registros de las audiencias, el órgano jurisdiccional es el encargado de su resguardo y conservación con el objeto de que tengan conocimiento de su contenido las partes y otros órganos distintos que conozcan del mismo procedimiento.

Por su parte el numeral 50, del mismo ordenamiento adjetivo nacional[7], establece que no solo las partes tendrán acceso a los registros de las audiencias, es decir, a las videograbaciones que forman parte del contenido de las carpetas digitales; sino también, podrán ser consultados por terceros cuando dieren cuenta de actuaciones que fueren públicas, a menos que se restrinja el acceso para evitar que se afecten los derechos a la privacidad o a la intimidad de las partes, o bien, se encuentre expresamente prohibido en la ley de la materia.

> El derecho a la intimidad también se le suele llamar derecho a la vida privada (aunque hay algunos que establecen cierta diferenciación) es un derecho humano que permite proteger determinada información, especialmente sensible o personalísima, para que no sea obtenida o difundida sin autorización de la persona concerniente[8].

---

6 Artículo 61. Registro de las audiencias
Todas las audiencias previstas en este Código serán registradas por cualquier medio tecnológico que tenga a su disposición el Órgano jurisdiccional.
La grabación o reproducción de imágenes o sonidos se considerará como parte de las actuaciones y registros y se conservarán en resguardo del Poder Judicial para efectos del conocimiento de otros órganos distintos que conozcan del mismo procedimiento y de las partes, garantizando siempre su conservación.

7 Artículo 50. Acceso a las carpetas digitales
Las partes siempre tendrán acceso al contenido de las carpetas digitales consistente en los registros de las audiencias y complementarios. Dichos registros también podrán ser consultados por terceros cuando dieren cuenta de actuaciones que fueren públicas, salvo que durante el proceso el Órgano jurisdiccional restrinja el acceso para evitar que se afecte su normal sustanciación, el principio de presunción de inocencia o los derechos a la privacidad o a la intimidad de las partes, o bien, se encuentre expresamente prohibido en la ley de la materia.

8 De la Parra Trujillo, Eduardo, *Libertad de expresión y acceso a la información*, ob. cit., p. 45.

Al respecto, Alfonso Pérez Daza, en su obra Código Nacional de Procedimientos Penales, Teoría y práctica del proceso penal acusatorio, señala que:

> [...] los terceros podrán consultar los registros de las audiencias, solamente si con ello no se afecta el principio de presunción de inocencia del que goza todo imputado, o a la intimidad y el resguardo de los datos personales de las partes... sino se respetan los estándares señalados por la normatividad en materia de transparencia podría divulgarse información errónea que pueda señalar a una persona como culpable, cuando aún no se cuenta con una sentencia dictada en tiempo y forma por un órgano jurisdiccional[9].

Como se puede observar si bien un tercero ajeno al juicio puede tener acceso a las videograbaciones de una audiencia pública, su acceso no es procedente si con ello se afecta el derecho a la privacidad o intimidad de las partes, pero además, en términos de lo ya visto en el numeral 116, de la LGTAPP, a la información confidencial solo podrán tener acceso los titulares de la misma, sus representantes y los servidores públicos facultados para ello, por ende, si un tercero ajeno quisiera tener acceso a una videograbación donde obren datos personales, no podrá hacerlo a menos de que el titular otorgue consentimiento para que sus datos sean públicos.

Los videos de las audiencias en las causas penales poseen datos que identifican o hacen identificables a los que en ella participan, tales como nombres, direcciones e incluso la propia imagen y voz; de ahí que les revista el carácter de información confidencial y, por tanto, su difusión es inviable sin el previo consentimiento.

De otorgarse la información relacionada con datos personales, podría causar un perjuicio en la esfera íntima, privada, o bien, propiciar actos de discriminación al relacionarlos con una causa criminal, a menos que, estemos bajo alguno de los supuestos del artículo 120, de la LGTAIP[10], pero estos casos, son una excepción a la regla.

Fuera de lo anterior, la única manera de otorgar el acceso a las videograbaciones, suponiendo que no existiera alguna causa de reserva de las que se

---

9 Pérez Daza, Alfonso, *Código Nacional de Procedimientos Penales. Teoría y práctica del proceso penal acusatorio*, México, Tirant lo Blanch, 2016, pp. 190 y 191.

10 Artículo 120.
[...]
No se requerirá el consentimiento del titular de la información confidencial cuando:
I. La información se encuentre en registros públicos o fuentes de acceso público;
II. Por ley tenga el carácter de pública;
III. Exista una orden judicial;
IV. Por razones de seguridad nacional y salubridad general, o para proteger los derechos de terceros, se requiera su publicación, o
V. Cuando se transmita entre sujetos obligados y entre éstos y los sujetos de derecho internacional, en términos de los tratados y los acuerdos interinstitucionales, siempre y cuando la información se utilice para el ejercicio de facultades propias de los mismos.
[...]

enmarcan primordialmente en las fracciones VII, X, XI y XIII del artículo 113, de la LGTAIP[11] y de las ya mencionadas del diverso 64, del CNPP, y a pesar de que no se haya consentido la publicidad de los datos personales, es que se otorgue mediante una versión pública, salvaguardando toda información confidencial e incluso la reservada.

La fracción XXI, del artículo 3, de la LGTAIP, define a la versión pública como el «documento o expediente en el que se da acceso a información eliminando u omitiendo las partes o secciones clasificadas».

La versión pública de los documentos materia de acceso, es un tema de suma relevancia, pues su mala praxis puede poner ilegalmente en conocimiento de los solicitantes información confidencial, de ser el caso, puede ser motivo de responsabilidad administrativa para el otorgante de la información de acuerdo a lo previsto en la fracción IV, del artículo 206, de la multicitada Ley General[12] o incluso penal pues el tipo descrito en la fracción XXVIII, del artículo 225, del Código Penal Federal[13] enuncia el delito contra la administración de justicia en su modalidad de violación a la confidencialidad.

---

11 Artículo 113
Como información reservada podrá clasificarse aquella cuya publicación:
[...]
VII Obstruya la prevención o persecución de los delitos;
[...]
X. Afecte los derechos del debido proceso;
XI. Vulnere la conducción de los Expedientes judiciales o de los procedimientos administrativos seguidos en forma de juicio, en tanto no hayan causado estado;
[...]
XIII. Las que por disposición expresa de una ley tengan tal carácter, siempre que sean acordes con las bases, principios y disposiciones establecidos en esta Ley y no la contravengan; así como las previstas en tratados internacionales.

12 Artículo 206. La Ley Federal y de las Entidades Federativas, contemplarán como causas de sanción por incumplimiento de las obligaciones establecidas en la materia de la presente Ley, al menos las siguientes:
[...]
IV. Usar, sustraer, divulgar, ocultar, alterar, mutilar, destruir o inutilizar, total o parcialmente, sin causa legítima, conforme a las facultades correspondientes, la información que se encuentre bajo la custodia de los sujetos obligados y de sus Servidores Públicos o a la cual tengan acceso o conocimiento con motivo de su empleo, cargo o comisión;

13 Artículo 225.- Son delitos contra la administración de justicia, cometidos por servidores públicos los siguientes:
[...]
XXVIII.- Dar a conocer a quien no tenga derecho, documentos, constancias o información que obren en una averiguación previa o en un proceso penal y que por disposición de la ley o resolución de la autoridad judicial, sean confidenciales y
[...]
A quien cometa los delitos previstos en las fracciones IV, V, VI, X, XI, XIII, XIV, XV, XVI, XVII, XVIII, XIX, XXI, XXII, XXIII, XXVII, XXVIII, XXX, XXXI y XXXII, se le impondrá pena de prisión de cuatro a diez años y de mil a dos mil días multa.
[...]

Ahora bien, si el órgano jurisdiccional carece de medios tecnológicos para difuminar imagen, alterar la voz y testar los datos personales y así crear la versión pública respectiva para poder hacer entrega de la videograbación solicitada, no podría ser objeto de acceso en tanto que debe protegerse la información clasificada como confidencial, pues el ordinal 111 de la LGTAIP, sólo permite la entrega de documentos que contengan partes o secciones clasificadas como reservadas o confidenciales, cuando sea posible la supresión de éstos en el soporte documental en el que consten[14].

El artículo 111 de la LGTAIP, indica:

Artículo 111

Cuando un Documento contenga partes o secciones reservadas o confidenciales, los sujetos obligados, para efectos de atender una solicitud de información, deberán elaborar una Versión Pública en la que se testen las partes o secciones clasificadas, indicando su contenido de manera genérica y fundando y motivando su clasificación.

Con relación a este punto, el Instituto Nacional de Transparencia, Acceso a la Información y Protección de Datos Personales, emitió el criterio 5/2013[15], que establece que la consulta directa o in situ, no procede cuando los documentos que contengan partes o secciones clasificadas, en esa inteligencia, el solicitante de la información no podría tener acceso, si el órgano jurisdiccional no tiene herramientas tecnológicas para difuminar la imagen de los participantes de las audiencias, ni para distorsionar la voz u omitir las palabras que den cuenta de la identidad de las personas que no autorizaron la publicidad de sus datos personales.

---

14 VÁZQUEZ SEGURA, Jorge Alberto, «El derecho de acceso a las videograbaciones de juicio oral en el sistema penal acusatorio», *Revista de la Facultad de Derecho de México*, Vol. 68, núm. 272 (2), 2018, pp. 929-956. https://doi.org/10.22201/fder.24488933e.2018.272-2.67585

15 Consulta directa. No procede en caso de documentos que contengan partes o secciones clasificadas. El artículo 42 de la *Ley Federal de Transparencia y Acceso a la Información Pública Gubernamental*, establece que la obligación de acceso a la información se dará por cumplida cuando se pongan a disposición del solicitante, para consulta los documentos en el sitio donde se encuentren, o bien, mediante la expedición de copias simples, certificadas o a través de cualquier otro medio, y que el acceso a la información se dará en la forma que lo permita el documento de que se trate. Tratándose de documentos que contengan partes o secciones clasificadas, el acceso a los mismos no procede en la modalidad de consulta directa, en virtud de que para generar la versión pública es necesario reproducir el documento y testar la información clasificada, de conformidad con lo dispuesto en el Tercero de los *Lineamientos generales para el acceso a información gubernamental en la modalidad de consulta directa*. En estos casos, con la finalidad de garantizar el derecho de acceso a la información, los sujetos obligados deberán ofrecer al particular las demás modalidades de acceso previstas en la Ley.

V. Conclusiones

Los datos personales en las audiencias públicas deben ser resguardados cuando sus titulares no autorizan su publicidad, por lo que ninguna persona debería tener acceso a ellos, empero, si la persona no corre un riesgo con motivo de su participación en la misma, su nombre, domicilio, edad y demás datos personales o sensibles deberán resguardarse salvo su imagen y voz, en aras de privilegiar que las audiencias del sistema penal sean públicas.

En tratándose de solicitudes de acceso a la información respecto de videograbaciones de audiencias del sistema penal, la protección de los datos personales debe ser garantizada en su totalidad cuando el titular de los datos personales no haya autorizado su publicidad, lo cual puede acontecer con la correspondiente versión pública del video, difuminando los rostros, distorsionando la voz y silenciado las partes del audio que den cuenta de datos personales o sensibles.

VI. Bibliografía

Basterra, Marcela I., *Protección de Datos Personales, Ley 25.326 y Dto. 1558/01 comentados, Derecho Constitucional Provincial Iberoamérica y México*, Argentina, 1.ª ed., UNAM-EDIAR, 2008, p. 624.

De la Parra Trujillo, Eduardo, *Libertad de expresión y acceso a la información. Colección de Textos sobre Derechos Humanos*, México, 1.ª ed., Comisión Nacional de los Derechos Humanos, 2015, p. 70.

Gonzalez Obregón, Diana Cristal, *Manual Práctico del Juicio Oral*, México, 4.ª ed., Tirant lo Blanch, 2016, p. 649.

Pérez Daza, Alfonso, *Código Nacional de Procedimientos Penales. Teoría y práctica del proceso penal acusatorio*, México, Tirant lo Blanch, 2016, p. 964.

Vázquez Segura, Jorge Alberto, «El derecho de acceso a las videograbaciones de juicio oral en el sistema penal acusatorio», *Revista de la Facultad de Derecho de México*, Vol. 68, núm. 272 (2), 2018, pp. 929-956. https://doi.org/10.22201/fder.24488933e.2018.272-2.67585

RETOS PARA LA PROTECCIÓN DE DATOS EN EL USO DE LAS TECNOLOGÍAS DE RECONOCIMIENTO FACIAL

Natalia Menéndez González

Investigadora asociada Centro para una sociedad digital

Doctoranda en Derecho, Instituto Universitario Europeo

I. Introducción: ¿qué es y cómo funciona el reconocimiento facial?

De acuerdo con el Grupo de trabajo del artículo 29, el reconocimiento facial es el procesamiento automático de imágenes digitales que contienen los rostros de ciertos individuos con el propósito de identificar, autenticar/verificar o categorizar a esos individuos[1]. Para que ocurra este procesamiento, desde un punto de vista técnico, deben darse una serie de subprocesos. Estos procesos son, de acuerdo con el Grupo de trabajo, adquisición de la imagen, detección del rostro, normalización[2], extracción de características (faciales), registro[3] y comparación.

El reconocimiento facial tiene dos modalidades: en tiempo real o *a posteriori*. El reconocimiento facial en tiempo real, también conocido como reconocimiento facial en directo o en vivo, implica que la recogida de los datos biométricos, la comparación y la identificación, verificación/autenticación o categorización ocurren sin un retraso significativo en el tiempo, casi simultáneamente. El reconocimiento facial *a posteriori,* por otra parte, se refiere a todos aquellos sistemas que permiten que la captura de los datos biométricos y los procesos de comparación e identificación ocurran con posteriori-

---

1 Article 29 Data Protection Working Party, «Opinion 02/2012 on facial recognition in online and mobile services» (00727/12/EN, WP 192, 2012).

2 Proceso para suavizar las variaciones entre las regiones faciales detectadas, por ejemplo, para convertir a un tamaño estándar, rotar o alinear distribuciones de color de una imagen facial (ver n 1).

3 Si es la primera vez que un individuo se encuentra ante el sistema de reconocimiento facial, la imagen y/o la correspondiente plantilla biométrica de referencia pueden almacenarse como un registro para su posterior comparación (ver n 1).

dad, con un cierto retraso en el tiempo. Esta distinción es importante porque diversas autoridades, incluida la Corte Europea de Derechos Humanos, han repetido en numerosas ocasiones que, si bien ambas modalidades de reconocimiento facial comportan numerosos riesgos desde el punto de vista de la protección de datos, el reconocimiento facial en tiempo real es particularmente invasivo a este respecto[4].

Los sistemas de reconocimiento facial pueden desempeñar tres funciones: identificación, verificación/autenticación o categorización. Tanto la identificación como la verificación/autenticación se refieren al emparejamiento de diversas características exclusivamente individuales para reconocer una identidad. La categorización, por otra parte, determina si un individuo pertenece a un determinado grupo basándose en sus características biométricas.

La identificación es la comparación de la «plantilla»[5] facial de una persona con otras «plantillas» almacenadas en una base de datos con el fin de determinar si la imagen facial se encuentra en dicha base de datos. Los sistemas de reconocimiento facial devuelven un porcentaje, conocido como «porcentaje de confianza», para cada comparación, estableciendo la probabilidad de que las dos imágenes correspondan al mismo individuo. El uso de reconocimiento facial para propósitos de identificación es también conocido como Reconocimiento Facial Automático.

La verificación/autenticación se refiere al emparejamiento «uno a uno». Consiste en contrastar dos «plantillas» biométricas bajo la asunción de que pertenecen al mismo individuo para determinar si esto es correcto. Por ejemplo, los sistemas empleados en los aeropuertos llevan a cabo esta función. Sin embargo, no es completamente acertado hablar de dos funciones separadas en tanto que la autenticación necesita, como paso previo, una identificación.

La categorización puede utilizarse para propósitos de perfilado. Implica que la tecnología no se utiliza para identificar y emparejar individuos sino para identificar y emparejar ciertas características de esos individuos. La categorización llevada a cabo por vía del reconocimiento facial ha sido objeto de severas críticas debido a la falta de evidencias científicas que apoyen estas prácticas[6]. También existe cierta controversia, especialmente entre los académicos y *policy-makers* de ámbito legal y sus homólogos en el ámbito técnico, así como la industria, respecto a la función de categorización. No existe

4 *Glukhin v. Russia*, no. 11519/20, § 86, 4 Julio 2023

5 De acuerdo con la Opinión 3/2012 sobre el desarrollo en las tecnologías biométricas del Grupo de trabajo del artículo 29, la «plantilla» biométrica se compone de las características clave que se pueden extraer de los datos biométricos «crudos» (por ejemplo, mediciones faciales a partir de una imagen) y se almacenan para su posterior procesamiento en lugar de los datos.

6 Stark, L., & Hutson, J. (2021). «Physiognomic artificial intelligence». *Fordham Intell. Prop. Media & Ent. LJ*, 32, 922.

unanimidad respecto a si la categorización puede considerarse técnicamente reconocimiento facial o no. Desde un punto de vista científico, el reconocimiento facial solo cubre la identificación y la verificación/autenticación. Sin embargo, de acuerdo con la Opinión 02/2012 del Grupo de trabajo del artículo 29, el reconocimiento facial es también un medio de categorización.

II. Características del reconocimiento facial y su impacto en la protección de datos

La naturaleza del reconocimiento facial lo convierte en una tecnología particularmente peligrosa desde el punto de vista de la protección de datos. Algunas de sus características más distintivas, que lo diferencian de otras tecnologías de vigilancia en general y tecnologías biométricas en particular, son:

1. Potenciado por Inteligencia Artificial

El reconocimiento facial actual se encuentra potenciado por Inteligencia Artificial (IA). Esta característica cobra relevancia, especialmente, en dos aspectos. En primer lugar, un exponencial incremento en su eficacia. Antes de la incorporación de técnicas de *Machine Learning*, el reconocimiento facial no era particularmente bien visto debido a los pobres resultados que ofrecía[7]. Imágenes con baja calidad o malas condiciones de iluminación, así como personas que portaban accesorios faciales tales como gafas, velos religiosos o personas con vello facial eran difícilmente reconocibles por estos sistemas, dando lugar a falsos positivos/negativos con las correspondientes consecuencias. En segundo lugar, la incorporación de IA a los sistemas de reconocimiento facial ha permitido el surgimiento de los sistemas de categorización. Un notable ejemplo de estos sistemas es el proyecto iBorderCtrl. Este proyecto financiado por la Unión Europea proponía un sistema que, entre otras cosas, utilizaba reconocimiento facial para detectar afirmaciones falsas en contextos migratorios en las fronteras de la Unión Europea[8].

2. Algorítmicamente sesgado

Uno de los principales caballos de batalla del reconocimiento facial y, me atrevería a decir, culpables de su mala reputación son sus sesgos algorítmicos.

7 A. Gates, K. *Our Biometric Future: Facial Recognition Technology and the Culture of Surveillance* (NYU Press 2011)

8 Condé Nast, «La "macchina della verità" alle frontiere di cui l'"Europa preferiva non parlare» (*Wired Italia*, 27 April 2021) <https://www.wired.it/attualita/tech/2021/04/27/iborder-ctrl-europa-frontiere-sorveglianza/> accessed 25 October 2023.

En este sentido, no pueden dejar de mencionarse los nombres de las doctoras Joy Buolamwini y Timnit Gebru que, en 2018, publicaron su célebre artículo «Gender shades»[9]. En este artículo, las autoras revelaban las disparidades en la exactitud de los resultados arrojados por sistemas de reconocimiento facial basadas en la raza de los sujetos. De acuerdo con las doctoras Buolamwini y Gebru, el origen de estos resultados residía en la composición de los data sets de entrenamiento de los sistemas, compuestos en una aplastante mayoría por imágenes faciales de individuos caucásicos. Consecuentemente, la exactitud de los resultados de los sistemas de reconocimiento facial empeoraba drásticamente en personas de color, especialmente mujeres. Estos sesgos algorítmicos trascienden la problemática técnica cuando los resultados arrojados por los sistemas de reconocimiento facial son utilizados para la toma de decisiones, por ejemplo, por los miembros de las fuerzas del orden. Sólo en Estados Unidos se han reportado al menos cuatro casos donde individuos de raza negra (incluida una mujer embarazada de ocho meses)[10] han sido injustamente detenidos e incluso pasado la noche en un calabozo a consecuencia de un falso positivo por parte de un sistema de reconocimiento facial[11].

3. Remoto

A diferencia de otros sistemas biométricos tales como los escáneres de huellas dactilares o de iris, los sistemas de reconocimiento facial no necesitan que el sujeto apoye alguna parte de su cuerpo contra una superficie o se encuentre a una distancia muy corta. Esta característica de la tecnología ha dado lugar a la proliferación de los conocidos como sistemas de reconocimiento facial a distancia[12]. Estos sistemas normalmente operan con los denominados «sujetos no cooperativos». Esta terminología hace referencia a sujetos que no se someten voluntariamente al reconocimiento facial. La falta de cooperación puede ser activa, esto es, el sujeto se opone, por ejem-

---

9 BUOLAMWINI, J. and GEBRU, T. «Gender Shades: Intersectional Accuracy Disparities in Commercial Gender Classification», *Proceedings of the 1st Conference on Fairness, Accountability and Transparency* (PMLR 2018) <https://proceedings.mlr.press/v81/buolamwini18a.html> accessed 30 October 2023.{\\i{}Proceedings of the 1st Conference on Fairness, Accountability and Transparency} (PMLR 2018

10 Kashmir HILL, «Eight Months Pregnant and Arrested After False Facial Recognition Match» *The New York Times* (6 August 2023) <https://www.nytimes.com/2023/08/06/business/facial-recognition-false-arrest.html> accessed 30 October 2023.

11 Khari JOHNSON, «How Wrongful Arrests Based on AI Derailed 3 Men"s Lives» *Wired* <https://www.wired.com/story/wrongful-arrests-ai-derailed-3-mens-lives/> accessed 30 October 2023.

12 W WHEELER, F. WEISS, RICHARD L. and H TU, P. «Face Recognition at a Distance System for Surveillance Applications», 2010 *Fourth IEEE International Conference on Biometrics: Theory, Applications and Systems (BTAS)* (2010) <https://ieeexplore.ieee.org/document/5634523> accessed 30 October 2023.

plo, por cuestiones ideológicas; o pasiva, el sujeto no es consciente de estar siendo sometido a reconocimiento facial. Esta característica de los sistemas de reconocimiento facial está íntimamente ligada con la siguiente.

4. No invasivo

En tanto que remotos, los sistemas de reconocimiento facial pueden pasar completamente desapercibidos. De una manera similar a las cámaras de vigilancia, los sistemas de reconocimiento facial no requieren grandes despliegues a nivel de infraestructura. Esto puede parecer una ventaja a primera vista, puesto que no introducen ruido visual, por ejemplo, en los espacios públicos en los que se encuentran instalados. Sin embargo, también tiene una contrapartida y es que resulta muy difícil para los ciudadanos potencialmente sometidos a dichos sistemas ser conscientes de su presencia. En este sentido, los «sujetos no cooperativos» a los que se hacía referencia en el apartado anterior, no pueden oponerse a ser sometidos a sistemas de reconocimiento facial porque simplemente no son conscientes de su presencia. En esta línea, numerosas organizaciones y académicos han advertido del peligro que la no invasividad de los sistemas de reconocimiento facial acarrea desde el punto de vista de la protección de datos[13]. El consentimiento es una de las principales bases para la licitud del tratamiento de datos biométricos, de acuerdo con el artículo 9.2.1 del Reglamento general de protección de datos (RGPD)[14]. Sin embargo, de acuerdo con el considerando 32 del mismo texto legal,

> «[e]l consentimiento debe darse mediante un acto afirmativo claro que refleje una manifestación de voluntad libre, específica, informada, e inequívoca del interesado de aceptar el tratamiento de datos de carácter personal que le conciernen, como una declaración por escrito, inclusive por medios electrónicos, o una declaración verbal. Esto podría incluir marcar [...] cualquier otra declaración o conducta que indique claramente en este contexto que el interesado acepta la propuesta de tratamiento de sus datos personales. Por tanto, el silencio, las casillas ya marcadas o la inacción no deben constituir consentimiento».

Aun cuando tal y como algunos organismos han indicado[15], se señalice el uso de reconocimiento facial con carteles o se entreguen panfletos, esto

13 Selinger, E. & Hartzog, W. «The Inconsentability of Facial Surveillance», in 66 *Loyola Law Review 101* (2019). Available at: https://scholarship.law.bu.edu/faculty_scholarship/3066

14 REGLAMENTO (UE) 2016/679 DEL PARLAMENTO EUROPEO Y DEL CONSEJO de 27 de abril de 2016 relativo a la protección de las personas físicas en lo que respecta al tratamiento de datos personales y a la libre circulación de estos datos y por el que se deroga la Directiva 95/46/CE (Reglamento general de protección de datos)

15 Information Commissioner"s Opinion: The use of live facial recognition technology by law enforcement in public places 31 October 2019 Reference: 2019/01

no será suficiente para acreditar un acto afirmativo claro de consentimiento por parte del sujeto a reconocimiento facial de acuerdo con el RGPD. Y aun cuando lo fuera, es cuestionable si el sometimiento a una tecnología tan invasiva debe descansar en un consentimiento otorgado de una manera tan superficial.

5. Omnipresente

La mencionada naturaleza remota y no invasiva de los sistemas de reconocimiento facial los hace una tecnología particularmente adecuada para ser instalada con carácter general en multitud de escenarios tanto públicos como privados. Además, la ventaja tecnológica que aporta en contextos de necesidad de identificación/verificación a gran escala ha convertido el reconocimiento facial en una alternativa muy atractiva para numerosos actores. Por ejemplo, hoy en día el reconocimiento facial se encuentra implantado en multitud de aeropuertos a lo largo del planeta. En España, los aeropuertos de Madrid-Barajas, Barcelona y Menorca ya han probado este sistema[16]. A este respecto, la emergencia sanitaria del COVID-19 actuó, bajo mi punto de vista, como un catalizador para la legitimación en el uso del reconocimiento facial[17]. Al ser remoto, no intrusivo y no requerir contacto alguno, el reconocimiento facial se presenta como una alternativa muy interesante para la gestión de grandes grupos de gente en contextos tales como grandes eventos[18].

---

16 Ricardo Mir de Francia, «El aeropuerto de Barcelona ensaya un programa de reconocimiento facial de pasajeros» (*elperiodico*, 15 December 2021) <https://www.elperiodico.com/es/economia/20211215/aeropuerto-barcelona-ensaya-sistema-reconocimiento-facial-pasajeros-12986618> accessed 30 October 2023. «El Piloto de Reconocimiento Facial Desplegado En El Aeropuerto AS Madrid- Barajas Se Amplía Para Ofrecer a Los Viajeros Una Experiencia Biométrica Móvil Sin Contacto» <https://www.aena.es/es/prensa/el-piloto-de-reconocimiento-facial-desplegado-en-el-aeropuerto-as-madrid---barajas-se-amplia-para-ofrecer-a-los-viajeros-una-experiencia-biometrica---movil-sin-contacto.html> accessed 30 October 2023. Sofía Fernández, «El reconocimiento facial, pionero en un aeropuerto español: así funciona en Menorca» (*elconfidencial.com*, 25 July 2019) <https://www.elconfidencial.com/tecnologia/2019-07-25/biometria-reconocimiento-facial-aeropuertos-aena-bra_2133875/> accessed 30 October 2023.

17 Menéndez González, N. «Brave new (normal) world: an the COVID-19 emergency serve as an excuse to increase the surveillance state with facial recognition technology?», en De Abreu Duarte, F. y Palmiotto Ettorre, F. *Sovereignty, Technology and Governance After COVID-19: Legal Challenges in a Post-Pandemic Europe*, Bloomsbury Academic, 28 mar 2022

18 Ver Agencia Española de Protección de Datos, Expediente n.º: EXP202100603 RESOLUCIÓN DE RECURSO DE REPOSICIÓN sobre el uso de un sistema de reconocimiento facial en el contexto del Mobile World Congress Barcelona 2022 (uno de los eventos más importantes en su categoría a nivel mundial).

III. Tipos de datos «extraíbles» por un sistema de reconocimiento facial

Los tipos de datos «extraíbles» por parte de los sistemas de reconocimiento facial dependerán de la función que este desempeñe. En el caso de las funciones de identificación o autenticación/verificación, los sistemas de reconocimiento facial procesarán imágenes faciales con el propósito de «identificar de manera unívoca a una persona física». En este caso, y de acuerdo con los artículos 4.14 y 9.1 RGPD, nos encontraremos ante el procesamiento de datos biométricos[19]. Este procesamiento está en principio prohibido excepto en los casos recogidos en el artículo 9.2 RGPD, incluido previo consentimiento.

En el caso de los sistemas de categorización, múltiples datos (personales o no, sensibles o no) pueden ser obtenidos a través del reconocimiento facial. Diversos autores afirman haber sido capaces de obtener datos relativos a la orientación sexual[20], el estado de ánimo[21], el diagnóstico de enfermedades mentales[22], el potencial criminal[23] o la ideología política[24] a partir del análisis de imágenes faciales. Como afirmamos en el primer apartado de la sección segunda de este trabajo, esta corriente de trabajo ha sido muy criticada por numerosos académicos por la falta de evidencias científicas que la respaldan. En este sentido, numerosos científicos españoles dirigieron una carta

19 «"datos biométricos": datos personales obtenidos a partir de un tratamiento técnico específico, relativos a las características físicas, fisiológicas o conductuales de una persona física que permitan o confirmen la identificación única de dicha persona, como imágenes faciales o datos dactiloscópicos» (Artículo 4.14 RGPD)

20 WANG, Y., & KOSINSKI, M. (2018). «Deep neural networks are more accurate than humans at detecting sexual orientation from facial images». *Journal of Personality and Social Psychology*, 114(2), 246-257. https://doi.org/10.1037/pspa0000098

21 V. JACINTHA, J. SIMON, S. TAMILARASU, R. THAMIZHMANI, K. THANGA YOGESH and J. NAGARAJAN, «A Review on Facial Emotion Recognition Techniques», 2019 *International Conference on Communication and Signal Processing (ICCSP)*, Chennai, India, 2019, pp. 0517-0521, doi: 10.1109/ICCSP.2019.8698067.

22 GUO W, YANG H, LIU Z, XU Y and HU B (2021) «Deep Neural Networks for Depression Recognition Based on 2D and 3D Facial Expressions Under Emotional Stimulus Tasks». Front. *Neurosci.* 15:609760. doi: 10.3389/fnins.2021.609760

23 En junio de 2020, un colectivo de más de 2000 investigadores, académicos y expertos en inteligencia artificial enviaron una carta abierta al comité editorial de Springer donde solicitaban la retirada de la publicación «A Deep Neural Network Model to Predict Criminality Using Image Processing» en la publicación colectiva *Springer Nature — Research Book Series: Transactions on Computational Science and Computational Intelligence*. La carta puede leerse aquí: https://medium.com/@CoalitionForCriticalTechnology/abolish-the-techtoprisonpipeline-9b5b14366b16

24 KOSINSKI, M. «Facial recognition technology can expose political orientation from naturalistic facial images». *Sci Rep* 11, 100 (2021). https://doi.org/10.1038/s41598-020-79310-1

abierta al Gobierno de España en abril de 2021 pidiendo una moratoria «en el uso y comercialización de sistemas de reconocimiento y análisis facial por parte de empresas públicas y privadas hasta que la Cortes Generales y las instituciones legislativas europeas debatan cuáles, de qué manera, en qué condiciones, con qué garantías y con qué objetivos debe permitirse, si cabe, el uso de estos sistemas»[25]. En caso de aceptar la efectividad de estos sistemas, éstos podrían revelar información concerniente a «la vida sexual o las orientación sexuales», «datos relativos a la salud» o «las opiniones políticas» de una persona. Todos estos datos son datos sensibles, de acuerdo con el artículo 9.1 RGPD y su procesamiento se encuentra, en principio, prohibido.

Finalmente, los sistemas de reconocimiento facial pueden revelar otro tipo de circunstancias sobre una persona, especialmente cuando son instalados en lugares públicos. Por ejemplo, la pertenencia a una determinada religión en caso de portar un velo religioso, la ideología política o de otro tipo en caso de asistir a una manifestación, protesta o cualquier otro acto que se desarrolle en la vía pública u otro tipo de circunstancias en función de las personas con las que el sujeto se reúna y las actividades que se realicen durante esas reuniones (pensemos por ejemplo en el caso de que alguien se reúna con un sacerdote de cualquier credo religioso, con un abogado o con un traficante de drogas). Estas informaciones podrían constituir en algunos casos «datos personales que revelen el origen étnico o racial, las opiniones políticas, las convicciones religiosas o filosóficas, o la afiliación sindical, [...] datos relativos a la salud o datos relativos a la vida sexual o las orientación sexuales de una persona física» constituyendo, de nuevo, datos sensibles cuyo procesamiento se encuentra en principio prohibido de acuerdo al artículo 9.1 RGPD.

IV. Regulación de los sistemas de reconocimiento facial: retos y oportunidades

A excepción de algunos retazos de legislación en los Estados Unidos[26], algunas menciones en la «Lei n.º 95/2021, de 29 de dezembro» portuguesa que regula la utilización y acceso por las fuerzas y servicios de seguridad y la Autoridad Nacional de Emergencia y Protección civil a sistemas de videovigilancia para la captación, grabación y tratamiento de imagen y sonido, incluyendo el reconocimiento facial y una moratoria en sistemas de videovigilancia que usen reconocimiento facial por parte de la legislación italiana[27], no se

25 La carta puede consultarse aquí: http://bit.ly/CartaGobiernoVersionActual

26 Carolina Rabinowicz, «Approaches to Regulating Government Use of Facial Recognition Technology» (JOLT Digest, 4 May 2023) <https://jolt.law.harvard.edu/digest/approaches-to-regulating-government-use-of-facial-recognition-technology>

27 Decreto-legge 10 maggio 2023, n. 51 coordinato con la legge di conversione 3 luglio 2023, n. 87

cuenta apenas con regulaciones *ad hoc* aplicables a esta tecnología. Debido a esto, para afrontar la gobernanza de los sistemas de reconocimiento facial debemos remitirnos a otros instrumentos legislativos tales como la Carta de los Derechos Fundamentales de la Unión Europea y el Convenio Europeo de Derechos Humanos, en tanto el uso de dichos sistemas interactúe con el disfrute de derechos y libertades fundamentales tales como la privacidad, la protección de datos, el derecho a la libertad de expresión o los derechos a la libertad de reunión y asociación, entre otros. A este respecto, también resultan de aplicación al uso de los sistemas de reconocimiento facial legislaciones centradas en un sólo derecho fundamental, tales como el RGPD o la Directiva (UE) 2016/680 del Parlamento Europeo y del Consejo, de 27 de abril de 2016, relativa a la protección de las personas físicas en lo que respecta al tratamiento de datos personales por las autoridades competentes con fines de prevención, investigación, detección o enjuiciamiento de delitos penales. delitos o la ejecución de sanciones penales, y sobre la libre circulación de dichos datos, y por la que se deroga la Decisión Marco 2008/977/JAI del Consejo (por lo que respecta al derecho a la protección de datos). Finalmente, en tanto que, tal y como se explica en la sección primera del segundo apartado de este trabajo, el reconocimiento facial actual está potenciado por IA, el «Reglamento del Parlamento Europeo y del Consejo por el que se establecen normas armonizadas en materia de inteligencia artificial (ley de inteligencia artificial) y se modifican determinados actos legislativos de la Unión» también resultará de aplicación. Este reglamento se encuentra en el momento de escribir este trabajo en su fase final de negociación. Es imposible predecir la formulación final del texto por cuanto respecta a los sistemas de reconocimiento facial, pero la posición negociadora del Parlamento Europeo sobre la regulación aprobada en junio de 2023 prohibía «los sistemas de identificación biométrica remota, en tiempo real, en espacios públicos; los sistemas de identificación biométrica remota, a posteriori, con la única excepción de usos policiales en investigaciones por delitos graves y con autorización judicial; los sistemas de categorización biométrica que utilicen ciertas características identitarias (por ejemplo el género, la raza, la etnia, el estatus de ciudadanía, la religión o la orientación política); los sistemas policiales predictivos (basados en la elaboración de perfiles, la ubicación o el historial delictivo); los sistemas de reconocimiento de emociones por las fuerzas de seguridad, en la gestión de fronteras, los lugares de trabajo o las instituciones de enseñanza; y el rastreo indiscriminado de imágenes faciales sacadas de Internet o de circuitos cerrados de televisión para crear bases de datos de reconocimiento facial (que violan los derechos humanos y el derecho a la intimidad)»[28].

28 «La Eurocámara, lista para negociar la primera ley sobre inteligencia artificial | Noticias | Parlamento Europeo» (14 June 2023) <https://www.europarl.europa.eu/news/es/press-room/20230609IPR96212/la-eurocamara-lista-para-negociar-la-primera-ley-sobre-inteligencia-artificial> accessed 31 October 2023.

La regulación de los sistemas biométricos en general y del reconocimiento facial ha sido uno de los puntos calientes a lo largo de todo el proceso legislativo de la propuesta de Reglamento de la IA[29]. En este sentido, la posición final adoptada por el legislador europeo será crucial para determinar los casos en los que la ventaja tecnológica añadida por el uso de reconocimiento facial se sobrepone a la intromisión que su uso supone para los derechos fundamentales en general y la protección de datos en particular. Finalmente, la provisión contenida en el artículo 9.4 RGPD y la posibilidad de que el Reglamento de la IA contemple alguna provisión similar que permitan a los Estados miembros «mantener o introducir condiciones adicionales, inclusive limitaciones, con respecto al tratamiento de [...] datos biométricos» abre la puerta al legislador nacional a introducir nuevas reglas que afecten a la gobernanza del reconocimiento facial. A priori, esto podría parecer positivo debido al «limbo» legislativo en que opera actualmente esta tecnología. Sin embargo, si tenemos en cuenta que los diversos Estados miembros pueden tener distintos pareceres en lo que respecta al dilema entre la ventaja tecnológica otorgada por el reconocimiento facial *versus* el riesgo que su uso supone para los derechos fundamentales, la proliferación de legislaciones nacionales en la materia podría resultar en una divergencia en los niveles de protección de dichos derechos a lo largo de la Unión Europea.

V. Conclusiones

Este artículo propone una breve reflexión sobre los retos que las tecnologías de reconocimiento facial suponen para los derechos fundamentales en general y para la protección de datos en particular. El artículo comienza explicando qué es el reconocimiento facial, cómo funciona, los distintos tipos de sistemas de reconocimiento facial que existen y las funciones que éstos desempeñan. En segundo lugar, se analizan las características de los sistemas de reconocimiento facial que los convierten en especialmente problemáticos desde el punto de vista de la protección de datos: potenciamiento por Inteligencia Artificial, presencia de sesgos algorítmicos, remotidad, no invasividad y omnipresencia. A este respecto, cabe destacar, debido a su naturaleza, la dificultad para obtener un consentimiento explícito al sometimiento a un sistema de reconocimiento facial. En tercer lugar, el artículo analiza los diferentes tipos de datos que pueden ser «extraídos» por los sistemas de reconocimiento facial. Se incluyen el procesamiento de imágenes faciales con el objeto de identificar unívocamente a un sujeto y el procesamiento de «datos personales que revelen el origen étnico o racial, las opiniones políticas, las convicciones religiosas o filosóficas, o

29 «Forget ChatGPT: Facial Recognition Emerges as AI Rulebook's Make-or-Break Issue» (POLITICO, 14 June 2023) <https://www.politico.eu/article/facial-recognition-artificial-intelligence-act-ai-issue-european-parliament/> accessed 31 October 2023.

la afiliación sindical, y el tratamiento de [...] datos relativos a la salud o datos relativos a la vida sexual o las orientación sexuales de una persona física». En ambos casos el procesamiento de estos datos está inicialmente prohibido de acuerdo con el artículo 9.1 RGPD con las excepciones contempladas en el segundo apartado de dicho artículo. El artículo concluye con una reflexión sobre la diseminación de provisiones concernientes a la gobernanza del reconocimiento facial. Estas pueden incluir, a nivel europeo, entre otras, la Carta de los Derechos Fundamentales de la Unión Europea, el Convenio Europeo de Derechos Humanos, el RGPD, el Reglamento de IA y diversas regulaciones de derecho nacional. Estas regulaciones pueden ayudar a clarificar ciertos aspectos de la regulacion europea, pero también pueden suponer una desigual protección de derechos fundamentales a lo largo del territorio de la Unión.

VI. Bibliografía

Buolamwini, J. and **Gebru, T.** «Gender Shades: Intersectional Accuracy Disparities in Commercial Gender Classification», *Proceedings of the 1st Conference on Fairness, Accountability and Transparency* (PMLR 2018) <https://proceedings.mlr.press/v81/buolamwini18a.html> accessed 30 October 2023.{\\i{}Proceedings of the 1st Conference on Fairness, Accountability and Transparency} (PMLR 2018

Condé Nast, «La "macchina della verità" alle frontiere di cui l'Europa preferiva non parlare» (*Wired Italia*, 27 April 2021) <https://www.wired.it/attualita/tech/2021/04/27/iborderctrl-europa-frontiere-sorveglianza/> accessed 25 October 2023.

Fernández, S. «El reconocimiento facial, pionero en un aeropuerto español: así funciona en Menorca» (*elconfidencial.com*, 25 July 2019) <https://www.elconfidencial.com/tecnologia/2019-07-25/biometria-reconocimiento-facial-aeropuertos-aena-bra_2133875/> accessed 30 October 2023.

Gates, K *Our Biometric Future: Facial Recognition Technology and the Culture of Surveillance* (NYU Press 2011)

Guo W, Yang H, Liu Z, Xu Y and **Hu, B** (2021) «Deep Neural Networks for Depression Recognition Based on 2D and 3D Facial Expressions Under Emotional Stimulus Tasks». *Front. Neurosci.* 15:609760. doi: 10.3389/fnins.2021.609760

Hill, K. «Eight Months Pregnant and Arrested After False Facial Recognition Match» *The New York Times* (6 August 2023) <https://www.nytimes.com/2023/08/06/business/facial-recognition-false-arrest.html> accessed 30 October 2023.

Johnson, K. «How Wrongful Arrests Based on AI Derailed 3 Men's Lives» *Wired* <https://www.wired.com/story/wrongful-arrests-ai-derailed-3-mens-lives/> accessed 30 October 2023.

Kosinski, M. «Facial recognition technology can expose political orientation from naturalistic facial images». *Sci Rep* 11, 100 (2021). https://doi.org/10.1038/s41598-020-79310-1

Menéndez González, N. «Brave new (normal) world: can the COVID-19 emergency serve as an excuse to increase the surveillance state with facial recognition technology?», en **de Abreu Duarte, F. y Palmiotto Ettorre, F.** *Sovereignty, Technology and Governance After COVID-19: Legal Challenges in a Post-Pandemic Europe*, Bloomsbury Academic, 28 mar 2022.

Mir de Francia, R., «El aeropuerto de Barcelona ensaya un programa de reconocimiento facial de pasajeros» (*elperiodico*, 15 December 2021) <https://www.elperiodico.com/es/economia/20211215/aeropuerto-barcelona-ensaya-sistema-reconocimiento-facial-pasajeros-12986618> accessed 30 October 2023.

Rabinowicz, C., «Approaches to Regulating Government Use of Facial Recognition Technology» (*JOLT Digest*, 4 May 2023) *<https://jolt.law.harvard.edu/digest/approaches-to-regulating-government-use-of-facial-recognition-technology>*

Selinger, E. & Hartzog, W. «The Inconsentability of Facial Surveillance», 66 *Loyola Law Review* 101 (2019).

Stark, L., & Hutson, J. (2021). «Physiognomic artificial intelligence». *Fordham Intell. Prop. Media & Ent. LJ*, *32*, 922.

V. Jacintha, J. Simon, S. Tamilarasu, R. Thamizhmani, K. Thanga Yogesh and **J. Nagarajan**, «A Review on Facial Emotion Recognition Techniques», 2019 *International Conference on Communication and Signal Processing (ICCSP)*, Chennai, India, 2019, pp. 0517-0521, doi: 10.1109/ICCSP.2019.8698067.

W Wheeler, F. Weiss, Richard L. and **H Tu, P.** «Face Recognition at a Distance System for Surveillance Applications», *2010 Fourth IEEE International Conference on Biometrics: Theory, Applications and Systems (BTAS)* (2010) <https://ieeexplore.ieee.org/document/5634523> accessed 30 October 2023.

Wang, Y., & Kosinski, M. (2018). «Deep neural networks are more accurate than humans at detecting sexual orientation from facial images». *Journal of Personality and Social Psychology*, 114(2), 246-257. https://doi.org/10.1037/pspa0000098

VII. Referencias normativas

- REGLAMENTO (UE) 2016/679 DEL PARLAMENTO EUROPEO Y DEL CONSEJO de 27 de abril de 2016 relativo a la protección de las personas físicas en lo que respecta al tratamiento de datos personales y a la libre circulación de estos datos y por el que se deroga la Directiva 95/46/CE (Reglamento general de protección de datos)
- Agencia Española de Protección de Datos, Expediente n.º: EXP202100603 RESOLUCIÓN DE RECURSO DE REPOSICIÓN
- Article 29 Data Protection Working Party, «Opinion 02/2012 on facial recognition in online and mobile services» (00727/12/EN, WP 192, 2012)
- Article 29 Data Protection Working Party, «Opinion 3/2012 on developments in biometric technologies» (00720/12/EN, WP 193, 2012)
- Information Commissioner's Opinion: The use of live facial recognition technology by law enforcement in public places 31 October 2019 Reference: 2019/01

DEBERES DE CONFIDENCIALIDAD Y PROTECCIÓN DE DATOS PERSONALES DE CONSUMIDORES

Pablo Muruaga Herrero
Investigador predoctoral FPU en Derecho Civil
Universitat de València

I. Planteamiento de la cuestión

Las negociaciones de un contrato, de vez en cuando, pueden ser traicioneras. Ambas partes contratantes pueden poner en riesgo informaciones —muchas de ellas, en multitud de ocasiones, confidenciales— en el momento en que deben comunicarlas a su contraparte. Así, en el marco de estas operaciones, la gran mayoría de la doctrina ha considerado, sin ningún lugar a dudas, que, como reverso del deber de informar —aunque su existencia total es dudosa, dada la presencia de la carga de autoinformarse—, nace un deber de confidencialidad respecto de las informaciones que ambas partes pueden transmitirse entre ellas[1]. De este modo, se ha entendido que, como consecuencia de los deberes de buena fe precontractual, nace un deber de no divulgar la información confidencial que se reciba de la otra parte ni utilizarla fuera de los usos que estén autorizados. Aunque todos estos términos no dejan de ser una suma de incertidumbres —creadas a propósito, o no— que colman o llevan al límite la posibilidad de conocer *ex ante* cuál es el alcance de cada información dada o cuál será la consecuencia de realizar un comentario sobre alguna de ellas.

---

1 Entre otros muchos: García Rubio, M. P., «La responsabilidad precontractual en la propuesta de modificación del derecho de obligaciones y contratos», *Anuario de Derecho Civil,* tomo LXIII, fasc. II, 2010, *passim*; Capilla Casco, A., «Los tratos preliminares, cartas de intenciones, ofertas vinculantes y no vinculantes. Su problemática contenciosa», en Jordano Luna, M. (coord.), *Manual de fusiones y adquisiciones de empresas,* La Ley —Wolters Kluwer, Madrid, 2016, e-book [Smarteca]; Corvo López, F. M., «Principios y deberes básicos para la ejecución de contratos: buena fe, lealtad, cooperación, información y confidencialidad», en Carbajo Cascón, F. (dir.): *Los contratos de distribución en las propuestas armonizadoras del derecho contractual europeo: repercusiones en el derecho español y en la práctica contractual,* Ed. Tirant lo Blanch – Universidad de Salamanca, Valencia, 2015, p. 231; Hernando Cebría, L., *El contrato de compraventa de empresa,* Tirant lo Blanch, Valencia, 2005, p. 540; García Rubio, M. P., *La responsabilidad precontractual en el derecho español,* Tecnos, Madrid, 1991, pp. 50 y ss.; Alonso Pérez, M., «La responsabilidad precontractual», *Revista Crítica de Derecho Inmobiliario,* núm. 485, 1970, *passim.*

No hay precepto que lo regule para toda relación precontractual —aunque sí de manera concreta en leyes especiales—, por lo que su contenido, extensión o límites han sido definidos mayoritariamente por la doctrina. Así, una de las cuestiones más complicadas de delimitar de un modo genérico es qué información compone el contenido de este deber o, dicho de otro modo, sobre qué tipo de información pesa el deber de confidencialidad. Ahora bien, estos deberes generalmente se han estudiado en relación con las relaciones empresariales o laborales, pero ¿qué sucede cuando la relación se da con un consumidor? ¿Se matiza el contenido del deber de confidencialidad?

El artículo 5 de la Ley Orgánica 3/2018, de 5 de diciembre, de Protección de Datos Personales y garantía de los derechos digitales —en adelante, LOPD— es terminante al señalar la existencia de un deber de confidencialidad sobre los datos personales, que recae sobre todo responsable y encargado del tratamiento de datos, así como sobre cualquier persona que intervenga. Desde la perspectiva del consumidor, ¿el contenido de los deberes de confidencialidad genéricos se confunde con la protección de sus datos personales? Es decir, ¿se confunden los deberes atípicos de confidencialidad que surgen en las relaciones económicas con el deber de confidencialidad previsto en la LOPD? ¿O suponen un plus de protección para los consumidores, al tenerse que entender ambos deberes de manera acumulativa? Aunque ¿hay alguna información, de manera general, que pueda suministrar un consumidor que no quede bajo el paraguas de la LOPD?

Por otro lado, en la mayoría de las operaciones económicas se firman acuerdos de confidencialidad para dotar al deber genérico de confidencialidad de una cierta seguridad jurídica y del tráfico[2], precisando qué información tendrá la consideración de confidencial y los usos permitidos de la información y, sobre todo, estableciendo una cláusula penal para determinar previamente las cantidades que deberán satisfacerse en caso de que se incumplan los deberes. La cuestión, por tanto, consiste en conocer si es necesaria la inclusión de un acuerdo de confidencialidad para aumentar la previsibilidad del deber de confidencialidad previsto en la LOPD o si es conveniente para la seguridad del consumidor que se prevea *ex ante* una cantidad económica que deberá satisfacérsele en caso de incumplimiento de tal deber de confidencialidad de la LOPD. Más allá de eso, desde una vertiente práctica, ¿habrá algún empresario dispuesto a incluir una cláusula de este tipo en un contrato con un consumidor?

A lo largo de las siguientes páginas trataremos de adentrarnos en algunos de los problemas que se han señalado, siendo conscientes, no obstante, de que se afrontarán, por formato y extensión, sin la profundidad que algunos de ellos requerirían, empero apuntalando los caminos o los planteamientos base que permiten continuar desbrozando este complejo árbol.

---

2 Sobre esta cuestión y la diferenciación de los términos, entre otros, *vid.* PAZ-ARES RODRÍGUEZ, C.: «Seguridad jurídica y seguridad del tráfico», *Revista de Derecho Mercantil*, núm. 176, 1985, pp. 7-40.

II. Marco jurídico de los deberes de confidencialidad

1. La buena fe precontractual

En nuestro ordenamiento jurídico no se recoge de una manera expresa que durante las etapas precontractuales exista una obligación o un deber de actuar conforme a la buena fe, a diferencia de lo que ocurre, por ejemplo, en el Código Civil italiano[3]. No obstante, como se sabe, la doctrina unánimemente ha salvado este escollo acudiendo a diversas justificaciones, todas ellas razonables que pretenden dotar de un régimen jurídico —lógico— a lo que el legislador decimonónico no prestó atención en su momento —ni el del siglo XX y XXI—[4].

De esta suerte, sin entrar a pormenorizar cada uno de ellos, se han señalado los siguientes argumentos. En primer lugar, la aplicación analógica del artículo 1258 del Código Civil —en lo sucesivo, CC— a las negociaciones previas a la contratación. En segundo lugar, la aplicación de la cláusula general del artículo 7 CC. Y, en tercer lugar, la aplicación indirecta de esta buena fe, a través del artículo primero, apartado cuarto del CC, si consideramos que es un principio general del derecho[5].

Con todo, no cabe duda de que la buena fe en nuestro ordenamiento jurídico, por un camino u otro, como he defendido en otras ocasiones[6], está presente durante las fases previas de la contratación. Aunque, sin duda, lo más

---

3 Precisamente el artículo 1337 del *Codice Civile* dispone que «[l]as partes, en el desarrollo de las negociaciones y en la formación del contrato, deben comportase conforme a la buena fe». En un sentido similar, en el artículo 227 del Código Civil de Portugal se establece, bajo el título de «culpa en la formación de los contratos», que «1. Quien negocia con otra parte la celebración de un contrato, debe, tanto en los tratos preliminares como en la formación del contrato, proceder según las reglas de la buena fe, so pena de responder de los daños y perjuicios que culposamente cause a la otra parte». Sobre otros ejemplos tanto concordantes con el modelo italiano como discordantes con él, es decir, que siguen el modelo español, *vid.*: Ángel Yágüez, R. de, «Lealtad en el periodo precontractual. La conducta de las partes en las negociaciones preliminares, según proyectos de Derecho contractual europeo y conforme a otros trabajaos prelegislativos», *Anuario de Derecho Civil,* tomo LXIII, fasc. II, 2010, pp. 581-588.

4 Pero sí, por ejemplo, en los artículos 1241 y siguientes de la Propuesta de modernización del Código Civil en materia de obligaciones y contratos del año 2023.

5 Entre otros, respecto de cada una de las argumentaciones, *vid.*: Díez-Picazo y Ponce De León, L.: «Comentario al artículo 1258», en Paz-Ares Rodríguez, C. *et al.* (dir.): *Comentario del Código Civil,* tomo II, Ministerio de Justicia, Madrid, 1991, pp. 436-438; Cabanillas Sánchez, A., «El ámbito de la responsabilidad precontractual o culpa in contrahendo», *Revista Crítica de Derecho Inmobiliario,* núm. 628, 1995, pp. 747-788; Salvador Coderch, P. y García Micó, T. G.: «Concepción contextual de la buena fe contractual», *InDret: Revista para el Análisis del Derecho,* núm. 1, 2020, pp. 28-55.

6 *Vid.*: Muruaga Herrero, P., *Acuerdos de confidencialidad en la compraventa de empresas,* Tirant lo Blanch, Valencia, 2024, pp. 72-74.

interesante de ella a estos efectos es el haz de deberes en que se concreta esta institución o principio, es decir, el conjunto de deberes que se derivan de que rija nuestras relaciones jurídicas, entre los que destaca, junto con otros, el deber de confidencialidad.

2. La falta de regulación y la información sobre la que recae el deber de confidencialidad

Como ya se ha indicado, en nuestros textos legislativos de carácter general no encontramos ninguna referencia al deber de confidencialidad durante la negociación de un contrato o durante su conclusión o en la fase de ejecución o tras haber concluido la relación contractual. Lo cierto es que parece que *hablar de ello sea confidencial* y que el olvido del legislador no responda a ninguna razón lógica, sino a una mera *preterición* —seguramente no intencionada— a la hora de regular los deberes que nacen en las relaciones jurídicas. No obstante, a pesar de lo que se acaba de señalar, se reconoce que nace un deber[7] de confidencialidad durante las negociaciones previas, aunque su contenido sea bastante difuso y sin que haya una posición dominante y unánimemente aceptada por la doctrina.

Desde nuestro punto de vista, este deber únicamente nacerá cuando de las circunstancias concretas en que se desarrollen estas negociaciones previas pudiera deducirse de un modo paladino que se confía, al transmitir la información en cuestión, en que esta mantendrá un carácter confidencial o cuando sea consciente quien reciba la información de que la divulgación de la información supondría un perjuicio —económico, generalmente— para su titular. Así, únicamente en estos concretos casos nacerá un auténtico deber de confidencialidad, con independencia de los acuerdos posteriores o de que los contratos se lleguen a concluir o no. Por tanto, no creemos que, salvo que haya una norma que regule la cuestión en particular, se pueda afirmar que hay una serie de rasgos objetivos que permitan determinar que una información es confidencial, sino que este carácter dependerá únicamente de circunstancias subjetivas —la voluntad de quien la transmite y la aceptación de esta voluntad por la persona que la recibe—.

Ahora bien, a pesar de ello, algunos autores, a través del estudio de la jurisprudencia y de la práctica negocial, han ido acontando una serie de características que generalmente cumple la información confidencial como son que su titular muestre una voluntad clara de que se mantenga en secreto, que no sea

7 Entendemos que nace un deber, aunque un sector de la doctrina defienda que se trata de una obligación. A favor de considerarlo una obligación, entre otros, *vid.*: Basozabal Arrue, X., «En torno a las obligaciones precontractuales de información» *Anuario de Derecho Civil*, tomo LXII, fasc. II, 2009, pp. 647-711. A favor de considerarlo deber, entre otros, *vid.*: Gómez Calle, E., *Los deberes precontractuales..., loc. cit.*

ampliamente conocida, que sea lícita y que sea evaluable económicamente[8]. Con todo, dada la falta de seguridad jurídica que puede implicar esta situación, es habitual acudir a un acuerdo de confidencialidad con un doble objetivo.

Por un lado, la determinación clara y circunstanciada de qué informaciones serán confidenciales para las partes. Por otro lado, el establecimiento de medidas reactivas —generalmente, cláusulas penales—, aunque cumplen también una función preventiva-disuasoria, para el caso de que una de las partes decida incumplir el acuerdo y divulgue alguna de las informaciones con los daños que se podrían causar y, ante el riesgo y dificultad que entrañaría probar tanto que la información era confidencial como los daños causados, se *contractualiza* tanto el deber como la pena por incumplirlo.

Ahora bien, como se ha indicado *ut supra,* al comenzar estas breves notas, la cuestión se ha estudiado habitualmente en relación con los negocios —generalmente, empresariales—, pero no en las relaciones con los consumidores. Mas podríamos hacernos la siguiente pregunta: ¿cuándo habrá un interés en establecer un acuerdo de confidencialidad con un consumidor? Aunque esto parezca poco usual, el intento de *contractualizar* una *ley del silencio* con los usuarios y consumidores es una opción que cada vez se da con más fuerza y frecuencia en determinadas situaciones jurídicas, habiendo ya algún ordenamiento jurídico que ha reaccionado estableciendo limitaciones a esta clase de acuerdos[9].

No obstante, antes de adentrarnos en esto es necesario señalar una serie de aspectos que revisten una cierta importancia y que merece que sean comentados, aun brevemente.

En primer lugar, este deber general de confidencialidad, en principio, no sufre modificación alguna por el hecho de que una de las partes en la relación

---

8 García Vicente, J. R., «Deberes de confidencialidad y culpa *in contrahendo*», en Carbajo Cascón, F. (dir.), *Los contratos de distribución en las propuestas armonizadoras del derecho contractual europeo: repercusiones en el derecho español y en la práctica contractual,* Tirant lo Blanch — Universidad de Salamanca, Valencia, 2015, p. 175.

9 A modo de ejemplo, en Nueva Gales del Sur —Australia—, estado en el que se encuentra la ciudad más poblada, Sídney, su *Fair Trading Act 1987* N.º 68, tras la reforma realizada en el año 2019, contiene en su artículo —*section*— 86AB lo siguiente respecto de los acuerdos de confidencialidad con consumidores y usuarios:
«1. Un acuerdo de no divulgación será nulo en la medida en que limite la capacidad del consumidor de facilitar información a la Secretaría [órgano propio australiano] sobre una reclamación relativa al suministro de bienes o servicios por parte de una persona o empresa.
2. Un proveedor que suscriba un acuerdo de confidencialidad con un consumidor deberá, en el momento de suscribirlo o antes de hacerlo, informar al consumidor de que el acuerdo no limita la capacidad del consumidor de facilitar información a la Secretaría sobre una reclamación relacionada con el proveedor» [Traducción propia].
Así, en este caso, podemos observar el resultado de algunas prácticas relacionadas con los derechos de los consumidores y cómo el poder legislativo ha reaccionado ante ellas.

jurídica tenga la condición de consumidor. Esto es, empero, sin entrar en ciertas particularidades que pueden acontecer, por eso se utiliza conscientemente la locución adverbial «en principio». Cualquier relación con un consumidor, tanto en las negociaciones previas como en la consecución del contrato o como en su posterior ejecución, necesariamente se ha de pasar por el tamiz del Real Decreto Legislativo 1/2007, de 16 de noviembre, por el que se aprueba el texto refundido de la Ley General para la Defensa de los Consumidores y Usuarios y otras leyes complementarias —en adelante, TRLGDCU—, y, por tanto, por mucho que una de las partes —por ejemplo, el empresario— insista en que la información es confidencial, habrá que comprobar si tal realidad es conforme a la normativa tuitiva de este especial grupo, donde la buena fe y los deberes que se derivan de ella alcanzan cotas altísimas de importancia[10].

En segundo lugar, es necesario tener en cuenta que, a pesar de la falta de normativa que regule estos deberes con carácter general, en el TRLGDCU sí que se recoge, por un lado, en el artículo 60 una serie de informaciones que deberán ser comunicadas obligatoriamente por el empresario al consumidor —positivizándose, de este modo, el tan esquivo deber de información[11]—; y, por otro lado, una constante presencia a la normativa de protección de datos, enlazándose de manera directa las obligaciones que en ella se contienen con los consumidores y usuarios.

En tercer lugar, respecto de los acuerdos de confidencialidad con consumidores y usuarios, es decir, entrando ya en la posibilidad de *contractualizar* el deber genérico de confidencialidad, se han de tener presentes los distintos límites que se imponen a la contratación con los consumidores. Así, por ejemplo, las denominadas cláusulas mordaza que son aquellas «estipulaciones contractuales que incorporar ciertos operadores económicos a sus contratos para tratar de controlar las opiniones de sus clientes, prohibiéndoles la emisión de reseñas relativas a los bienes o servicios que ofertan al mercado, normalmente con la imposición de determinadas sanciones económicas a los incumplidores», se vienen considerando nulas por abusivas conforme a los artículos 82 y siguientes del TRLGDCU[12]. En este sentido, si una cláusula

10 García Vicente, J. R., «La contratación con consumidores», en Bercovitz Rodríguez-Cano, R. (dir.), *Tratado de contratos,* Tirant lo Blanch, Valencia, 2020, pp. 1822 y ss.

11 Sobre este deber, con carácter general, y sus complicaciones, *vid.*: Maza Gazmuri, Í. de la, *Los límites del deber precontractual de información,* Civitas, Cizur Menor, 2010, *passim*; Gómez Calle, E., *Los deberes precontractuales de información,* La Ley, Madrid, 2002, *passim.*

12 Miranda Serrano, L. M., «Prácticas desleales sobre reseñas online de bienes y servicios», *InDret,* núm. 2, 2023, pp. 221-223. Este autor entiende que se podrán admitir siempre que la cláusula haya sido negociada individualmente, aceptándose, por ejemplo, a cambio de una rebaja del precio. No obstante, señala que desde otra perspectiva se podría negar en cualquier caso su validez si se entendiera como una limitación al derecho fundamental de libertad de expresión al ser una cláusula que, aun cuando sea negociada individualmente, contravendría una norma imperativa como es la Constitución Española de 1978 —aunque Miranda Serrano no comparte esta posición, como ya se ha señalado—.

de este tipo fuera nula, ¿lo sería también un acuerdo de confidencialidad impuesto que impidiera de facto, por su alcance y contenido, la posibilidad de realizar una reseña, aunque, en apariencia, este no fuera su objetivo?

3. El deber de confidencialidad en la Ley 3/2018, de 5 de diciembre, de Protección de Datos Personales y garantía de los derechos digitales —LOPD—

Como ya se ha señalado al comenzar estas breves notas, el artículo 5 LOPD regula el deber u obligación[13] de confidencialidad existente en el marco de la protección de los datos personales y dispone que:

> «1. Los responsables y encargados del tratamiento de datos así como todas las personas que intervengan en cualquier fase de este estarán sujetas al deber de confidencialidad al que se refiere el artículo 5.1.f) del Reglamento (UE) 2016/679.
> 2. La obligación general señalada en el apartado anterior será complementaria de los deberes de secreto profesional de conformidad con su normativa aplicable.

13 El artículo 5 LOPD lleva por título «Deber de confidencialidad». En su primer apartado se refiere nuevamente al «deber de confidencialidad» que se encuentra regulado en el Reglamento (UE) 2016/679. En cambio, en sus apartados segundo y tercero, se utilizan las expresiones «obligación general» y «obligaciones». Díez-Picazo y Ponce de León o Hernández Gil ya alertaron sobre la constante confusión entre obligaciones y deberes cuando no son categorías coincidentes, puesto que toda obligación es deber, pero no todo deber es obligación. Para que fuera una obligación es necesario que haya una persona —el acreedor— que pueda exigir el cumplimiento de la obligación a otra persona —el deudor— que tiene el deber de cumplirlo. En cambio, en el caso de los deberes jurídicos no hay un correlativo derecho subjetivo que pueda obligar a su cumplimiento. Además, hay que tener en cuenta el artículo 1089 CC que indica que las obligaciones únicamente pueden nacer «de la ley, de los contratos y cuasi contratos, y de los actos y omisiones ilícitos o en que intervenga cualquier género de culpa o negligencia». Con todo ello, entiendo que, en este caso particular, a diferencia del deber general que no nace de ninguna de las fuentes reconocidas y aunque esto sea controvertido, estamos ante una obligación legal y no un deber jurídico —a pesar de la utilización incorrecta del término por parte del legislador—, puesto que el titular de los datos personales sí que tiene un derecho a exigir que se cumpla la confidencialidad de las informaciones a las que afecte tal obligación. Sobre este tema, más profundamente, *vid.*: MURUAGA HERRERO, P., *Acuerdos de confidencialidad en la compraventa..., op. cit.*, pp. 75-87; DÍEZ-PICAZO Y PONCE DE LEÓN, L., *Fundamentos del Derecho Civil Patrimonial, t. II. Las relaciones obligatorias,* Civitas, Cizur Menor, 2012, e-book; HERNÁNDEZ GIL, A., *Derecho de obligaciones,* Sucesores de Rivadeneyra, Madrid, 1976, pp. 57 y ss.
No obstante, la doctrina mayoritaria que ha estudiado la cuestión regulada en el artículo 5 LOPD —en el mismo sentido, bajo la anterior regulación de la Ley Orgánica 15/1999, de 13 de diciembre, de Protección de Datos de Carácter Personal— no se ha cuestionado cuál es la auténtica naturaleza de lo que en él se regula, si es una obligación o un deber general, asumiendo, directamente que estamos ante un deber. *Vid.* al respecto, *v.gr.*: MESSÍA DE LA CERDA BALLESTEROS, J. A., «El deber de confidencialidad (comentario al artículo 5 LOPDGDD)», en Troncoso Reigada, A. (dir.), *Comentario al Reglamento General de Protección de Datos y a la*

3. Las obligaciones establecidas en los apartados anteriores se mantendrán aun cuando hubiese finalizado la relación del obligado con el responsable o encargado del tratamiento»[14].

De este precepto, hemos de destacar, en primer lugar, que no se aplica solo a «[l]os responsables y encargados del tratamiento de datos», sino a toda persona que intervenga en el tratamiento de los datos, es decir, cualquier persona que participe en esa cadena de transmisión, desde el momento mismo en que son recibidos. En segundo lugar, que se trata de una norma general que se aplicará en el momento en el que entren en juego datos personales, para «evitar que todos aquellos que puedan conocer y tratar los datos personales lleven a cabo la difusión, divulgación y, en general, faciliten el conocimiento por terceros de los mismos»[15]. En tercer lugar, se trata de un artículo que obliga tanto a —perdón por el coloquialismo— *callar* sobre la información —datos personales— que se recibe, como a establecer medidas que eviten que pueda ser descubiertas por terceros —entremetidos, metijones, buscavidas o delados de toda clase y condición—.

En último lugar, es necesario destacar que la obligación de confidencialidad nace por el mero hecho de trasmitir aquella información que recibe el tratamiento de datos personales —con independencia de si las partes realmente querían que fuese confidencial tal información, más allá de la posibilidad de que en determinados casos se pueda excepcionar el régimen previsto legalmente para esta clase de datos—. Así, el artículo 4 del Reglamento (UE) 2016/679, como se sabe, describe los datos personales como «toda información sobre una persona física identificada o identificable («el interesado»); [...] como por ejemplo un nombre, un número de identificación, datos de localización, un identificador en línea o uno o varios elementos propios de la identidad física, fisiológica, genética, psíquica, económica, cultural o social de dicha persona»[16].

Ley Orgánica de Protección de Datos Personales y Garantía de los Derechos Digitales, Civitas – Thomson Reuters, Cizur Menor, 2021, pp. 909-923; Vizcaíno Calderón, M., *Comentarios a la Ley Orgánica de Protección de Datos de Carácter Personal,* Civitas, Madrid, 2001, pp. 153-155. Así, aunque consideremos que estamos en presencia de una obligación, puesto que existe, en nuestra opinión, un derecho subjetivo al tratamiento confidencial de los datos personales por el mero hecho de transmitirlos, entendemos que la cuestión requiere un mayor estudio y que esta consideración pueda ser discutida por otros autores que entiendan que no existe tal derecho y que, por lo tanto, estemos ante un deber, más allá de los errores del legislador en cuanto a la terminología.

14 Dispone el artículo 5.1.f) del Reglamento (UE) 2016/679 que «[l]os datos personales serán: [...] f) tratados de tal manera que se garantice una seguridad adecuada de los datos personales, incluida la protección contra el tratamiento no autorizado o ilícito y contra su pérdida, destrucción o daño accidental, mediante la aplicación de medidas técnicas u organizativas apropiadas («integridad y confidencialidad»)».

15 Messía de la Cerda Ballesteros, J. A., «El deber de confidencialidad (comentario al artículo 5 LOPDGDD)» ..., *op. cit.,* p. 910.

16 Hay que tener en cuenta, además, el contenido de los artículos 9 y 10 del Reglamento (UE) 2016/679 cuyo contenido completa lo aquí señalado a grandes rasgos.

Por tanto, a la vista de todo lo que se ha ido señalando, la cuestión que debemos plantearnos es si en la negociación de un contrato entre un empresario y un consumidor ambos deberes —o, mejor dicho, en nuestra opinión, el deber y la obligación— son coincidentes, es decir, cuál es la relación existente entre el deber genérico y la obligación concreta, si recaen sobre las mismas informaciones o no.

III. Reflexiones finales: los puntos de fricción entre los deberes de confidencialidad

Como se ha señalado, el deber de confidencialidad, digamos, genérico, que nace durante las negociaciones previas, no exige razón alguna para entender que nace, más allá de la voluntad de quien transmite la información, es decir, es totalmente subjetivo, sin que haya una información que sea confidencial por sí misma. En cambio, el deber de confidencialidad, que recae sobre los datos de carácter personal, nace por el hecho de transmitir una serie concreta de informaciones, como se acaba de ver *ut supra*, es decir, son informaciones confidenciales desde una perspectiva objetiva. No obstante, esta distinción de criterio —subjetivo *vs* objetivo— no impide —más bien, todo lo contrario, hasta cierto punto coadyuva a ello— que el objeto del deber de confidencialidad de la protección de datos sea o puede ser coincidente con el del genérico. Rara será la vez en que con un consumidor haya una distinción entre ambos tipos de informaciones, pues serán coincidentes.

Piénsese, por ejemplo, en que un consumidor, el cual es un personaje afamado y de renombre, tenga un especial interés en que, al comprar una casa, la inmobiliaria no pueda comunicar quién la ha adquirido, es decir, que la información relativa al comprador sea confidencial, coincidiendo, por tanto, el objeto de ambos deberes y obligaciones. Por un lado, hay un interés subjetivo del comprador-consumidor en que nadie sepa su identidad, pero, al mismo tiempo, la objetividad de la LOPD obliga a que esa misma información sea tratada con la confidencialidad que se establece en su cuerpo normativo.

Ahora bien, este deber genérico tiene un objeto más amplio que la obligación relativa a la protección de datos. Siguiendo el mismo ejemplo, podríamos observar cómo el comprador podría querer que la cuantía que ha pagado por comprar el inmueble fuera confidencial. Información que, en cambio, no estaría protegida por la obligación que se contempla en la LOPD y sí, en cambio, por el deber genérico. Empero lo cierto es que de manera general no será usual que se dé esta dualidad de deber y obligación, sino que únicamente el consumidor se encontrará de manera —cuasi— exclusiva ante la obligación establecida en la LOPD —sobre todo, por una cuestión de especialidad frente a la generalidad—.

Más allá de lo dicho, como se ha comentado anteriormente, el deber genérico está plagado de inconcreciones que dificultan su respeto o que sirva como medida de seguridad para los agentes del mercado. Por ello, es habitual acudir a su contractualización mediante acuerdos de confidencialidad —transformando, entonces sí, el deber genérico de confidencialidad en una auténtica obligación contractual—. De este modo, en caso de que se incumpla la confidencialidad por una de las partes, este acuerdo previsiblemente contemplaría tanto la información que se considera confidencial —dotando de seguridad jurídica y de seguridad del tráfico a la relación y a las partes—, los usos posibles y permitidos de dichas informaciones consideradas confidenciales o, por ejemplo, una cláusula penal para determinar *ex ante* una cuantía dineraria, en caso de que se incumpliera el acuerdo y no depender de una difícil prueba en sede judicial que implicaría probar, entre otras cuestiones, el daño, la relación de causalidad, la cuantía...

Estas pruebas también han de darse en caso de pretender una indemnización de daños y perjuicios por vulneración del deber de confidencialidad regulado en la LOPD[17]. ¿Sería aconsejable la redacción de un acuerdo de confidencialidad cuyo objeto fuera coincidente con los datos personales y que incluyera una cláusula penal que previera *ex ante* una cuantía para el caso de incumplimiento?

Esto es prácticamente utópico, pero, en términos del análisis económico del derecho, para el consumidor el hecho de contar con un acuerdo de este tipo y con una cláusula penal que previera tal indemnización le facilitaría en gran medida el resarcimiento de daños y perjuicios por filtraciones que difícilmente puede terminar probando, ya sea por una falta de daño directo, ya sea por la dificultad de probar el nexo causal o ya sea por cualquier otra razón que, a la postre, impide que el damnificado pueda resultar resarcido tras ver como aquellos datos, personales y confidenciales conforme a la LOPD, dejen de ser confidenciales y hayan sido revelados o difundidos a terceros no autorizados.

Ahora bien, la realidad es la que es. Esto no deja de ser, como se ha dicho, ilusorio, puesto que pensar que algún empresario incluiría una cláusula en la que se estableciera que, en caso de incumplimiento de la confidencialidad, incluso por causas no imputables al responsable del tratamiento de los datos o a cualquiera de los que intervengan en la cadena legítimamente, se satisfará en concepto de cláusula penal una determinada cantidad de dinero al titular de los datos, es un sueño, bonito, pero un sueño que se aleja de cualquier práctica en el mercado, donde la parte débil —el consumidor— carece de cualquier medio o herramienta —más allá de una objetivación de la responsabilidad que realice en un futuro el legislador— para poder intentar imponer cláusulas de este tipo, alejándose esta idea utópica o quijotesca de cualquier semejanza con la realidad.

---

17 Es necesario traer a colación la reciente sentencia de la Sala Tercera del Tribunal de Justicia de la Unión Europea de 4 de mayo de 2023 (ECLI:EU:C:2023:370), en la que el alto tribunal europeo, respecto del Reglamento (UE) 2016/679 señaló que por el mero hecho de producirse una infracción de la citada norma no nace la indemnización de daños y perjuicios a favor del titular de los datos, sino que será necesario que se prueben todos los requisitos como, por ejemplo, en el caso en cuestión, la existencia del daño.

Y, así, de esta suerte, con lo que se acaba de apuntar, no podemos dejar de traer a la memoria aquellos últimos versos del segundo acto de la obra de Calderón de la Barca, donde el sempiterno Segismundo nos recuerda, en uno de los pasajes más hermosos de la literatura universal y casi llevando la contraria a los futuros psicoanalistas, que la vida es «[u]na ilusión, una sombra, una ficción, y el mayor bien es pequeño; que toda la vida es suelo, y los sueños, sueños son». En efecto, podrá parecer primorosa esta idea, pero nuestra actual realidad del mercado impide cualquier contractualización, dejando todo el camino posible a las reglas generales de pruebas en un deber genérico y en una obligación con sus luces y con sus muchas sombras.

IV. Bibliografía

Alonso Pérez, M., «La responsabilidad precontractual», *Revista Crítica de Derecho Inmobiliario,* núm. 485, 1970, pp. 859-922.

Ángel Yágüez, R. de, «Lealtad en el periodo precontractual. La conducta de las partes en las negociaciones preliminares, según proyectos de Derecho contractual europeo y conforme a otros trabajaos prelegislativos», *Anuario de Derecho Civil,* tomo LXIII, fasc. II, 2010, pp. 575-636.

Basozabal Arrue, X., «En torno a las obligaciones precontractuales de información», *Anuario de Derecho Civil*, tomo LXII, fasc. II, 2009, pp. 647-711.

Cabanillas Sánchez, A., «El ámbito de la responsabilidad precontractual o culpa in contrahendo», *Revista Crítica de Derecho Inmobiliario,* núm. 628, 1995, pp. 747-788.

Capilla Casco, A., «Los tratos preliminares, cartas de intenciones, ofertas vinculantes y no vinculantes. Su problemática contenciosa», en **Jordano Luna, M.** (coord.), *Manual de fusiones y adquisiciones de empresas,* La Ley —Wolters Kluwer, Madrid, 2016, e-book [Smarteca].

Corvo López, F. M., «Principios y deberes básicos para la ejecución de contratos: buena fe, lealtad, cooperación, información y confidencialidad», en **Carbajo Cascón, F.** (dir.): *Los contratos de distribución en las propuestas armonizadoras del derecho contractual europeo: repercusiones en el derecho español y en la práctica contractual,* Ed. Tirant lo Blanch - Universidad de Salamanca, Valencia, 2015, pp. 218-235.

Díez-Picazo y Ponce de León, L., *Fundamentos del Derecho Civil Patrimonial, t. II. Las relaciones obligatorias,* Civitas, Cizur Menor, 2012, e-book.

Díez-Picazo y Ponce de León, L.: «Comentario al artículo 1258», en **Paz-Ares Rodríguez, C.** *et al.* (dir.): *Comentario del Código Civil,* tomo II, Ministerio de Justicia, Madrid, 1991, pp. 436-438.

García Rubio, M. P., «La responsabilidad precontractual en la propuesta de modificación del derecho de obligaciones y contratos», *Anuario de Derecho Civil,* tomo LXIII, fasc. II, 2010, pp. 1621-1642.

García Rubio, M. P., *La responsabilidad precontractual en el derecho español,* Tecnos, Madrid, 1991.

García Vicente, J. R., «La contratación con consumidores», en **Bercovitz Rodríguez-Cano, R.** (dir.), *Tratado de contratos,* Tirant lo Blanch, Valencia, 2020, pp. 1789-1948.

García Vicente, J. R., «Deberes de confidencialidad y culpa *in contrahendo*», en **Carbajo Cascón, F**. (dir.), *Los contratos de distribución en las propuestas armonizadoras del derecho contractual europeo: repercusiones en el derecho español y en la práctica contractual,* Tirant lo Blanch — Universidad de Salamanca, Valencia, 2015, pp. 173-185.

Gómez Calle, E., *Los deberes precontractuales de información,* La Ley, Madrid, 2002.

Hernández Gil, A., *Derecho de obligaciones,* Sucesores de Rivadeneyra, Madrid, 1976.

Hernando Cebría, L., *El contrato de compraventa de empresa,* Tirant lo Blanch, Valencia, 2005.

Maza Gazmuri, Í. de la, *Los límites del deber precontractual de información,* Civitas, Cizur Menor, 2010.

Messía de la Cerda Ballesteros, J. A., «El deber de confidencialidad (comentario al artículo 5 LOPDGDD)», en **Troncoso Reigada, A.** (dir.), *Comentario al Reglamento General de Protección de Datos y a la Ley Orgánica de Protección de Datos Personales y Garantía de los Derechos Digitales,* Civitas — Thomson Reuters, Cizur Menor, 2021, pp. 909-923.

Miranda Serrano, L. M., «Prácticas desleales sobre reseñas online de bienes y servicios», *InDret,* núm. 2, 2023, pp. 155-253.

Muruaga Herrero, P., *Acuerdos de confidencialidad en la compraventa de empresas,* Tirant lo Blanch, Valencia, 2024.

Paz-Ares Rodríguez, C.: «Seguridad jurídica y seguridad del tráfico», *Revista de Derecho Mercantil,* núm. 176, 1985, pp. 7-40.

Salvador Coderch, P. y **García Micó, T. G.**: «Concepción contextual de la buena fe contractual 175, *InDret: Revista para el Análisis del Derecho,* núm. 1, 2020, pp. 28-55.

Vizcaíno Calderón, M., *Comentarios a la Ley Orgánica de Protección de Datos de Carácter Personal,* Civitas, Madrid, 2001.

MARCO JURÍDICO DE PROTECCIÓN DE DATOS EN LAS INSTITUCIONES DE LA UNIÓN EUROPEA

Emma Rodríguez Montes
Oficina de Propiedad Intelectual de la Unión Europea (EUIPO)

I. Contexto

El 25 de mayo de 2018 es una fecha muy señalada en el ámbito de la protección de datos pues es el día que entró en vigor el Reglamento (EU) 2016/679, relativo a la protección de las personas físicas en lo que respecta al tratamiento de datos personales y a la libre circulación de estos datos y por el que se deroga la Directiva 95/46/CE[1] (Reglamento General de Protección de Datos), conocido como «RGPD» en español o «GDPR», por sus siglas en inglés «General Data Protection Regulation».

El 23 de Octubre de 2018 también es una fecha importante pero mucho menos conocida, pues ese día se aprobó el Reglamento (EU) 2018/1725, relativo a la protección de las personas físicas en lo que respecta al tratamiento de datos personales por las instituciones, órganos y organismos de la Unión, y a la libre circulación de esos datos, y por el que se derogan el Reglamento (CE) N 45/2001 y la Decisión N 1247/2002/CE[2], conocido normalmente como «EUDPR», por sus siglas en inglés «European Union Data Protection Regulation».

A pesar de ser mucho menos conocido, el EUDPR es también un reglamento importante en el ámbito de la privacidad en Europa ya que se trata del marco básico que regula el tratamiento de datos personales por parte de las instituciones, órganos y organismos de la Unión Europea (UE) y que reemplaza el antiguo Reglamento (EC) 45/2001 del Parlamento Europeo y del Consejo, de 18 de diciembre de 2000, relativo a la protección de las

1 OJ L 119, 4.5.2016, p. 1-88

2 OJ L 295, 21.11.2018, p. 39-98

personas físicas en lo que respecta al tratamiento de datos personales por las instituciones y los organismos comunitarios y a la libre circulación de estos datos.

El EUDPR es un reflejo del RGPD con una serie de excepciones propias del funcionamiento y las estructuras internas de las instituciones de la UE. Por lo demás, los fundamentos son los mismos y los artículos prácticamente iguales en su literalidad que los del RGPD en su mayoría.

Más en concreto, el propio EUDPR establece en su considerando 5 que *«[r]edunda en interés de un enfoque coherente de la protección de datos personales en la Unión y de la libre circulación de datos personales en la Unión, armonizar, en la medida de lo posible, las normas de protección de datos de las instituciones, órganos y organismos de la Unión con las adoptadas para el sector público en los Estados miembros. Cuando las disposiciones del presente Reglamento apliquen los mismos principios que las disposiciones del Reglamento (UE) 2016/679, según la jurisprudencia del Tribunal de Justicia de la Unión Europea (en lo sucesivo, «Tribunal de Justicia»), ambas deben interpretarse de manera homogénea, en particular porque debe entenderse que la estructura del presente Reglamento es equivalente a la del Reglamento (UE) 2016/679».*

Por lo tanto, los principios y la jurisprudencia que se establecen para la interpretación y aplicación de la RGPD son válidos también por analogía para el EUDPR, y viceversa, siempre y cuando sean relevantes.

Sin embargo, existen ciertas diferencias entre los dos reglamentos que pueden generar confusiones para los operadores que no están familiarizados con el EUDPR.

II. Principales diferencias entre el EUDPR y el RGPD

Algunas de las principales diferencias del EUDPR con respecto al RGPD son: el ámbito de aplicación, las bases legales, el régimen de transmisión de datos y la autoridad de supervisión.

1. Ámbito de aplicación

Mientras que el ámbito de aplicación del RGPD es amplio en lo territorial, el EUDPR es mucho más limitado y se aplica solamente al tratamiento de datos personales por parte de todas las instituciones y organismos UE (Artículo 2(1) EUDPR). Se exceptúan los organismos con competencias en los ámbitos de cooperación judicial en materia penales y cooperación policial como la Europol (Agencia de la Unión Europea para la Cooperación Policial) y la Fiscalía Europea (EPPO) (Artículo 2(3)) en tanto traten datos personales relativos a esas materias penales y de cooperación policial (llamados «datos personales operativos»). Los tratamientos de datos de estas dos agencias de otros datos personales («datos personales administrativos»), también se rigen por el EUDPR.

Esto limita el ámbito de aplicación a un número concreto de responsables del tratamiento que son sólo y exclusivamente, las instituciones, órganos y organismos establecidos por el derecho europeo. En estos momentos son 75 las instituciones, órganos y organismos (por ejemplo, oficinas, agencias, institutos) que deben aplicar este reglamento. También sería de aplicación para cualquier nuevo organismo creado por el derecho de la Unión cuando así lo determine la respectiva normativa.

2. Bases legales

Las bases legales para la licitud del tratamiento se recogen en el artículo 5 del EUDPR. Las opciones son prácticamente idénticas a las del GDPR, excepto por la base legal de intereses legítimos que no existe en el EUDPR. Esto responde a que el EUDPR solo es aplicable a los tratamientos de datos por parte (o en nombre de) instituciones públicas (europeas) que no pueden tener intereses legítimos en los términos establecidos por el RGPD, sino intereses públicos.

El RGPD, que aplica tanto a entidades de derecho público nacional como a entidades privadas, ha solucionado esta situación añadiendo una frase en el artículo 6 (1) *in fine* que matiza que «*lo dispuesto en la letra f) del párrafo primero* [el tratamiento de datos personales basado en los intereses legítimos del responsable o de un tercero] *no será de aplicación al tratamiento realizado por las autoridades públicas en el ejercicio de sus funciones*».

3. Régimen de transmisión de datos

Por otro lado, el EUDPR contiene un artículo respecto al régimen de transmisión de datos del que el RGPD carece. Nos referimos aquí a transmisión y no transferencia de datos, es decir, la comunicación de datos de un responsable del tratamiento de datos a un destinatario (otro responsable, un destinatario o un tercero, según las definiciones del artículo 3 EUDPR y artículo 4 RGPD) dentro de la Unión Europea o el Espacio Económico Europeo. Esto excluye las comunicaciones de datos a encargados, que están reguladas por el artículo 28 RGPD y el artículo 29 EUDPR y aquellas a encargados o responsables fuera de la UE / EEA, a terceros países, reguladas por el Capítulo V de los dos reglamentos sobre transferencias internacionales a terceros países.

El artículo 9 del EUDPR, transmisiones de datos personales a destinatarios establecidos en la Unión distintos de las instituciones y organismos de la Unión, dice así:

> ***Artículo 9 Transmisiones de datos personales a destinatarios establecidos en la Unión distintos de las instituciones y organismos de la Unión.***
>
> 1. Sin perjuicio de lo dispuesto en los artículos 4 a 6 y 10, los datos personales solo se transmitirán a destinatarios establecidos en la Unión distintos de las instituciones y organismos de la Unión, cuando:
>
> a) el destinatario demuestre que los datos son necesarios para el cumplimiento de una función de interés público o en el ejercicio de las potestades públicas conferidas al destinatario, o
>
> b) el destinatario demuestre que es necesario que le transmitan los datos para una finalidad específica de interés público y el responsable del tratamiento, si existe alguna razón para suponer que se podrían perjudicar los intereses legítimos del interesado, demuestre que es proporcionado transmitir los datos personales para dicha finalidad específica, una vez sopesados, de modo verificable, los diversos intereses concurrentes.
>
> 2. Cuando la transmisión según el presente artículo se produzca por iniciativa del responsable del tratamiento, este deberá demostrar que la transmisión de datos personales es necesaria y proporcionada respecto de los fines de la transmisión, mediante la aplicación de los criterios establecidos en el apartado 1, letras a) o b).
>
> 3. Las instituciones y organismos de la Unión conciliarán el derecho a la protección de los datos personales con el derecho de acceso a los documentos, de conformidad con el Derecho de la Unión.

Este artículo se utiliza a menudo para regular la transmisión de datos desde instituciones, órganos y organismos de la UE a instituciones públicas nacionales. Por ejemplo, la transmisión de datos de funcionarios de la UE por nacionalidad a las representaciones permanentes o embajadas respectivas de cada país; o más recientemente, datos sobre vacunaciones contra o contagios de COVID-19 a las autoridades sanitarias nacionales que lo requiriesen de acuerdo a la legislación nacional de salud.

En el RGPD no se encuentra un artículo equivalente y esto ha sido explicado de alguna manera por el Abogado General Bobek en su opinión sobre el caso C-175/20 SIA 'SS' v Valsts ieņēmumu dienests[3] señalando que

> [...] la lógica reguladora y el ámbito concreto de aplicación del RGPD deben seguir el flujo de datos personales y garantizar la protección de estos datos en el marco de las operaciones de tratamiento. El Reglamento no está destinado a regular todas y cada una de las relaciones anteriores entre distintas entidades que puedan estar en posesión de los datos, incluidas las causas que pueden llevarlas a estar en posesión

3 Conclusiones del Abogado General Sr. Michal Bobek presentadas el 2 de septiembre de 2021, Asunto C175/20 SIA «SS» contra Valsts ieņēmumu dienests (Administración tributaria del Estado), ECLI:EU:C:2021:690

de esos datos y el modo en que podrían hacerlo. En otras palabras, el RGPD no garantiza ningún «derecho» de un responsable de tratamiento frente a otro (56).

Esto no quiere decir que estas cuestiones no estén reguladas por la ley. Lo están, pero mediante otros instrumentos que se ocupan principalmente de velar por la aplicación de la ley. En estos instrumentos en los que se halla la base jurídica del tratamiento exigida por el artículo 6, apartado 3, del RGPD como condición inicial. Por lo que respecta a las transferencias obligatorias de datos personales, estas suelen estar en efecto previstas, como es lógico, en los «instrumentos destinados a garantizar la aplicación de la ley», ya sea en virtud del Derecho de la Unión o del Derecho nacional. En lo que atañe a las transferencias voluntarias de datos personales, en la medida en que sea posible y lo permita el régimen de Derecho público que es el RGPD, encuentran su fundamento en el Derecho mercantil o el Derecho contractual nacional, según el tipo de entendimiento existente entre los sucesivos responsables (57).

Ciertamente esto es así, y cada estado miembro puede decidir cómo se pueden regular estas transmisiones en sus ordenamientos jurídicos. Por ejemplo, en Alemania, la ley que desarrolla y complementa el RGPD, el Bundesdatenschutzgesetz, contiene disposiciones respecto a la comunicación de datos entre autoridades públicas (Sección 25)[4]. Sin embargo, en la Ley Orgánica 3/2018, de Protección de Datos Personales y garantía de los derechos digitales (LOPDPDD), no encontramos ningún artículo equivalente.

4. Autoridad de supervisión

Finalmente, una de las diferencias principales entre el RGPD y el EUDPR es la determinación de la Autoridad de supervisión. Así como en el RGPD se determina cuál es la Autoridad de supervisión competente para cada tratamiento de datos en función de una serie de criterios territoriales (Artículos 55 y 56 RGPD), en el EUDPR se establece una única autoridad de supervisión de datos para todas las instituciones, órganos y organismos de la UE en el ámbito de protección de datos independientemente de su localización geográfica. Esta autoridad es el Supervisor de Datos de la Unión Europea (EDPS, por sus siglas en inglés, European Data Protection Supervisor), que tiene su sede principal en Bruselas y que además de las tareas típicas de una autoridad de supervisión, ostenta también el desempeño de la secretaría del Comité Europeo de Protección de Datos.

III. Contratación pública

Estas diferencias entre los dos reglamentos no tienen mayor relevancia en el día a día de la mayoría de los encargados y responsables de tratamiento de datos ya que están sujetos bien a uno u otro de los reglamentos. Hay

4 Consultada versión official en inglés: Federal Data Protection Act of 30 June 2017 (Federal Law Gazette I p. 2097), as last amended by Article 10 of the Act of 23 June 2021 (Federal Law Gazette I, p. 1858; 2022 I p. 1045).

pocos casos en los que los dos reglamentos tengan que ser aplicados por los mismos operadores, pero una de estas situaciones se da en los procesos de contratación pública de las instituciones.

Las instituciones y agencias de la UE, como los organismos públicos a nivel nacional, publican anualmente concursos para la contratación de servicios y bienes de todo tipo (servicios de seguridad, limpieza, médicos, pagos electrónicos, agencia de viajes, gestión de eventos, gestión de proyectos, etc.). Cuando alguno de estos servicios conlleva el tratamiento de datos personales, los operadores económicos privados actúan como encargados del tratamiento por cuenta del responsable que sigue siendo la institución europea. Por lo tanto, el tratamiento de datos realizado por el encargado (operador económico) por cuenta del responsable (institución europea) está sujeto al EUDPR y no al RGPD.

Esto suele generar confusión especialmente en los operadores económicos de pequeño o mediano tamaño que no están acostumbrados a tratar con las instituciones europeas o que participan en uno de los concursos de contratación por primera vez. En numerosas ocasiones los concursos de contratación pública se ven retrasados por la necesidad de aclarar dudas con respecto al régimen de protección de datos aplicable cuando en realidad, las diferencias son mínimas y no hay apenas margen de negociación ni discusión con respecto a la aplicabilidad del reglamento.

Algunas posibles soluciones para acelerar los procesos serían una mayor divulgación de las similitudes y diferencias entre estos marcos legislativos; y/o una estandarización de los contratos marco y los pliegos de condiciones, como por ejemplo un uso más extendido de las cláusulas contractuales tipo entre responsables y encargados del tratamiento contempladas en el artículo 28, apartado 7, del Reglamento (UE) 2016/679 del Parlamento Europeo y del Consejo publicadas en la Decisión de ejecución (UE) 2021/915 de la Comisión de 4 de junio de 2021.

IV. Conclusiones

El EUDPR es un reglamento muy poco conocido con respecto a la protección de los datos personales que tiene grandes similitudes, pero también varias diferencias con el RGPD. Las diferencias principales son, por ejemplo, el régimen de transmisión de datos y la autoridad de supervisión competente. Estas diferencias y el desconocimiento general del EUDPR entorpecen a menudo los concursos de contratación pública de las instituciones europeas, pero podría solucionarse mediante una mayor divulgación del contenido del EUDPR y de la estandarización de los contratos marco y los pliegos de condiciones en los concursos.

CONFIDENCIALIDAD EN LA COMUNICACIÓN POR INTERNET

Carlos Enrique Vigil de Quiñones Fernández
Profesor asociado de Derecho Civil. Universidad de Oviedo
Doctor en Derecho

I. La comunicación electrónica

1. ¿Derecho u obligación?

Las personas nos relacionamos a través de la comunicación. En estas relaciones, transmitimos señales utilizando códigos comunes a emisor y a receptor. Este canje informativo se puede hacer de forma oral, escrita, visual, táctil e incluso olfativa. El Tribunal Constitucional, en Sentencia núm. 114/1984, de 29 de noviembre (RTC 1984\114), entendió posible el uso indistinto de los términos «comunicación» y «mensaje» y definió la comunicación como

> «el proceso de transmisión de expresiones de sentido a través de cualquier conjunto de sonidos, señales o signos».

La comunicación electrónica se produce con el envío de sonidos, señales o signos sirviéndose de la electricidad. Es una especie del género telecomunicación, que incluye a aquellas y a otras cuestiones, como, por ejemplo, la regulación de los equipos eléctricos y terminales de comunicación necesarios para llevarlas a cabo y, en un sentido más amplio que excede del objeto de este estudio, los sectores de radio, televisión y telefonía[1]. En concreto, la comunicación electrónica utiliza la energía eléctrica través de medios electrónicos. Tiene lugar con el soporte de los sistemas electrónicos de comunicaciones, es decir, de circuitos, componentes y reglas que canalizan la electricidad con el fin de que pueda ser usada para hacer saber algo. Estos medios electrónicos son, al menos, un equipo de telecomunicación y una red de comunicaciones electrónicas.

---

1 Así lo puntualiza BARRIO ANDRES, M. «Consideraciones sobre el anteproyecto de Ley General de Telecomunicaciones», *Actualidad administrativa*, núm. 3, marzo 2021.

En un nivel jerárquico superior, nuestra legislación fomenta, y a veces impone, la comunicación electrónica. Es una materia sobre la que el Estado tiene competencia exclusiva, a tenor del artículo 149.1.21 de la Constitución, y en consecuencia le corresponde el régimen general de comunicaciones, correos y telecomunicaciones, cables aéreos, submarinos y telecomunicación.

En un plano normativo inferior, las personas físicas pueden elegir en todo momento comunicarse con las Administraciones Públicas para el ejercicio de sus derechos y obligaciones a través de medios electrónicos (arts. 14.1 de la Ley 39/2015, de 1 de octubre, del Procedimiento Administrativo Común de las Administraciones Públicas y artículo 3.2 del Real Decreto 203/2021, de 30 de marzo, por el que se aprueba el Reglamento de actuación y funcionamiento del sector público por medios electrónicos). Sin embargo, determinados colectivos se encuentran obligados a relacionarse electrónicamente con la Administración:

a) Personas jurídicas.

b) Entidades sin personalidad jurídica (herencias yacentes, comunidades de bienes).

c) Quienes ejerzan una actividad profesional para la que se requiera colegiación obligatoria (se incluyen los notarios y registradores de la propiedad y mercantiles).

d) Quienes representen a un interesado que esté obligado a relacionarse electrónicamente con la Administración.

e) Empleados de las Administraciones Públicas para los trámites y actuaciones que realicen con ellas por razón de su condición de empleado público, en la forma en que se determine reglamentariamente por cada Administración[2].

Además, la obligatoriedad de relacionarse electrónicamente podrá disponerse de manera excepcional por cada Administración Pública de conformidad con las previsiones del art. 14.3 de la Ley de Procedimiento Administrativo y 3.3 del Real Decreto 203/2021.

2. Definiciones

Las definiciones de comunicación electrónica varían en función de la norma a la que acudamos. Una definición normativa omnicomprensiva de la comunicación electrónica es la que la considera como «cualquier información intercambiada o conducida entre un número finito de interesados

2 Según la Sentencia del Tribunal Superior de Justicia de Madrid (Sala de lo Contencioso-Administrativo) de 26 noviembre de 2018 (JUR 2019\73535) en este último caso es preciso para que la comunicación electrónica sea preceptiva que se haya «reglamentado por qué procedimiento deben producirse dichas comunicaciones electrónicas».

por medio de un servicio de comunicaciones electrónicas disponible para el público» (art. 64 del Reglamento sobre Mercados de Comunicaciones Electrónicas, aprobado por Real Decreto 2296/2004, de 10 de diciembre).

Desde el punto de vista del Derecho Procesal, son comunicaciones y notificaciones electrónicas «la realización mediante un canal electrónico de los actos de comunicación procesal emanados de los órganos y oficinas judiciales, tales como notificaciones, citaciones, emplazamientos, requerimientos, mandamientos, oficios y exhortos. Asimismo, los actos de comunicación emanados de los órganos y oficinas fiscales, de los Institutos de Medicina Legal y Ciencias Forenses, del Instituto Nacional de Toxicología y Ciencias Forenses y de los equipos técnicos que presten soporte a la actividad judicial, en los supuestos legalmente previstos» (art. 2. b) del Reglamento sobre Comunicaciones Electrónicas en la Administración de Justicia en el ámbito territorial del Ministerio de Justicia (LexNET), aprobado por Real Decreto 1065/2015, de 27 de noviembre).

La Ley General de Telecomunicaciones prefiere definirla como una «transmisión, emisión o recepción de signos, señales, escritos, imágenes, sonidos o informaciones de cualquier naturaleza por hilo, radioelectricidad, medios ópticos u otros sistemas electromagnéticos» (núm. 79 del Anexo II de la Ley 11/2022, de 28 de junio, en adelante, LGTel). Esta definición implica que:

1. Se lleva a cabo por medio de equipos de telecomunicaciones, que son «cualquier aparato o instalación fija que se utilice para esta transmisión» (núm. 15 del Anexo II de la LGTel).
2. Los equipos de telecomunicaciones trasladan los mensajes a través de una red.
3. Los mensajes viajan entre equipos terminales, que son los aparatos que están conectados directa o indirectamente a la interfaz de una red pública de telecomunicaciones para transmitir, procesar o recibir información (núm. 15 del Anexo II de la LGTel)[3].

Definidas las comunicaciones electrónicas, un servicio de éstas es el prestado por lo general a cambio de una remuneración, a través de estas redes de comunicaciones electrónicas, e incluye[4]:

a) Servicio de acceso a internet, y, por ende, la conectividad entre prácticamente todos los puntos extremos conectados a Internet, con

3 La conexión podrá realizarse por cable, fibra óptica o vía electromagnética; la conexión será indirecta si se interpone un aparato entre el equipo terminal y la interfaz de la red pública. Se considerarán también como equipos terminales los equipos de las estaciones terrenas de comunicación por satélite (artículo 1 de la Directiva 2008/63/CE de la Comisión, de 20 de junio de 2008, relativa a la competencia en los mercados de equipos terminales de telecomunicaciones).

4 Con la excepción de los servicios que suministren contenidos transmitidos mediante redes y servicios de comunicaciones electrónicas o ejerzan control editorial sobre ellos.

independencia de la tecnología de red y del equipo terminal utilizado (art. 2. 2) del Reglamento (UE) de acceso a Internet)[5].

b) Servicio de intercambio de información directo, interpersonal e interactivo a través de redes de comunicaciones electrónicas entre un número finito de personas, en el que el iniciador de la comunicación o participante en ella determina el receptor o receptores (núm. 71 del Anexo II LGTel)[6].

c) Servicios de transporte de señales, como son los servicios de transmisión utilizados para la prestación de servicios máquina a máquina y para la radiodifusión (art. 2.4 del Código Europeo de Comunicaciones Electrónicas, aprobado por la Directiva (UE) 2018/1972 del Parlamento Europeo y del Consejo, de 11 de diciembre de 2018).

3. La red Internet

La Real Academia Española de la Lengua define internet como la red de telecomunicaciones que «consiste en millones de redes públicas, privadas, académicas, empresariales y gubernamentales que están conectadas entre sí a través de enlaces de fibra óptica, satelitales, inalámbricos y de otras tecnologías de transmisión de datos. Su característica primordial es la de ser un sistema universal de comunicaciones capaz de acomodar la más absoluta diversidad tecnológica, permitiendo que equipos de toda índole puedan comunicarse entre sí mediante el empleo de cualquier tipo de tecnologías y medios de transmisión». Los ordenadores y demás variados equipos tecnológicos pueden enviar y recibir información ya que se ajustan a unas reglas o procedimientos especiales de comunicación, llamadas Protocolo de Transmisión de Información/Protocolo de Internet (TCP/IP), con el propósito de que los usuarios puedan comunicarse en el ciberespacio y acceder a grandes cantidades de información de todo el mundo.

Desde un punto de vista normativo, Internet es una infraestructura física formada por un conjunto de sistemas de transmisión y, cuando proceda, los equipos de conmutación o encaminamiento y demás recursos, inclui-

5 Reglamento (UE) 2015/2120 del Parlamento Europeo y del Consejo, de 25 de noviembre de 2015, por el que se establecen medidas en relación con el acceso a una internet abierta y se modifica la Directiva 2002/22/CE relativa al servicio universal y los derechos de los usuarios en relación con las redes y los servicios de comunicaciones electrónicas y el Reglamento (UE) núm. 531/2012 relativo a la itinerancia en las redes públicas de comunicaciones móviles en la Unión.

6 No se incluyen entre los servicios de comunicaciones electrónicas los servicios que permiten la comunicación interpersonal e interactiva como una mera posibilidad secundaria que va intrínsecamente unida a otro servicio (núm. 71 del Anexo II LGTel).
Sobre estos servicios de comunicaciones interpersonales que no se consideran comunicaciones electrónicas, *vid.* Miguel Asensio, P. A., *Manual de Derecho de las Nuevas Tecnologías*, Cizur Menor, Aranzadi, 2023, p. 40.

dos los elementos que no son activos que permitan el transporte de señales mediante cables, ondas hertzianas, medios ópticos (como el rayo láser) u otros medios electromagnéticos (núm. 61 del Anexo II LGTel).

Por tanto, Internet es una red de comunicaciones electrónicas creada por los operadores de telecomunicaciones, que la despliegan sobre inmuebles de todo el mundo. Para este despliegue se sirven de diversos instrumentos jurídicos: contratos de arrendamiento, precario, contratos atípicos, la expropiación (por ejemplo, constituyendo una servidumbre de paso para infraestructuras de comunicaciones electrónicas). Estos operadores, además de construir la red, pueden prestar servicios de comunicaciones electrónicas, transportado por ella red las señales enviadas por los usuarios en que la comunicación consiste.

Las empresas de telecomunicaciones realizan este transporte de las señales para el público en general. De ahí que se disponga que, una vez instalada, la red es pública. Esto implica que, aunque los elementos físicos de que está formada sean de propiedad privada, está abierta a todo el público, por quien se utiliza, total o parcialmente. Es pública ya que es «una red de comunicaciones electrónicas que se utiliza, en su totalidad o principalmente, para la prestación de servicios de comunicaciones electrónicas disponibles para el público y que soporta la transferencia de información entre puntos de terminación de la red» (art. 2. 8 del Código Europeo de las Comunicaciones Electrónicas).

Entre las modalidades de comunicación electrónica por Internet están:

- La mensajería instantánea.
- Charlas interactivas (IRC).
- Videollamadas.
- El servicio telefónico por Internet.
- El correo electrónico.
- Plataformas de redes sociales[7].

II. Confidencialidad entre comunicantes

La circulación de los mensajes por Internet implica que lo expresado por el remitente pueda ser conocido por el destinatario de un modo rápido y literal, y que se pueda conservar el mensaje por tiempo indefinido en los correspondientes equipos informáticos. Junto a estas ventajas, existe el inconveniente de que las herramientas tecnológicas facilitan que el destinatario del mensaje lo transmita a terceras personas a quienes el remitente no lo había

7 Las comunicaciones electrónicas se van vinculando paulatinamente con la inteligencia artificial, la cual es un instrumento que permite a las empresas mejorar sus servicios y la atención a sus clientes, como aprecia Abreu Civico, A., «Nuevos retos para la privacidad en las comunicaciones electrónicas», en Terrón Santos, D. y Domínguez Alvarez, J. L. (dir.), *Inteligencia artificial y defensa. Nuevos horizontes*, Cizur Menor, Aranzadi, 2021, p. 194.

remitido, con el resultado de que pueda ser fácilmente conocido por terceros y quebrase la confidencialidad en el diálogo. Este reenvío está enormemente facilitado por el hecho de que los medios informáticos permiten la reproducción literal de los comunicados, cualquiera que sea su extensión, sin apenas esfuerzo por parte del destinatario, quien fácilmente los puede revelar a terceros y hacer el asunto de público conocimiento.

1. La confidencialidad como obligación legal

A) La reserva como regla general de actuación

Todo mensaje sobre una materia respecto a la cual debe guardarse secreto es, en sí mismo, confidencial, y ninguno de los comunicantes puede revelar su contenido a terceras personas. Tal sucede en determinadas áreas de funcionamiento de la Administración Pública, cuando los mensajes intercambiados versan sobre materias clasificadas, los asuntos, actos, documentos, informaciones, datos y objetos cuyo conocimiento por personas no autorizadas pueda, dañar o poner en riesgo la seguridad y defensa del Estado.

Otros reflejos de la confidencialidad son los preceptos que contemplan que, caso de que las comunicaciones sean legalmente interceptadas, su interceptación se realice preferentemente en salas con acceso restringido que garantice la oportuna reserva (arts. 91, 92 y 97 RSCE); el deber de los funcionarios públicos de ajustarse a ella en el desempeño de las tareas que tengan asignadas (art. 52 del Estatuto Básico del Empleado Público); y la necesidad de que los datos personales sean manejados de manera que se garantice su salvaguarda, incluso utilizando medidas técnicas u organizativas apropiadas (art. 1 f) RGPD).

Este modo de proceder es aplicable en el entorno del Derecho privado, por ejemplo, en el entorno empresarial, en el que se considera un deber básico de lealtad de todo administrador societario el «guardar secreto sobre las informaciones, datos, informes o antecedentes a los que haya tenido acceso en el desempeño de su cargo, incluso cuando haya cesado en él» (arts. 228 b) de Ley de Sociedades de Capital, aprobada por Real Decreto Legislativo 1/2010, de 2 de julio, y 13 de la Ley 3/1991, de 19 de enero, de Competencia Desleal). En cuanto a los secretos empresariales, su régimen jurídico tiene la finalidad de fomentar la innovación como estímulo para el desarrollo de nuevos conocimientos, entendiéndose por secreto «cualquier información o conocimiento, incluido el tecnológico, científico, industrial, comercial, organizativo o financiero, que reúna las siguientes condiciones:

a) Ser secreto, por no ser generalmente conocido por las personas pertenecientes a los círculos en que normalmente se utilice el tipo de información o conocimiento en cuestión, ni fácilmente accesible para éstas;

b) Tener un valor empresarial, real o potencial, por ser secreto;

c) Haber sido objeto de medidas razonables por parte de su titular para mantenerlo en secreto (art. 1 de la Ley 1/2019, de 20 de enero, de secretos empresariales)».

Por este deber empresarial de sigilo, ningún documento entregado por la empresa al comité de empresa podrá ser utilizado fuera del estricto ámbito de aquella. Tampoco podrá ser utilizado para fines distintos de los que motivaron la entrega, y subsistirá incluso tras la expiración del mandato de los representantes de los trabajadores (art. 65 del Estatuto de los Trabajadores de 23 de octubre de 2015.

B) Datos personales

La salvaguarda que nuestro Ordenamiento Jurídico brinda a la comunicación puede derivar también de que contenga información personal, es decir, datos personales de alguno de los comunicantes o de las personas físicas a las que la comunicación electrónica se refiere. Se entiende por dato personal «toda información sobre una persona física identificada o identificable (el interesado); se considerará persona física identificable toda persona cuya identidad pueda determinarse, directa o indirectamente, en particular mediante un identificador, como por ejemplo un nombre, un número de identificación, datos de localización, un identificador en línea o uno o varios elementos propios de la identidad física, fisiológica, genética, psíquica, económica, cultural o social de dicha persona» (art. 4 del Reglamento General de Protección de Datos, en adelante RGPD)[8]. Estas referencias serán tratadas por terceros de manera que se garantice su adecuada seguridad adecuada, incluida la protección contra el tratamiento no autorizado o ilícito y contra su pérdida, destrucción o daño accidental, mediante la aplicación de medidas técnicas u organizativas apropiadas (integridad y confidencialidad) (art. 5.1.f RGPD). En función del estado de la técnica, el responsable de los datos y el encargado de su tratamiento adoptarán medidas de seguridad necesarias para garantizar su confidencialidad (art. 32 b RGPD). Se protege, pues, todo tipo de información sobre las personas, que puede ser numérica, alfabética, gráfica, fotográfica, acústica o de otro tipo que pueda llevar la comunicación: nombre y apellidos, números de identificación, bancaria, aficiones, datos económicos, opiniones (dependiendo del uso que se vaya a hacer de ellas), dirección postal o de correo electrónico, etc.

8 Reglamento (UE) 2016/679 del Parlamento Europeo y del Consejo de 27 de abril de 2016 relativo a la protección de las personas físicas en lo que respecta al tratamiento de datos personales y a la libre circulación de estos datos y por el que se deroga la Directiva 95/46/CE.

La reserva y protección de los datos personales es un derecho fundamental. Se reconoce como tal en el artículo 18. 4 de nuestra Constitución, al disponer que la ley limitará el uso de la informática para garantizar el honor y la intimidad personal y familiar de los ciudadanos. En nuestro Derecho interno, esta Ley es la 3/2018, de 5 de diciembre, de Protección de Datos Personales y garantía de los derechos digitales (en adelante, LOPDGDD), que repite que los responsables y los encargados del tratamiento de datos, así como todas las personas que intervengan en cualquier fase de éste estarán sujetas al deber de confidencialidad al que se refiere el artículo 5.1.f) del RGPD.

La Sala Tercera del Tribunal Supremo, en Sentencia de 15 de febrero de 2022, concluyó que a las empresas ficheros de datos personales deben garantizar su seguridad y que les

> «es exigible la adopción e implantación de medidas técnicas y organizativas, que conforme al estado de la tecnología y en relación con la naturaleza del tratamiento realizado y los datos personales en cuestión, permitan razonablemente evitar su alteración, pérdida, tratamiento o acceso no autorizado».

Conforme a esta Sentencia, la obligación que recae sobre el responsable del fichero y sobre el encargado del tratamiento de adoptar medidas necesarias para garantizar la seguridad de los datos de carácter personal no es una obligación de resultado, en la que, al presumirse la culpa, le incumbe destruir el nexo causal entre la conducta imputada y el perjuicio irrogado. Por el contrario, es una obligación de medios, en la que no es exigible la infalibilidad de las medidas adoptadas para evitar el conocimiento antijurídico de los datos, sino que es suficiente para estimarla cumplida demostrar la adopción e implantación de medidas técnicas y organizativas que, conforme al estado de la tecnología y en relación con la naturaleza del tratamiento realizado y los datos personales en cuestión, permitan razonablemente evitar su alteración, pérdida, tratamiento o acceso no autorizado.

Del mismo modo que sucede con los datos personales, puede entenderse que la obligación de guardar secreto sobre comunicaciones es también una obligación de medios, y que se cumple siempre que el obligado ponga toda la diligencia que está a su alcance para impedir la difusión del mensaje.

2. Su aplicación a los contratos

En el segmento contractual de la comunicación, todo contrato obliga al cumplimiento de lo expresamente pactado, y a todas las consecuencias que, según su naturaleza, sean conformes a la buena fe, al uso y a la ley (arts. 7 y 1.258 del Código Civil). Una de estas consecuencias es que los contratantes deben guardar confidencialidad cuando pueda perjudicarles que la celebración, circunstancias y contenido de su contrato pase a terceros. Cuando exista la posibilidad de perjuicio, la reserva respecto al contrato perfeccionado es para los contratantes una obligación legal. El contrato se entiende basado en la confianza, entendida como seguridad recíproca entre los contratantes en cuanto a su no divulgación o comunicación a terceros cuando esta pueda causarles un daño.

Para el campo específico de las comunicaciones en el ámbito de la contratación empresarial y profesional, la confidencialidad está ligada con la intimidad personal y familiar, de suerte que es ilegítima la revelación de datos privados de una persona o familia conocidos a través de la actividad profesional u oficial de quien los revela (art. 7.4 de la Ley 1/1982, de 5 de mayo, de protección civil del derecho al honor, a la intimidad personal y familiar y a la propia imagen). Esta protección dimana del artículo 18.1 de la Constitución, que garantiza el derecho al honor, a la intimidad personal y familiar y a la propia imagen, y se concreta en que los datos relativos a las personas físicas contenidos en los contratos con empresarios y profesionales no pueden ser divulgados ni comunicados a terceros por quien no sea su titular.

En la contratación pública, se articula la confidencialidad prohibiendo a los órganos de contratación divulgar información facilitada por los empresarios que éstos hayan designado como confidencial en el momento de presentar su oferta. Este carácter de confidencial afecta, entre otros, a los secretos técnicos o comerciales, a los aspectos confidenciales de las ofertas y a cualesquiera otras informaciones cuyo contenido pueda ser utilizado para falsear la competencia. A su vez, el contratista tiene que respetar el carácter confidencial de aquella información a la que tenga acceso con ocasión de la ejecución del contrato a la que se le hubiese dado este carácter, o que por su propia naturaleza deba ser tratada como tal (art. 133 de la Ley 9/2017, de 8 de noviembre, de Contratos del Sector Público).

Para impedir el público conocimiento de lo expresado, la libertad de pacto faculta para concertar un pacto entre los comunicantes, consistente en el compromiso de la confidencialidad de sus comunicaciones. Por ejemplo, es posible configurar un canal de una red social de modo qué sólo tengan conocimiento de los mensajes que publican determinadas personas expresamente facultadas, quienes aceptan los términos de acceso a la cuenta. En tal caso, si una de estas personas autorizadas divulga los contenidos publicados en ella, podrían estar violando el secreto de las comunicaciones pactado. Existe, por consiguiente, deber de secreto en la comunicación cuando así se conviene entre las partes que se comunican. Se trata de un pacto lícito y válido al amparo del principio de autonomía de la voluntad, recogido en el artículo 1.255 del Código Civil. La obligación de confidencialidad se puede pactar incluso si su vulneración no implica detrimento alguno a los contratantes. Como admitió la Sentencia del Tribunal Supremo de 4 de octubre de 2011 (RJ 2012\759), en un caso de un contrato confidencial, en la que afirmó que

> «el deber de confidencialidad no tiene carácter absoluto y no constituye una regla rígida que exija idéntica e indiscriminada reserva frente a todos, de tal modo que admite ser modulado en función de los destinatarios».

Se puede convenir como accesoria a una obligación principal, con el alcance que se desee, siendo tal pacto lícito como admitió la Sentencia del Tribunal Supremo de 22 de diciembre de 2014 (RJ 2014\6826), en un litigio sobre un acuerdo de confidencialidad contenido en un contrato de prestación de servicios de investigación.

Entre las cláusulas de confidencialidad al amparo de la libertad de pacto están las siguientes:

- Prohibición de su reproducción, difusión o comunicación A terceros de lo comunicado.
- Momento en que se debe devolver a la otra parte la información confidencial recibida.
- Duración del acuerdo.
- Consecuencias de la difusión no autorizada de la información cedida.
- Concreción de qué se entiende por información confidencial. Se puede entender por tal la relativa a procesos de negocio, planes estratégicos, fondo de comercio, conocimientos sobre el método de trabajo de la empresa, datos contables, cuestiones técnicas, etc.

III. El secreto frente a terceros

1. El mensaje y sus datos asociados

Junto con la confidencialidad entre receptores y destinatarios de un mensaje, ya sea pactada, ya sea impuesta legalmente, el secreto es preceptivo para quienes, si ser destinatarios, pretendan acceder al mismo. Su plasmación constitucional se encuentra en el artículo 18.3, a cuyo tenor «se garantiza el secreto de las comunicaciones y, en especial, de las postales, telegráficas y telefónicas, salvo resolución judicial». Este derecho está en consonancia con la libertad de comunicar y recibir libremente información veraz por cualquier medio de difusión, proclamado en el artículo 20.1 del texto constitucional español[9].

El secreto a las comunicaciones electrónicas es un derecho fundamental, equivalente moderno del secreto postal. De acuerdo con este derecho fundamental, las comunicaciones son inviolables. Su inviolabilidad rige con independencia de las tecnologías utilizadas para su realización (Conside-

9 El artículo 11.1 de la Carta de los Derechos Fundamentales de la Unión Europea reconoce a toda persona el derecho a la libertad de expresión. «Este derecho —reza el artículo— comprende la libertad de opinión y la libertad de recibir o de comunicar informaciones o ideas sin que pueda haber injerencia de autoridades y sin consideración de fronteras».

rando 4 de la Directiva 2002/58/CE del Parlamento Europeo y del Consejo de 12 de julio de 2002). Esta regla, denominada principio de neutralidad tecnológica, se aplica a cualquier comunicación, sea cual sea el medio tecnológico —eléctrico, electromagnético, óptico, etc.— empleado para hacerla (Sentencia del Tribunal Constitucional de 20 de mayo de 2002, RTC 2002\123).

El secreto comprende indistintamente el contenido de la comunicación y la información que le está vinculada, denominada datos asociados o metadatos. Acerca del contenido, puede consistir en mensajes de voz, texto y archivos adjuntos de los correos electrónicos, al texto y archivos adjuntos de mensajes intercambiados en redes sociales, a vídeos, fotografías y otros documentos almacenados en la nube, etc. Por lo que se refiere a los metadatos, se dividen en tres grupos.

1. Datos de tráfico de la comunicación electrónica, entendidos como «cualquier dato tratado a efectos de la conducción de una comunicación a través de una red de comunicaciones electrónicas o a efectos de su facturación».
2. Datos de localización del equipo de comunicación.
3. Datos necesarios para la identificación del abonado o del usuario del servicio de comunicaciones electrónicas (art. 1.2 de la Ley 9/2017, de 8 de noviembre, de Conservación de Datos, en adelante LCDCE)[10].

Para hacernos una idea de la información que comportan estos datos asociados, baste considerar que en un comentario en una red social puede llevar más de treinta datos vinculados, y una fotografía con un móvil puede contener más de cuarenta, incluyendo modelo de móvil, coordenadas GPS del lugar donde la fotografía fue tomada y la altitud en el momento de tomarla.

Mención especial merecen sobre este particular los operadores de telecomunicaciones. Entre otras funciones hemos visto que los operadores construyen las redes de telecomunicaciones. Los tramos de red de comunicaciones construidos (en diversos momentos y territorios) pertenecen a distintos propietarios, y existe una conexión física entre los tramos de red utilizadas por un operador y los utilizados por otro. A través del tramo de red que controla cada operador circula el contenido o mensaje transmitido, y en su red quedan reflejados los datos generados al realizar el servicio de comunicación, necesarios para que ésta tenga lugar. Por lo cual, estos operadores de comunicaciones electrónicas, bien suministren redes públicas de comunicaciones electrónicas o bien las usen para prestar servicios de comunicaciones

10 Sobre el particular, *vid.* Tejada de la Fuente, E., «La conservación de datos informáticos con fines de investigación criminal; requisitos y condiciones para su incorporación al proceso penal», en J. I. Zaragoza Tejada (coord.), *Investigación Tecnológica y Derechos Fundamentales*, Cizur Menor: Thomson Reuters, 2017, p. 80.

electrónicas disponibles al público, tienen un mandato especial de garantizar el secreto, debiendo adoptar las medidas técnicas necesarias para ello (art. 58.1 LGTel). Al margen de que también tienen que conservar durante un tiempo los datos asociados[11].

2. Datos asociados en Internet

De acuerdo con la Ley 25/2007, de 18 de octubre, de Conservación de datos personales (en adelante, LCDE), son datos electrónicos asociados a la comunicación por medio de Internet los que permiten:

a) Rastrear e identificar el origen de una comunicación, como la identificación de usuario asignada, o el nombre y dirección del abonado o del usuario registrado al que se le ha asignado en el momento de la comunicación una dirección de Protocolo de Internet (IP).

b) Identificar el destino de una comunicación, especialmente averiguar el usuario o el número de teléfono del destinatario o de los destinatarios de una llamada telefónica por Internet.

c) La fecha, hora y duración de una comunicación: fecha y hora de la conexión y desconexión del servicio de acceso a Internet registradas, basadas en un determinado huso horario, así como la dirección del Protocolo Internet, ya sea dinámica o estática, asignada por el proveedor de acceso a Internet a una comunicación, y la identificación de usuario o del abonado o del usuario registrado.

d) Identificar el tipo de comunicación: el servicio de Internet utilizado.

e) Identificar el equipo de comunicación de los usuarios o lo que se considera ser el equipo de comunicación.

f) La localización del equipo de comunicación móvil, en particular la etiqueta de localización (identificador de celda) al inicio de la comunicación, y los datos que permiten fijar la localización geográfica de la celda.

IV. Excepciones al secreto

La intimidad de las comunicaciones puede ser conculcada, tanto por el simple conocimiento antijurídico de lo comunicado, como por su interceptación en sentido estricto (que suponga aprehensión física del soporte del mensaje —con conocimiento o no del mismo— o captación, de otra forma,

11 Sobre el deber de conservación, *vid.* Polo Roca, A., «La regulación sobre la conservación de datos en el sector de las comunicaciones electrónicas: estado de la cuestión», *Revista de Internet, Derecho y Política*, núm. 33, octubre 2021, pp. 31-46.

del proceso de comunicación). Al mismo tiempo, como hemos visto, la información asociada a la comunicación, además de ser datos personales, forma parte de ella, y también está amparada por el secreto. Con ello se persigue garantizar la impenetrabilidad de la comunicación por parte de terceros ajenos a la misma (Sentencia del Tribunal Supremo, Sala de lo Penal, de 7 de febrero de 2014, RJ 2014\1573). Por consiguiente, en virtud del secreto de las comunicaciones, ni su contenido ni sus circunstancias pueden ser conocidos por alguien distinto a los comunicantes (o las personas que éstos consientan).

Mas, como sostiene la Sentencia del Tribunal Supremo de 29 de enero de 1990 (RJ 1990\72), este carácter privado de las comunicaciones puede ceder ante un interés constitucionalmente prevalente. En este punto, existen dos clases de excepciones al secreto de las comunicaciones: una se aplica por ministerio de la ley, y otras que precisan supervisión judicial.

1. Por mandato legal

Todos los datos asociados a una comunicación se encuentran en poder y conocimiento del operador de telecomunicaciones correspondiente. Esta salvedad a su favor, que les permite saber los datos relacionados con los mensajes que transmiten, se plasma en un régimen especial por el cual:

a) Contra la voluntad de su titular, se encuentran obligados a retener y conservar los datos electrónicos de tráfico. Dicho mandato responde a fines de seguridad, es decir, de posible detección, investigación y enjuiciamiento de delitos graves contemplados en el Código Penal o en las leyes penales especiales, y para posibilitar que estén a disposición de las administraciones públicas competentes.

b) Sin el consentimiento de los abonados, están facultados para conservar los datos necesarios la facturación de sus servicios y los pagos de las interconexiones.

c) Con el consentimiento del abonado o usuario, pueden conservar los datos asociados para la promoción comercial de servicios de comunicaciones electrónicas o para la prestación de servicios con valor añadido (art. 1 LCDCE y art. 6 de la Directiva de Privacidad)[12].

12 Las empresas deberán dirigirse a los abonados, al menos, con un mes de antelación al inicio de la promoción o de la prestación del servicio con valor añadido, informarles del tipo de servicios para los que se efectuará el tratamiento, los tipos de datos que serán objeto de tratamiento y la duración que tendrá y solicitarles su consentimiento para el tratamiento de los datos. Esta comunicación, que deberá efectuarse a través de un medio que garantice su recepción por parte del abonado, podrá llevarse a cabo de forma conjunta a la facturación del servicio prestado por los sujetos obligados al abonado.

Este operador efectúa su preceptivo tratamiento, es decir, realiza las «operaciones y procedimientos técnicos de carácter automatizado o no, que permitan la recogida, grabación, conservación, elaboración, modificación, bloqueo y cancelación, así como las cesiones de datos que resulten de comunicaciones, consultas, interconexiones y transferencias» (art. 64 del Reglamento para la prestación de servicios de comunicaciones electrónicas, aprobado por Real Decreto 424/2005, de 15 de abril, en adelante RSCE).

El tratamiento de los datos de tráfico sólo podrá realizarse por las personas que actúen bajo la autoridad del operador prestador del servicio o explotador de la red que se ocupen de la facturación o de la gestión del tráfico, de las solicitudes de información de los clientes, de la detección de fraudes, de la promoción comercial de los servicios de comunicaciones electrónicas, de la prestación de un servicio con valor añadido o de suministrar la información requerida por los órganos facultados para solicitarla (arts. 6 de la Directiva de Privacidad y 65 del RSCE).

Estos datos electrónicos son, además, datos de personales, y los usuarios finales del servicio de comunicaciones electrónicas ostentan del derecho a su protección como tales que se realizará conforme a lo previsto en la legislación sobre protección de datos (art. 31 de la Carta de derechos del usuario de los servicios de comunicaciones electrónicas). Se exceptúa la información que almacenan las operadoras de telefonía sobre la localización de los terminales de comunicación, la cual no se encuentra amparada por el artículo 18.4 de la Constitución, sino solamente por el artículo 18.3[13].

En todo caso, los operadores tienen prohibido guardar ningún dato que revele el contenido de la comunicación (art. 3 LCDCE).

2. El control judicial

A) Anterior a la interceptación

Con la salvedad de la excepción prevista en el epígrafe anterior, la regla general en esta materia es que el acceso al contenido de las comunicaciones ajenas requiere previo permiso judicial. Anuencia previa que es de la misma manera exigible para conocer sus metadatos. A los efectos de ésta, se entenderá por datos electrónicos de tráfico o asociados todos aquellos que se generan como producto de la conducción de la comunicación a través de una red de comunicaciones electrónicas, de su puesta a disposición del usuario, así como de la prestación de un servicio de la sociedad de la información o comunicación telemática de naturaleza análoga (art. 588 ter b LECr.).

---

13 Sobre este particular, *vid.* FRIAS MARTINEZ, M., «Covid-19. Medidas limitativas de derechos. «Arcas de Noé». Mención a la protección de datos personales. Herramientas de geolocalización», *Diario La Ley*, núm. 9619, 23 de abril de 2020, Wolters Kluwer.

Ni siquiera el Ministerio Fiscal puede, por sí mismo, conocerlos. El Acuerdo adoptado en Sala General, por el Pleno de la Sala Segunda del Tribunal Supremo de 23 de febrero de 201 (JUR 2010\59653) dispuso: «Es necesaria la autorización judicial para que los operadores que prestan servicios de comunicaciones electrónicas o de redes públicas de comunicación cedan los datos generados o tratados con tal motivo. Por lo cual, la fiscalía precisará de tal autorización para obtener de los operadores los datos conservados que se especifican en el art. 3 de la Ley 25/2007, de 18 de octubre» (actualmente LGTel de 2023).

La licencia judicial para que los operadores de comunicaciones puedan interceptar las telecomunicaciones, y ceder este conocimiento personal sobre el contenido o el tráfico comunicativo de cualquier persona, ha de ser específica para cada caso, y razonada, durante el tiempo que disponga y a las personas facultadas que designe, que pueden ser:

a) Miembros de los Cuerpos Policiales cuando desempeñen funciones de policía judicial, es decir, en el marco de una investigación criminal por la comisión de un delito y en descubrimiento y aseguramiento de delincuentes (art. 547 de la Ley Orgánica del Poder Judicial).

b) Funcionarios de la Dirección Adjunta de Vigilancia Aduanera, en el desarrollo de sus competencias como policía judicial (art. 283.1 Ley de Enjuiciamiento Criminal, en adelante LECr).

c) Personal del Centro Nacional de Inteligencia para llevar a cabo una investigación de seguridad amparada en la Ley 11/2002, de 6 de mayo, reguladora del Centro Nacional de Inteligencia, y en la Ley Orgánica 2/2002, de 6 de mayo, reguladora del control judicial previo del Centro Nacional de Inteligencia (arts. 58 LGTel y 6.2 LCDCE).

Para acordar la interceptación de una comunicación, debe seguirse el procedimiento en el marco de una investigación legal, para el que los operadores deben contar con la infraestructura necesaria para trasladar los datos que les son solicitados (arts. 83 a 101 RSCE)[14]. El modo de entrega de los datos a los agentes facultados está regulado por la Orden PRE/199/2013, de 29 de enero, por la que se define el formato de cesión de los datos conservados por los operadores de servicios de comunicaciones electrónicas o de redes públicas de comunicaciones a los agentes facultados. Esta Orden distingue que los operadores hayan recibido menos o más de 2.000 solicitudes anuales de cesión de datos por parte de los agentes facultados[15].

---

14 Los artículos, arts. 83 a 101 RSCE, incluidos en una norma de rango reglamentario, fueron sido declarados plenamente conformes con el Ordenamiento Jurídico, pese a regular un derecho fundamental, por la Sentencia del Tribunal Supremo, Sala Tercera, de lo Contencioso-administrativo, Sección 3.ª, de 5 de febrero de. 2008.

15 Es muy llamativo que su Disposición final primera faculte a los titulares de la Secretaría de Estado de Seguridad, de la Secretaría de Estado Director del Centro Nacional de Inte-

La autorización judicial está basada en el principio de proporcionalidad. Dicho de otra manera, debe dirigirse a alcanzar un fin constitucionalmente legítimo y ser imprescindible para la defensa del interés público, como ha recordado reiteradamente el Tribunal Constitucional, por ejemplo, en la Sentencia de 18 de junio de 2001 (RTC 2001\138). Sólo puede otorgarse, motivadamente, cuando se trate de investigaciones para la averiguación de delitos relacionados con la actuación de bandas armadas, elementos terroristas, o delitos cometidos a través de instrumentos informáticos o de cualquier otra tecnología de la información o la comunicación o servicios de comunicación. (arts. 579, 588 bis y 588 bis b de la LECr).

B) Posterior

Además, existen casos en los que la intervención de las comunicaciones se realiza sin previa licencia judicial, si bien se exige la posterior ratificación de los tribunales. Es el caso de las llevadas a cabo por:

1. Los directores de establecimientos penitenciarios, cuando se trate de comunicaciones de los internos con sus familiares, amigos, representantes de organismos e instituciones de cooperación penitenciaria, dando cuenta a la autoridad judicial competente (art. 51.1 y 51.5 de Ley Orgánica 1/1979, de 26 de septiembre, General Penitenciaria).
2. Las autoridades sanitarias, cuando por actos administrativos singulares adopten medidas que consideren urgentes y necesarias para la salud pública (aunque impliquen limitación o restricción de derechos fundamentales) siempre que afecten únicamente a uno o varios particulares concretos e identificados de manera individualizada. (art. 2 de la Ley Orgánica 3/1986, de 14 de abril, de Medidas Especiales en Materia de Salud Pública y art. 8.6 de la Ley de la Jurisdicción Contencioso-administrativa).
3. El ministro del Interior o, en su defecto, el secretario de Estado de Seguridad, en casos de urgencia, cuando las investigaciones se realicen para la averiguación de delitos relacionados con la actuación de bandas armadas o elementos terroristas y existan razones fundadas que lo hagan imprescindible. Esta medida se comunicará inmediatamente al juez competente y, en todo caso, dentro del plazo máximo de veinticuatro horas, haciendo constar las razones que justificaron la adopción de la medida, la actuación realizada, la forma en que se ha efectuado y su resultado. El juez competente, también de forma motivada, revocará o confirmará tal actuación en un plazo máximo de setenta y dos horas desde que fue ordenada la medida (art. 588 ter d 3 y 588 ter j de la Ley de Enjuiciamiento Criminal)[16].

---

ligencia (CNI) y de la Secretaría de Estado de Hacienda para actualizar conjuntamente el contenido de los anexos de la presente Orden.

16 Sobre la incorporación al proceso de los metadatos obrantes en archivos automatizados de los prestadores de servicios, *vid*. VELASCO NUÑEZ, E., *Delitos tecnológicos: defini-*

4. El Gobierno, cuando haya sido autorizado por el Congreso para declarar el estado de excepción y dicha autorización comprenda la suspensión de artículos 18.3 de la Constitución, en cuyo caso podrá intervenir toda clase de comunicaciones. La intervención decretada será comunicada inmediatamente por escrito al juez competente (arts. 13 y 18 de la Ley Orgánica 4/1981, de 1 de junio, de los estados de alarma, excepción y sitio).
5. Los proveedores de servicios de comunicaciones electrónicas, con el único fin de detectar y retirar el material de abuso sexual de menores[17]. Deberán denunciar sin demora el presunto abuso sexual en línea a las autoridades policiales y judiciales competentes o a organizaciones que actúen en interés público contra los abusos sexuales de menores. Esta posibilidad estará vigente hasta el 3 de agosto de 2024 (arts. 3.1.a) i), 3.1. h) i) y 10 del Reglamento (UE) 2021/1232 del Parlamento Europeo y del Consejo de 14 de julio de 2021)[18].

V. El plazo de conservación de los datos asociados

Hemos visto que tanto el contenido de las comunicaciones como los datos de tráfico asociados a ellas, están sujetas al principio de confidencialidad. En virtud de este principio, se prohíbe la escucha, la grabación, el almacenamiento u otros tipos de intervención o vigilancia de las comunicaciones y los datos de tráfico por personas distintas de los usuarios sin el consentimiento de éstos. Y que esto no impide el almacenamiento técnico de los datos de tráfico necesario para la conducción de una comunicación (art. 5 de la Directiva sobre Privacidad y las Comunicaciones Electrónicas)[19].

Nuestra legislación nacional impone a los operadores de telecomunicaciones el mandato de conservar los datos asociados a toda comunicación electrónica durante los siguientes plazos:

a) Doce meses desde la fecha en que se produjo la comunicación, con carácter general

ción, investigación y prueba en el proceso penal, Madrid, Editorial Jurídica Sepín, 2016, pp. 106-108.

17 *Vid*. Borjas Hernández, A., «La monitorización de comunicaciones electrónicas en la lucha contra el abuso de menores», *Actualidad Jurídica Aranzadi*, núm. 977, 2021.

18 El nombre completo de esta norma es Reglamento (UE) 2021/1232 del Parlamento Europeo y del Consejo de 14 de julio de 2021 por el que se establece una excepción temporal a determinadas disposiciones de la Directiva 2002/58/CE en lo que respecta al uso de tecnologías por proveedores de servicios de comunicaciones interpersonales independientes de la numeración para el tratamiento de datos personales y de otro tipo con fines de lucha contra los abusos sexuales de menores en línea.

19 Directiva 2002/58/CE del Parlamento Europeo y del Consejo de 12 de julio de 2002 relativa al tratamiento de los datos personales y a la protección de la intimidad en el sector de las comunicaciones electrónicas.

b) El plazo en que pueda impugnarse una factura o exigirse el pago, cuando se trate de datos necesarios para la facturación y para pagos de interconexiones.

c) Durante el tiempo necesario, si son datos relacionados con la promoción comercial de servicios de comunicaciones electrónicas o con la prestación de servicios con valor añadido (arts. 6 de la Directiva de Privacidad, 5 LCDCE, y 65 RSCE).

Pasados estos plazos, procede la supresión de los datos, supresión o cancelación que se transforma en una obligación de proceder a su bloqueo por parte de los operadores de telecomunicaciones (arts.6 de la Directiva de Privacidad, 32 LOPDGDD y 5 LCDCE)[20].

El bloqueo se lleva a cabo con la reserva de los metadatos, adoptando medidas técnicas y organizativas necesarias para suspender su tratamiento, manejo o uso, incluyendo su visualización. Su finalidad es mantener los datos a disposición de las autoridades competentes para la exigencia de responsabilidades derivadas del tratamiento, y posibilitar la formulación, el ejercicio o la defensa de reclamaciones, durante los correspondientes plazos de prescripción extintiva (arts. 5.1. letras b) y e) y 17 RGPD)[21]. Pero la entrada en juego de estos plazos prescriptivos conduce a que, en la práctica, el bloqueo signifique prorrogar significativamente el plazo de doce meses de conservación.

Sentadas estas bases, surge la cuestión de determinar el plazo real de bloqueo, periodo en el que los datos asociados, como datos personales que son, deben ser guardados. El informe 00148/2019 de la Agencia Española de Protección de Datos cita una serie de casos particulares el respectivo plazo de conservación de los datos personales bloqueados: un año, si son datos personales de carácter laboral (59 del Real Decreto Legislativo 2/2015, de 23 de octubre, por el que se aprueba el texto refundido de la Ley del Estatuto de los Trabajadores); cuatro años, si tienen que ver con infracciones a la Seguridad Social (art. 21.1 del Real Decreto Legislativo 5/2000, de 4 de agosto, por el que se aprueba el texto refundido de la Ley de Infracciones y Sanciones en el Orden Social y 24 del Real Decreto Legislativo 8/2015, de 30 de octubre, por el que se aprueba el texto refundido de la Ley General de la Seguridad Social); cinco años, en el caso de datos relativos a acciones personales (art. 1964 del Código Civil); seis años, en el caso de datos relativos a libros empresariales

---

20 Excepcionalmente, cuando la configuración del sistema de información no permita el bloqueo o se requiera una adaptación que implique un esfuerzo desproporcionado, se procederá a un copiado seguro de la información de modo que conste evidencia digital, o de otra naturaleza, que permita acreditar la autenticidad de la misma, la fecha del bloqueo y la no manipulación de los datos durante el mismo.

21 Sobre la investigación de los metadatos en algunos procedimientos sancionadores de la Agencia Tributaria, *vid*. Dorado Ferrer, X., «Redes sociales, metadatos y derecho a la intimidad en los procedimientos tributarios», *Quincena fiscal*, núm. 12, 2021, pp. 91-103.

(art. 30 del Código de Comercio); hasta diez años, si se refieren a deudas tributarias (art. 66 a 70, 66 bis, 259.3 a) y 262 de la Ley General Tributaria); veinte años, si están relacionados con delitos (art. 131 del Código Penal); cuarenta años, para los datos relacionados con los riesgos laborales si los trabajadores estuvieron relacionados con agentes biológicos durante el trabajo (art. 9.1 Real Decreto 664/1997, de 12 de mayo) o con amianto (art. 18.1 del Real Decreto 396/2006, de 31 de marzo). Transcurrido el plazo de bloqueo, deberá procederse a la destrucción o borrado físico de los datos de asociados[22].

Sin embargo, es muy dudoso que estos largos plazos de bloqueo (en ocasiones larguísimos) se apliquen a los datos electrónicos asociados a una comunicación electrónica. La Directiva sobre la privacidad y las comunicaciones electrónicas parte del principio de prohibición de almacenamiento de estos datos, y se opone a la conservación generalizada e indiferenciada de los datos de tráfico y de localización, incluso con fines de combatir la delincuencia grave. Solamente permite limitar la confidencialidad de las comunicaciones y de los datos tráfico cuando tal limitación constituya una medida necesaria proporcionada y apropiada en una sociedad democrática para proteger la seguridad del nacional, la defensa, la seguridad pública, o la prevención, investigación, descubrimiento y persecución de delitos o la utilización no autorizada del sistema de comunicaciones electrónicas (art. 15 de la Directiva de Privacidad).

La Sentencia del Tribunal de Justicia de la Unión de 5 de abril de 2022 (petición de decisión prejudicial planteada por la Supreme Court — Irlanda) — G.D. / The Commissioner of An Garda Síochána, Minister for Communications, Energy and Natural Resources, Attorney General (Asunto C-140/20) sostiene el artículo 15 de la Directiva sobre la Privacidad y las Comunicaciones Electrónicas debe interpretarse en el sentido de que se opone a medidas legislativas que establezcan, con carácter preventivo, una conservación generalizada e indiferenciada de los datos de tráfico y de localización, sin que sea justificación suficiente que se haga para poder luchar contra la delincuencia grave y para prevenir amenazas graves contra la seguridad pública. En cambio, dicho artículo permite medidas legislativas que, para esta lucha contra la delincuencia grave y parra a prevención de amenazas graves contra la seguridad pública, establezcan los siguientes tipos de conservación:

- Selectiva de los datos de tráfico y de localización que esté delimitada, sobre la base de elementos objetivos y no discriminatorios, en función de las categorías de personas afectadas o mediante un criterio geográfico, para un período temporalmente limitado a lo estrictamente necesario, que podrá renovarse;

22 Lo excesivo de estos plazos ha sido puesto de relieve por la doctrina. Así, Fernández Rodriguez, J., «Los datos de tráfico de las comunicaciones: en búsqueda de un adecuado régimen jurídico que elimine el riesgo de control permanente», *Revista Española de Derecho Constitucional*, núm. 108, septiembre-diciembre 2016, pp. 93-122.

- Generalizada e indiferenciada de las direcciones IP atribuidas al origen de una conexión, para un período temporalmente limitado a lo estrictamente necesario;
- Generalizada e indiferenciada de los datos relativos a la identidad civil de los usuarios de medios de comunicaciones electrónicas.

Esta conservación está muy lejos de los amplísimos plazos de conservación de todo dato personal, incluidos los asociados que, debido al mecanismo del bloqueo preceptivo, puede ampliarse hasta los cuarenta años, como hemos expuesto.

VI. Conclusiones

El secreto de las comunicaciones es un derecho fundamental íntimamente relacionado con el derecho a comunicar o recibir libremente información veraz por cualquier medio de difusión. Se aplica tanto a los hechos, ideas y sentimientos comunicados, como al entorno físico de las comunicaciones, y por ende también a la red Internet. Puede tener un origen paccionado entre emisor y receptor de las señales transmitidas, o ser una obligación impuesta por la ley. El derecho al secreto de las comunicaciones tiene límites, que afectan al contenido de lo comunicado, y cuya entrada en juego lleva aparejado un control judicial previo o posterior a la interceptación del mensaje. Por otro lado, es excepcionado por ministerio de la propia ley en lo que se refiere a los datos adicionales que genera la comunicación electrónica. Estos datos asociados a la comunicación electrónica deben ser conservados por las empresas que prestan el servicio de transporte de los signos desde el punto de situación del emisor al lugar en que está ubicado el receptor. Dichas compañías están sometidas a guardar estos datos sin importar el que esta conservación sea contraria a la voluntad de los interlocutores.

El plazo legal de conservación de estos datos vinculados al proceso comunicativo, de dos años, está prorrogado pues los datos asociados son también datos personales, lo que implica que antes de ser eliminados sean bloqueados por un tiempo superior. Sin embargo, el Tribunal de Justicia (Gran Sala) en Sentencia de 5 de abril de 2022, (Asunto C-140/20) ha afirmado que este mandato de bloqueo debe ser para un período temporalmente limitado a lo estrictamente necesario.

VII. Bibliografía

Abreu Civico, A., «Nuevos retos para la privacidad en las comunicaciones electrónicas», en **Terrón Santos, D. y Domínguez Alvarez, J. L.** (dir.), *Inteligencia artificial y defensa. Nuevos horizontes*, Cizur Menor, Aranzadi, 2021, pp. 193 a 204.

Barrio Andrés, M., «Consideraciones sobre el anteproyecto de Ley General de Telecomunicaciones», *Actualidad administrativa*, núm. 3, marzo 2021.

Borjas Hernández, A., «La monitorización de comunicaciones electrónicas en la lucha contra el abuso de menores», *Actualidad Jurídica Aranzadi,* núm. 977, 2021.

Dorado Ferrer, X., «Redes sociales, metadatos y derecho a la intimidad en los procedimientos tributarios», *Quincena Fiscal,* núm. 12, 2021, pp. 91-103.

Frías Martínez, M., «Covid-19. Medidas limitativas de derechos. "Arcas de Noé". Mención a la protección de datos personales. Herramientas de geolocalización», *Diario La Ley*, núm. 9619, 23 de abril de 2020, Wolters Kluwer.

Fernández Rodriguez, J., «Los datos de tráfico de las comunicaciones: en búsqueda de un adecuado régimen jurídico que elimine el riesgo de control permanente», *Revista Española de Derecho Constitucional*, núm. 108, septiembre-diciembre 2016, pp. 93-122.

Miguel Asensio, P. A., *Manual de Derecho de las Nuevas Tecnologías*, Cizur Menor, Aranzadi, 2023.

Polo Roca, A., «La regulación sobre la conservación de datos en el sector de las comunicaciones electrónicas: estado de la cuestión», *Revista de Internet, Derecho y Política*, núm. 33, octubre 2021, pp. 31-46.

Tejada de la Fuente, E., «La conservación de datos informáticos con fines de investigación criminal; requisitos y condiciones para su incorporación al proceso penal», en **J. I. Zaragoza Tejada** (coord.), *Investigación Tecnológica y Derechos Fundamentales*, Cizur Menor: Thomson Reuters, 2017.

Velasco Núñez, E., *Delitos tecnológicos: definición, investigación y prueba en el proceso penal*, Madrid, Editorial Jurídica Sepín, 2016.

Made in United States
North Haven, CT
05 November 2026

21763959R00102